une chûte à M. le Mierre, n'a pas été plus favorable à M. Renout. La piece est absolument tombée, & ne s'est soutenue jusqu'à la fin de la premiere représentation, qu'à la faveur du jeu des acteurs, & grace à la bonhommie du parterre, dont la patience devient de plus en plus admirable. C'est sans doute déja une grande mal-adresse que de choisir un trait aussi atroce & aussi ingrat. Le caractere de *Terée* est d'une horreur dégoûtante. Le reste est à l'avenant. Nulle entente du théatre dans cette tragédie, mortellement longue, & qui ne mérite aucune discussion.

7 Juin 1773. On a parlé du procès singulier que s'étoit suscité à Londres M. le comte de Lauraguais, en laissant marier sa maîtresse, qu'il avoit plaisamment qualifiée du titre de comtesse *du Tonneau*, avec son secretaire, & en continuant de vivre avec elle. Celui-ci, après avoir paru se prêter sourdement à ce commerce infame, a accusé son maître d'adultere, & lui a fait un procès criminel, sans doute pour en tirer de l'argent. Le seigneur dont il est question, naturellement facétieux & qui aime à écrire, en a pris occasion de faire un mémoire intitulé : *Pour moi & par moi.* Puis il détaille ses noms & ses surnoms. Rien de plus original que ce pamphlet, où se livrant à la folie la plus extrême, il dit tout ce qui lui passe par la tête, avec cette tournure qui lui est propre. Dans le galimatias où le plonge son imagination vagabonde, on trouve des saillies charmantes. Il a dédié ce burlesque ouvrage au duc son pere.

9 Juin 1773. *La Politique naturelle,* ou *Discours*

sur les vrais principes du gouvernement, par *un ancien magistrat*, dont on a annoncé le titre, acquiert la plus grande vogue & passe pour le livre le mieux fait en ce genre qu'on connoisse encore. L'auteur y est absolument dégagé de tous les préjugés, soit de religion, soit de gouvernement, soit même de société, qui offusquent les idées & les empêchent de se produire dans toute leur netteté.

Le premier volume contient quatre discours : 1º. De la société : 2º. du gouvernement : 3º. de la souveraineté : 4º. des sujets ; dans le second sont renfermés les discours : 5º. des abus de la souveraineté, du despotisme & de la tyrannie : 6º. de la liberté : 7º. de la politique en général : 8º. de la politique extérieure : 9º. de la dissolution des états.

Sans entrer dans la discussion de ces discours, trop longs & trop difficiles à analyser, il suffit d'observer que le but de l'écrivain est de faire voir que la politique, ou l'art de gouverner les hommes, ne peut être une science obscure, problématique, douteuse, que pour ceux qui ne se sont pas donné la peine de méditer suffisamment la nature humaine & le but de la société : que les passions, les intérêts imaginaires des princes, les idées métaphysiques de la théologie, les menées ténébreuses des cours ont contribué à en faire un chaos impénétrable pour les esprits les plus exercés. Mais qu'en la faisant dériver de cette source indiquée, elle se réduit à deux principes bien clairs : 1º. Que nul peuple ne peut être heureux, s'il n'est gouverné suivant les loix de la nature, qui conduisent toujours à la vertu : 2º. que nul sou-

MÉMOIRES SECRETS

POUR SERVIR A L'HISTOIRE
DE LA
RÉPUBLIQUE DES LETTRES
EN FRANCE,

DEPUIS MDCCLXII JUSQU'A NOS JOURS;

OU

JOURNAL D'UN OBSERVATEUR,

CONTENANT les Analyses des Pieces de Théatre qui ont paru durant cet intervalle ; les Relations des Assemblées Littéraires ; les notices des Livres nouveaux, clandestins, prohibés ; les Pieces fugitives, rares ou manuscrites, en prose ou en vers ; les Vaudevilles sur la Cour ; les Anecdotes & Bons Mots, les Eloges des Savants, des Artistes, des Hommes de Lettres morts, &c. &c. &c.

TOME SEPTIEME.

. . . . *huc propius me,*
. . . . *vos ordine adite,*
Hor. L. II. Sat. 3. vs. 81 & 82.

A LONDRES,
CHEZ JOHN ADAMSON.

M. DCC. LXXXIV.

MÉMOIRES
SECRETS

POUR SERVIR A L'HISTOIRE DE LA RÉPUBLIQUE DES LETTRES EN FRANCE, DEPUIS MDCCLXII JUSQU'A NOS JOURS.

ANNÉE M.DCC. LXXIII.

1. *Juin.* LE sieur la Borde est si atterré de l'abandon de Mlle. Guimard, qu'il en a contracté une mélancolie affreuse. Quand son service auprès du roi sera fini, ce qui arrive au premier juillet, il va voyager pour dissiper ces vapeurs & perdre le souvenir de l'infidelle. La musique même lui est devenue odieuse, & il semble vouloir y renoncer aussi. Il écrit que cet art, dont il faisoit son amusement, lui a donné plus de chagrin, suscité plus de tracasseries que les affaires les plus tristes & les plus épineuses.

4 *Juin* 1773. On a joué hier *Térée & Philomele*. Ce sujet, tiré de la fable que tout le monde connoît, & qui occasiona, il y a douze ans,

verain ne peut être grand, puissant & fortuné, s'il ne regne avec justice sur des peuples raisonnables. Telle est la base de l'harmonie sociale, que le gouvernement est fait pour établir.

11 *Juin* 1773. On sait aujourd'hui à n'en pas douter, que c'est le maréchal prince de Soubise qui a exigé l'expulsion de M. de la Borde de chez mademoiselle Guimard. Ce seigneur s'est repris d'une belle passion pour la danseuse en question, & a demandé le sacrifice de l'amant. Quelques gens prétendent qu'il s'est fait de concert, & qu'il y a encore intelligence entr'eux. Quoi qu'il en soit, les spectacles de la moderne terpsichore sont absolument interrompus, & elle réforme ses deux théatres.

13 *Juin* 1773. M. de Voltaire n'a pas laissé échapper l'occasion de la prétendue comete, pour s'égayer & écrire. Il a fait une lettre à ce sujet, où il développe son érudition ordinaire, & jette du ridicule sur les principaux astronomes qui ont traité la matiere des cometes. Il est tour-à-tour savant & bouffon.

14 *Juin* 1773. On a scellé au sceau du mercredi 9 des lettres-patentes portant attribution à monsieur le lieutenant-général de police de Paris, pour juger un libraire imprimeur de Strasbourg & ses adhérents, sur la saisie faite sur lui de différents ouvrages proscrits, clandestins & libelleux, qu'il est véhémentement soupçonné d'avoir imprimé furtivement chez lui pour la plupart. Ces délinquants sont détenus à la bastille. Il faut que lesdits ouvrages soient pourtant d'un genre différent de ceux dont on fait la recherche au nouveau tribunal, auquel sans doute on auroit joint la connoissance de ce nouvel incident : ce

qui fait préfumer la vérité des bruits répandus à cet égard fur l'enlevement de ce libraire, dont on a rendu compte.

14 *Juin* 1773. Le prince de Condé a en effet réclamé l'exécution du traité fait avec lui pour l'achat de fon hôtel, & les circonftances étant devenues favorables, on a jugé convenable de tenir le marché. En conféquence la ville eft chargée de payer ce bâtiment, & cela donne lieu à renouveller le projet d'y établir la nouvelle falle de comédie. En forte que le plan du fieur Liégeon reçoit de cette part une nouvelle contradiction, malgré la décifion du confeil, & quoique le roi fe foit expliqué plufieurs fois à cet égard. En attendant, tout refte *in ftatu quo*; & la reftauration même commencée, laiffe voir des ouvrages imparfaits: *Pendent opera interrupta*. Le fieur Liégeon fe flatte pourtant que les mêmes obftacles provenant du local fubfiftant toujours, arrêteront encore une fois l'exécution du projet qu'on voudroit remettre en vigueur, & que celle du fien ne fera que retardée.

15 *Juin*. 1773. La piece de l'*Erreur d'un moment*, jouée hier aux Italiens, a eu le fuccès le plus complet. Depuis long-temps on n'en avoit vu un pareil à ce fpectacle. Elle a été applaudie continuellement depuis le commencement jufqu'à la fin. On a demandé l'auteur des paroles avec des tranfports indicibles; & comme il s'eft retiré brufquement après avoir paru, on a crié *bis*, & l'on vouloit le revoir une feconde fois. Quant à M. *Dezaides*, le compofiteur de la mufique, on l'a réclamé auffi, mais avec moins d'inftances, & il ne s'eft pas montré. Il faut

convenir que cette ivresse du public peut passer aussi à merveille pour l'*Erreur du moment*. Elle n'est pas à beaucoup près digne des brouhahas extraordinaires qu'elle a occasionés. Cependant si l'enthousiasme se soutient, on en parlera plus au long.

16 *Juin* 1773. Madame la dauphine & monsieur le dauphin sont venus à l'opéra aujourd'hui, ainsi qu'ils y étoient attendus. On juge aisément de l'affluence qu'ils ont attirée à ce spectacle, désert depuis long-temps. Madame la duchesse de Chartres a eu soin de se rendre à sa loge avant l'arrivée de ce couple auguste. M. le dauphin est entré le premier, & n'a pas représenté avec la même dignité que le jour de son entrée dans Paris. Il a fait deux petites révérences assez mal tournées, il a eu l'air très-décontenancé, & s'est bientôt rangé pour laisser paroître madame la dauphine, qui a occupé tout le devant de la loge. Les dames de sa suite garnissoient absolument les loges de son côté. Monsieur le maréchal duc de Biron avoit retenu les balcons : dans celui opposé à la princesse, il a mis les femmes les plus aimables de sa connoissance, & en a formé un coup d'œil délicieux pour le public. Il avoit placé dans l'autre balcon les seigneurs les plus distingués de la cour.

Il est d'usage, lorsque les princes ou princesses de la famille royale viennent au spectacle de former une enceinte au-dessous de leur loge, qui est surmonté d'un dais. Cette enceinte est garnie de cent-Suisses de leur garde. La loge des secondes au-dessus de leur tête reste également vuide, il n'y a qu'un seul gardedu-corps en sentinelle. Deux gardes-du-corps sont placés en faction sur le théatre, ainsi qu'il est d'étiquette aux spectacles de la cour, & sont relevés d'acte en acte. Monsieur le dauphin & madame la dauphine ont éprouvé la joie du public par les battements de mains du parterre & des loges.

Les directeurs de l'académie royale de musique, n'ont donné que le spectacle ordinaire, dont ils ont même retranché le prologue de *Platée*. Ils n'ont pas même eu le temps de remettre celui d'*Amadis*, ainsi qu'ils en avoient eu l'idée, & qui présentoit des choses analogues à la fête. Ils ont seulement lardé les deux actes de *Théonis* & de *Zélindor* de toutes sortes d'ariettes charmantes, mais connues, pour donner lieu à tous les coryphées de la musique de déployer leurs talents. Ils ont également augmenté leurs ballets de danses variées & agréables. La demoiselle Heynel, qui heureusement étoit revenue la veille de l'Angleterre, a eu l'avantage de recommencer l'usage de ses talents à Paris devant ce couple auguste. Elle étoit brouillée depuis long-temps avec Vestris, pour des raisons qu'on a dites dans le temps, & cette fête a été le sujet d'un raccommodement. Ils ont exécuté ensemble la chaconne de *le Breton*, toujours très bien reçue des spectateurs. Le sieur Gardel, qui a eu l'honneur d'être le maître à danser de madame la dauphine, a eu des rôles de distinction à remplir dans la chorégraphie, & s'est évertué de son mieux, ainsi que tous les autres coryphées de la danse. Cependant on convient assez généralement que M. le dauphin & madame la dauphine n'ont pas témoigné une grande satisfaction du spectacle. On sait qu'en général, la princesse accoutumée à ceux de Vienne, n'aime pas notre musique.

Il est d'étiquette de ne point applaudir aux spectacles de la cour, par une sorte de respect, qui est toujours un sentiment triste & froid. Les gens du parterre, peu au fait de cette regle, ont voulu se livrer à leurs transports ordinaires; mais des murmures sourds des gardes ont contenu l'admiration, & l'ont empêchée d'éclater en battements de mains, qui déja le signal de la joie publique vis-à-vis les augustes époux & consacré pour eux, ne pouvoit plus se prodiguer à des histrions au même instant. Cependant la Dlle. Heynel ayant paru, & madame la dauphine ayant invité une dame à côté d'elle de battre des mains, le public a regardé ce signal comme une permission de le faire, & cette danseuse a eu l'honneur d'être la seule qui ait reçu cette marque de satisfaction générale.

17 *Juin* 1773. On ne doit pas omettre dans la relation de ce qui s'est passé à la bonne réception que M. le dauphin & madame la dauphine ont éprouvée des Parisiens, le compliment des poissardes, court, énergique & plus en gestes qu'en paroles. Ces dames, qui sont de temps immémorial en possession de haranguer les rois, reines, princes & princesses aux cérémonies publiques, ont attendu le couple auguste au cours, lorsqu'il est allé monter dans l'un des carrosses de campagne, & là, après les avoir comblés de bénédictions l'un & l'autre, elles se sont retournées vers Mgr. le dauphin, & déployant leur avant-bras long, gros, rond & bien tendu: *Nous vous en souhaitons un comme*

cela , Monseigneur , lui ont-elles dit : *ce n'est pas trop pour une aussi jolie femme. Quand on en a une pareille il faut bien la fêtoyer.* Et les heureux époux de rire à gorge déployée, ainsi que toute leur suite.

Mais ce qui mérite sur-tout d'être retenu, c'est la maniere fine & adroite dont madame la dauphine a prévenu la jalousie du roi à l'occasion de la réception flatteuse qui lui avoit été faite, ainsi qu'à son auguste époux ; contraste trop frappant avec la maniere dont le monarque est accueilli depuis long-temps, pour ne pas l'affliger cruellement : « Sire, » lui a-t-elle dit, avant de lui raconter les détails de son entrée ; « il faut que votre majesté soit bien aimée des » Parisiens , car ils nous ont bien fêtés.

18 *Juin* 1773. Le succès de l'*Erreur d'un moment* se soutient. C'est, comme on l'a annoncé, la suite de *Julie*. Le mari de celle-ci , se dégoûte bientôt de sa femme & devient amoureux de celle d'un paysan , chez le pere duquel s'étoit réfugiée Julie. Il fait à la villageoise une déclaration par écrit, & vient pour avoir la réponse. Elle a tout appris à son mari, qui lui permet l'entrevue , l'exige même, & se réserve de survenir en temps & lieu : ce qu'il fait , avec la femme du seigneur. Le petit-maître, touché du désordre qu'il alloit porter dans une famille désolée, & dans la sienne propre, revient à lui & se raccommode avec sa moitié.

On voit par cet exposé , que le sujet a le mérite peu commun aujourd'hui d'être très-simple ; & que s'il n'est pas fortement intrigué, il n'est point soutenu par ces ressorts romanesques & absurdes que mettent en œuvre à présent nos faiseurs de comédies & même d'opéra-comiques. C'est une action purement agreste. La scene de la lettre, où le seigneur fait sa déclaration; l'embarras de la paysanne en la recevant; son ingénuité de la confier à son mari avant de l'avoir lue; l'état, le désespoir de celui-ci à cette lecture; la réponse qu'il dicte lui-même: tout cela est charmant; il en résulte des tableaux vrais & piquants, bien supérieurs à nos coups de théatre magiques. S'il ne regne pas dans cette piece une joie bouffonne, on y goûte le plaisir doux & pur que procure le spectacle touchant des mœurs innocentes de la campagne. Il y a du pathétique, tel que le sujet le comporte, qui en découle naturellement, & ne contraste pas trop durement avec la gaieté du reste. Peut-être le dénouement sent-il trop la capucinade; & le retour du seigneur à la raison & à la vertu, opéré par les sermons du paysan, est bien dans l'ordre des merveilles de la grace, mais non dans le cours ordinaire des choses. C'eût été sans doute un moyen plus comique de le produire par le ridicule de la situation d'un homme de qualité surpris aux genoux de sa vassale. D'ailleurs, l'amour conjugal est trop peu à la mode aujourd'hui pour intéresser beaucoup au théatre. Le style est proportionné au sujet; & comme ce sont presque toujours des paysans sur la scene, c'est le jargon du village. Mais par une bizarrerie peu analogue aux personnages, les ariettes sont plus élégantes que le dialogue ordinaire. Au surplus, à travers l'idiôme grossier des interlocuteurs, l'auteur a hasardé des réflexions assez fortes, qui ont été très-senties & très-applaudies.

Le musicien s'est parfaitement conformé au poëte. La musique est agréable, légere & assortie au genre : elle est facile, & aura l'avantage d'être mieux retenue que tous les grands airs de nos modernes compositeurs.

19 *Juin* 1773. Madame la dauphine & son auguste époux viennennt mercredi prochain à la comédie Françoise. Cette princesse a demandé le *Siege de Calais*. Le cérémonial sera le même qu'à l'opéra.

La comédie Italienne souffre des difficultés pour recevoir cette princesse, par le peu de circulation que permet le quartier. On a proposé de la faire jouer pour le jour où elle viendroit, sur le théatre de la comédie Françoise ; mais cela jetteroit un désordre singulier dans l'arrangement des loges, en sorte qu'il n'y a encore rien de décidé à cet égard.

L'opéra a eu cent louis pour les loges de monsieur le dauphin & de sa suite ; ce qui en tout comprenoit quatre loges & le balcon.

20 *Juin* 1773. Les gens de Ruel étoient fort intrigués de la brouillerie de monsieur la Borde avec la demoiselle Guimard. Ils ne pouvoient concevoir que le prince de Soubise, jusqu'à présent si traitable sur l'article de la jalousie, en eût conçu tout-à-coup un accès violent, au point d'exiger de l'actrice un si cruel sacrifice. A force de rechercher les causes de ce procédé, ils ont trouvé que le Sr. la Borde avoir donné ce qu'on appelle en leur langage une *galanterie* à la demoiselle Guimard ; que celle-ci l'avoit procurée au maréchal prince de Soubise ; le maréchal à madame la comtesse de l'Hôpital ; & la comtesse à...... Ici se perd cette généalogie ; du moins

les faiseurs de chronique en sont là. Ils attendent la suite de la filiation pour en faire part au public. Mais il en résulte certainement un motif de justification pour le prince de Soubise, que personne ne peut désapprouver.

21 *Juin* 1773. M. le duc de Chartres a pris un goût extraordinaire pour *Comus*, le joueur de gobelets, qui a poussé l'escamotage à un degré supérieur, & a réduit en principes cet art subtil. Le prince prend des leçons, & il a resté mardi depuis neuf heures du matin jusqu'à trois heures après-midi chez ce faiseur de tours. On assure que S. A. a les plus grandes dispositions. Elle s'est fait faire une petite maison au haut du fauxbourg du Roule, où elle s'exerce à ces petits jeux & autres amusements de son âge.

22 *Juin* 1773. M. le contrôleur-général, malgré son extrême envie de favoriser le prince de Condé & de lui faire sa cour, a peine à ratifier le marché de l'hôtel de S. A. agréé par le roi; il en calcule les inconvénients. Il est certain qu'en y bâtissant la comédie, il en coûte au moins un million de plus. Peut-être y auroit-il plus d'avantage pour la ville d'y bâtir des maisons. Quoi qu'il en soit, le sieur Liégeon se dispose à tout événement, & fait un nouveau plan de salle de spectacle, en cas qu'on s'en tienne définitivement à ce dernier emplacement.

23 *Juin* 1773. On a donné aujourd'hui à la comédie Françoise *le Siege de Calais* & *le Legs*, pieces demandées par madame la dauphine. Pour éviter le tumulte indécent qu'on trouve ordinairement à ce spectacle aux jours de premiere représentation, on avoit affiché dès la veille qu'on ne pourroit point faire retenir de places par des

laquais ou valets-de-chambre. Cela n'a pas empêché que dès midi il y avoit déja un monde prodigieux pour les billets de toute espece.

Un peu avant madame la dauphine, madame la duchesse de Bourbon est arrivée, & a été applaudie, quoique légérement. Cette vue a démenti, à certains égards, les bruits qui couroient de l'exil de cette princesse à Chantilly.

M. le dauphin & madame la dauphine sont venus à cinq heures & demie, & ont été accueillis avec des transports indicibles. Dès le commencement de la piece, le duc de Duras, ayant pris l'ordre de madame la dauphine, a applaudi par un battement de mains; ce qui a été un signal au public que la princesse lui donnoit la liberté de le faire, en sorte que le parterre s'est livré à l'enthousiasme qu'il a voulu.

Au troisieme acte, dans une scene où Aliénor disserte sur la loi salique, qui exclut les étrangers du trône, & n'y admet que les héritiers de la famille régnante, suivant l'orde de la succession & le droit d'aînesse, Mlle. Vestris, qui faisoit ce rôle, aux derniers vers:

Le François dans son Prince aime à trouver un frere,
Qui, né fils de l'état, en devienne le pere.

a regardé M. le dauphin en les prononçant; ce qui a été suivi de longs & unanimes applaudissements.

Dans un autre endroit, il se trouve ces mauvais vers, mais vrais & sententieux:

Quelle leçon pour vous, superbes potentats!
Veillez sur vos sujets, dans le rang le plus bas,

Tel, loin de vos regards, dans la misere, expire ;
Qui quelque jour peut-être eût sauvé votre empire !

M. le dauphin & madame la dauphine ont pris leur revanche en cette occasion, & ont applaudi les premiers à la tirade ; & cette marque de sensibilité de leur part a été reçue avec des transports nouveaux de tendresse & de reconnoissance du public.

Le reste du spectacle s'est passé dans le cérémonial d'usage, & les comédiens n'ont fait aucuns frais, aucun divertissement, rien qui caractérisât ce jour mémorable pour eux & pût servir d'époque. L'entr'acte même entre la grande & la petite piece a été fort long.

24 *Juin* 1773. On cite beaucoup le compliment de M. le maréchal de Brissac à madame la dauphine, le premier jour où cette princesse entra dans Paris, tandis que le prévôt des marchands débitoit sa lourde & plate harangue : *Madame*, lui dit ce preux chevalier, *vous avez-là sous vos yeux deux cent mille amoureux de vous*. Propos digne d'un antique chevalier, qui affecte de ne rien faire, de ne rien dire comme nos modernes petits-maîtres.

25 *Juin* 1773. Comme le mariage de monsieur le comte d'Artois doit se faire dans l'arriere-saison & aux approches de l'hiver, saison plus favorable pour les bals & les plaisirs, on travaille à force pour donner des fêtes en ce genre. On parle de cinq opéra, dont les auteurs se flattent d'être joués : le reste à proportion. Les Menus sont fort occupés, & l'on sait d'ailleurs que le maréchal de Richelieu qui se trouve d'année, a beaucoup de goût.

26 *Juin* 1773. Le sieur Chasse est un gentilhomme Breton, qui par libertinage, par indigence ou par une passion effrénée pour le théatre, s'étoit fait acteur & chanteur de l'opéra. Sa belle figure, la noblesse de son jeu & la beauté de sa voix, qui étoit une basse-taille, l'avoient rendu un des coryphées de ce spectacle. Il y a brillé long-temps. Depuis plusieurs années il en est retiré : il a aujourd'hui 76 ans. Cependant on ne sait trop comment, madame la comtesse Dubarri a voulu l'entendre. Il s'est refusé aux instances de ceux qui le sollicitoient pour cette dame, & a déclaré qu'il ne chanteroit que pour le roi ; d'abord par l'obéissance qu'il devoit à son maître, & ensuite par reconnoissance de ses bontés & des pensions dont il l'honoroit. On lui a donc parlé au nom du roi, & il a chanté à un petit souper devant S. M. & la favorite. Ils en ont été émerveillés. Le prince lui a dit qu'il le retenoit pour les fêtes du mariage ; qu'il étoit question de remettre *Roland*, opéra dans lequel il excelloit, & qu'il vouloit que Chasse en fît le rôle. Sa majesté s'est expliquée ainsi vis-à-vis du maréchal de Richelieu & des intendants des Menus ; & l'acteur est forcé de céder aux vœux du monarque. Mais comme il est bien différent de chanter en chambre ou sur le théatre, les amis de l'acteur tremblent pour lui. Au surplus, le lendemain il a reçu une boîte d'or de la valeur de 50 louis ; & pour ménager sa délicatesse, madame Dubarri a bien voulu lui faire dire que c'étoit de la part du roi.

27 *Juin* 1773. Depuis long-temps on parle beaucoup d'une tragédie nouvelle du sieur *de la Harpe*, intitulée : les BARMÉCIDES. Suivant son

usage il capte les suffrages des sociétés, en la lisant lui-même dans diverses maisons. Il a eu l'honneur d'être admis chez madame la comtesse Dubarri, qui a bien voulu l'entendre. Cependant cette dame fatiguée dès le premier acte, en avouant que c'étoit très-beau, bâilloit beaucoup. Elle a demandé le cahier de l'auteur; elle l'a parcouru des yeux; elle lui a dit de lui lire les dernieres scenes, & a fini par s'extasier en bâillant toujours. L'amour-propre du petit bon homme a été très-humilié, d'autant qu'il n'ose faire d'épigrammes contre le mauvais goût de la comtesse.

28 Juin 1773. On a parlé du jardin de monsieur Boutin, appellé *Tivoli*, qui depuis qu'on l'a annoncé est devenu encore plus varié & plus magnifique. On a inspiré au duc de Chartres le goût d'en créer un semblable, c'est-à-dire un plus magnifique & plus digne de S. A. C'est un séjour enchanté, qui contribue à rendre plus délicieuses les orgies du prince. C'est le sieur Carmontel, amateur éclairé des arts, & qui les cultive lui-même, très-connu par un recueil de proverbes & par son talent pour la caricature & pour des portraits de société très-ressemblants, qui dirige les travaux de cette petite maison, où, entr'autres curiosités, on a fait usage de la pompe à feu, pour l'élévation de l'eau & pour produire une riviere avec un puits.

29 Juin 1773. Extrait d'une lettre de Barrege, du 20 Juin 1773....... Nous avons ici mademoiselle Luzzi, de la comédie Françoise, qui est venue pour remédier aux suites d'une débauche trop effrénée. Cette actrice revenue des vains plaisirs de ce monde, est l'édification du public.

On admire sa piété, sa résignation, dans les souffrances, & elle ne joue pas moins bien le rôle de dévote que celui de soubrette qu'elle faisoit. On dit qu'elle a quitté le théatre; mais on ne pourra vraiment bien juger de la vérité de cette conversion, que lorsqu'elle sera rétablie; car ces têtes foibles & romanesques passent aisément d'une passion à l'autre.

29 *Juin* 1773. Le mémoire de Me. Linguet, annoncé depuis long-temps, se distribue; il a pour titre: *Supplément aux Observations pour le comte de Morangiés*. Cet orateur, d'une fécondité sans exemple, ne donne son nouvel ouvrage que comme une premiere partie du travail qu'il se propose. Dans celui-ci il discute la sentence du bailliage du 28 mai, & la présente sous 23 chefs différents, qu'il commence, qu'il contredit, & qu'il réfute, & dont il prétend enfin démontrer l'injustice & l'absurdité en totalité. Il annonce qu'il parlera incessamment de la procédure, en traitant de la prise à partie qui sera demandée certainement, & que l'équité de la cour ne lui permettra sûrement pas de refuser.

Quelque aride que parût devoir être cette discussion, le brillant orateur a su y répandre les figures de son art. Les morceaux les plus intéressants sont l'exorde, quelques nouveaux détails sur la police, une dissertation sur les libelles & la justification des siens; enfin la péroraison vigoureuse contre les conclusions du procureur du roi, d'après lesquelles le comte de Morangiés a été mis sur la sellette. On ne peut nier qu'il n'y ait beaucoup de chaleur dans la plupart de ces endroits, qu'on ne les lise avec plaisir. On n'en peut pas dire autant de la logique de l'écrivain, qui n'est pas sa partie dominante. D'ailleurs l'impudence avec laquelle il est convaincu d'avancer les faits les plus palpablement faux, discrédite tous ceux qu'il pourroit articuler en faveur de son client. C'est ce qui ôte beaucoup de force à une piece qu'il cite comme victorieuse, c'est une espece d'apologie du comte de Morangiés, faite par la noblesse du diocese où ses terres sont situées, en date du 29 avril de cette année, & qui à la rigueur ne conclueroit rien. Elle est souscrite de 19 signatures. D'ailleurs, est-ce le plus grand nombre? Comment ont-elles été données? Existent-elles même? Le peu de bonne foi du sieur Linguet excite de semblables doutes.

30 Juin 1773. Hier, quoique ce fût jour de fête, monsieur le dauphin & madame la dauphine sont venus aux Italiens, qui ont eu le bonheur de jouer sur leur théatre devant eux, & de surmonter les obstacles qu'on proposoit contre. La circulation a été un peu gênante pour le public, & pour les voisins du spectacle, qui ont eu peine à rentrer chez eux comme ils vouloient. Au demeurant, il n'est arrivé aucun accident. Ces comédiens se sont distingués d'abord par une décoration dans le pourtour de la salle, qui donne un air de fête à cette représentation mémorable. Au moyen de girandoles en lustres qu'ils avoient appliquées contre les loges, il en a résulté un ton plus brillant dans l'enceinte du public: les diamants des femmes jouoient mieux, & celles-ci pouvoient se distinguer avec plus de facilité, & développer tout l'étalage de leur parure.

Madame la dauphine avoit demandé pour

pièce Italienne, *Arlequin & Scapin rivaux*, & pour seconde piece, *le Déserteur*. Cette derniere, a donné lieu à des applications heureuses, que le public a saisies avec avidité. Dans un récit il est question des acclamations de l'armée en faveur du monarque, & de *vive le roi*, qu'on répete. Les applaudissements ont été rendus avec beaucoup d'intelligence par ceux que la police & les comédiens avoient répandus à cet effet dans le parterre. On a crié *bis*, & madame la dauphine, en battant des mains elle-même, a donné son signe d'approbation à l'acteur, qui a recommencé. A cette fois le parterre a chanté en chorus, *vive le roi* ! Et ce concert assez discordant a été répété par quelques loges. Le sieur Clairval, qui faisoit le rôle de *Monte au Ciel*, a jeté son bonnet en l'air, en criant à son retour : *vive le roi* ! & *vivent ses chers enfants* ! Et le public d'applaudir de nouveau, & de recommencer à chanter, *vive le roi* !

2 *Juillet* 1773. Le *Journal Historique & Politique*, institué depuis peu par le sieur Martin & consorts, sur lequel ils avoient fondé les plus grandes espérances de fortune, ne se débite pas comme ils l'espéroient. En conséquence ils ont imaginé de le réunir à celui de Bouillon, & de forcer le sieur Rousseau à leur faire un sort. Celui-ci en butte à cette cabale puissante, a été obligé de recevoir la loi qu'ils ont voulu lui faire, & dorénavant doit prélever à leur profit une somme de 51,500 livres : ce qui paroîtroit incroyable, si l'on ne tenoit le fait du sieur Rousseau lui-même, qui en outre est obligé de payer une rançon de 5,000 livres de rentes, pour

exempter son journal encyclopédique du sort fatal dont le menaçoit M. le chancelier.

3 *Juillet* 1773. Les spectacles avoient reçu défenses, lorsque monsieur le dauphin & madame la dauphine y sont venus, de faire aucun compliment. Malgré cela, les Italiens, comme on a dit, ont su l'éluder, en insérant adroitement au divertissement du *Déserteur*, des couplets, qui, sans être directs, présentoient une allégorie sensible de ce qui se passoit & des sentiments analogues. Par le défaut naturel à la plupart des acteurs & actrices de ce théatre, malheureusement personne ne les a entendus. Les voici ; ce sont cinq couplets ajoutés dans le chœur qui termine la piece. On les dit du souffleur *Anseaume*.

1. *Couplet.*

Deux cœurs que l'amour enflamme,
Est-il rien de plus charmant ?
Quel plaisir porte en notre ame
Un spectacle si touchant !

2.

Ils partagent l'un & l'autre
Nos transports & nos souhaits.
Leur bonheur devient le nôtre,
Il ne finira jamais.

3.

Une Vieille. [*Mlle. Deschamps.*]

Ma carriere est presque faite,
Le terme est bien près pour moi ;

Mais je mourrai satisfaite
D'avoir vu ce que je vois.

4.

Une jeune fille.

De leurs belles destinées,
Que rien n'altere le cours;
Je donnerois mes années
Pour leur conserver des jours.

5.

Louise & Alexis, avec le chœur.

Ne perdons jamais la trace
De ces moments enchanteurs.
Ce jour est un jour de graces :
Qu'il sera cher à nos cœurs !

Vive le Roi, &c.

5 *Juillet* 1773. On a enfin tiré au clair l'histoire de la déclaration de M. de Montclar, procureur-général au parlement d'Aix, qu'on avoit répandue comme souscrite par lui au lit de la mort, & qu'entr'autres le gazetier de Cologne, tout jésuite, avoit adoptée comme authentique. C'est dans une *Lettre d'un gentilhomme du diocese d'Apt à M......* que cette intrigue est développée dans toutes ses parties. Il en résulte que cette piece est absolument fausse. Il faut lire dans l'ouvrage même le détail incroyable des menées de l'évêque d'Apt pour obtenir d'abord un pareil acte du moribon, & ne l'ayant pu obtenir par ses émissaires, pour faire accroire au public qu'il l'avoit obtenu. On ne peut guere révoquer en doute l'historique

de cette intrigue, soutenu des lettres & pieces qui peuvent le fortifier. Cette brochure, au surplus, est écrite avec une sagesse & une modération qui disposent aisément à ajouter foi à l'auteur.

6 *Juillet* 1773. Il nous est arrivé d'Angleterre un quatrieme volume des *Efforts du Patriotisme*, qui contient de nouvelles pieces, & promet la suite jusqu'à ce que la collection soit complete.

7 *Juillet* 1773. On n'a pas tardé à répliquer à la suite des observations de Me. Linguet, & Me. la Croix fait paroître un nouveau *Mémoire pour le sieur Dujonquay & la dame Romain, contre le comte de Morangiés*. On y lit dans une Note : *Cette affaire eût été étouffée par la famille du comte de Morangiés, si son défenseur ne se fût vanté de la gagner. Voilà la cause de ses emportements*. On y résume de nouveau le fond de l'affaire, & l'on répond sur-tout aux critiques diverses que Me. Linguet fait de la sentence. On lui prouve que ses objections les plus spécieuses ne devroient pas être faites par un avocat au fait des formes, de l'ordre & du style judiciaire. Enfin, d'après une consultation du 2 juillet, Me. la Croix rend compte des motifs qui l'ont déterminé à écrire dans cette affaire, où l'on prétend qu'il n'avoit ni mission ni caractere, & il déclare que c'est à la sollicitation seule d'*Aubourg* & de Dujonquay qu'il est entré en lice.

8 *Juillet* 1773. Il paroît une brochure clandestine & curieuse, intitulée *Raisons invincibles qui doivent empêcher le Pape d'accorder, & les Souverains de poursuivre l'abolition de la*

la compagnie de Jesus, tant que cette cause sera dans l'état où elle est. On voit par ce titre combien la piece doit être originale & recherchée. Elle est principalement dirigée contre le duc de Choiseul, à l'inimitié duquel on attribue la dissolution de l'ordre dans une partie de l'Europe, & mérite une discussion très-ample, cette matiere étant aujourd'hui l'objet de l'attention des différents royaumes partagés pour ou contre un ordre fameux, qui semble tenir tête à une multitude de potentats réunis contre lui.

Le parlement ancien n'y est pas épargné, & le nouveau tribunal y est demandé comme juge impartial de la querelle.

12 Juillet 1773. La *Fricaßée* est une nouvelle brochure qui remplit à merveille son titre. C'est un pot-pourri où l'on parle de tout, & où l'on ne dit rien. Si elle parvient à la postérité, elle fera la torture des *Saumaises* à venir, plus encore que *Rabelais* & autres livres de cette espece.

13 *Juillet* 1773. On a fait sur *l'Erreur d'un moment*, comédie nouvelle du sieur Monvel, les quatre vers suivants.

<blockquote>
Monvel, las de nous faire rire,
Hélas se livre au larmoyant:
Fasse le ciel que ce délire
Ne soit que *l'Erreur d'un moment!*
</blockquote>

16 *Juillet* 1773. L'auteur des *Raisons invincibles*, &c. en a de générales & de particulieres.

Les générales sont: 1°. que pour détruire un ordre ancien, approuvé, protégé, loué conflamment par les plus éminents personnages de l'église, il faudroit des délits clairs, atroces, qui fussent ceux du corps entier, & qu'il se fût montré incorrigible. On n'objecte, au contraire, que des imputations vraies ou fausses contre quelques particuliers. On critique un institut brûlé en France, comme *impie*; & canonisé en Portugal, comme *saint*; que tous les sages, tous les saints & sur-tout les papes, les évêques & un concile universel ont regardé comme un chef-d'œuvre, & dont on n'a fait qu'un extrait frauduleux, sous le titre d'*assertions*.

2°. Comme le crime ne se présume pas contre 20,000 religieux, & qu'il ne peut être constaté légitimement que le prévenu n'ait fourni toutes ses défenses, il étoit également nécessaire & indispensable d'entendre les jésuites aussi juridiquement, aussi pleinement, aussi solemnellement que l'exigeoit l'importance de la cause.

3°. Les jésuites n'ont point été entendus de la manière qu'on vient de voir qu'il falloit les entendre. On ne voit pas qu'en aucun temps, en aucun lieu, une audience libre, pleine, publique, ait été donnée à la société, à son régime, à ses représentants. L'auteur prétend, au contraire, pouvoir nommer le temps & les lieux où l'on a rejeté chez nous, impitoyablement & sans pudeur, des requêtes en forme que présentoient les jésuites, aux fins d'être ouis.

A ces vues générales, il croit pouvoir joindre des préjugés tirés des opérations dont on a été témoins, & c'est ce qu'il appelle ses raisons particulières.

1o. Les jésuites ont été proscrits uniquement sur deux pieces : savoir, sur les *Extraits* de l'institut, faits ou débutés par le feu abbé Chauvelin, & sur le recueil des *Assertions*, fabriqué aux Blancs-manteaux, c'est-à-dire sur deux pieces qui contiennent au moins huit à neuf cents falsifications palpables. Ceux des tribunaux qui témoignerent long-temps une juste horreur pour cette maniere de procéder, furent vaincus, par les ordres, par les menaces & par d'autres menées encore plus indignes du ministre [le duc de Choiseul] qui étoit alors à la tête de la persécution *anti-jésuitique*.

2º. Cette persécution est l'ouvrage des jansénistes, des philosophes encyclopédistes, d'un essaim de magistrats républicains, ennemis du catholicisme, de la religion, de l'autorité monarchique. Les jésuites n'ont donc été proscrits que parce qu'ils tenoient invinciblement à l'église Romaine, à Dieu & au roi.

3º. Il est également avéré & indubitable que les conjurés de Paris ont donné le branle à tout ce qui a été fait ou tenté en Portugal, en Espagne, à Rome & ailleurs. On n'ignore ni la députation, ni le nom des émissaires, ni l'envoi des libelles, ni les sommes offertes ou données, le tout sous la protection du grand chef [le duc de Choiseul] dont la puissance étoit si étendue.

Ici l'auteur entre dans une grande discussion de ce qui s'est passé en Espagne, & dans une prosopopée touchante au roi de ce royaume, qu'il cherche à capter par un tour oratoire, il établit que tout prouve qu'il a été séduit ; que tout respire dans le complot en question les noirceurs de la calomnie, le caractere des chefs de la bande, les moyens qu'ils ont employés, les pieces pour & contre qu'on a sur ce grand procès. Il discute ensuite les procédures portugaises, qu'il regarde comme un monstrueux assemblage d'iniquités palpables. On ne peut le suivre dans le développement verbeux de cette partie de l'ouvrage.

Après il propose un *Cas de conscience* : savoir, si des princes chrétiens & catholiques peuvent en conscience demander au souverain pontife la destruction d'un ordre, sans avoir vu ni entendu les accusés, sur des accusations dont une partie n'est pas articulée, dont l'autre est fausse, calomnieuse, absurde, &c. ? Il soumet cette décision au college des cardinaux & à tous les consultateurs Romains, au clergé de France, à la sorbonne, aux universités d'Italie & d'Espagne, même aux universités protestantes d'Oxford, de Wittemberg & d'Upsal, enfin au mufti & à ses imans.

Du reste, quand ? où ? en quelle forme fera-t-on la revision du procès qui est l'objet de cette requête ?

Ce ne seroit que trop tôt, répond-il ; à Rome, à Madrid, à Paris ou à Versailles : on ne refuseroit pas aujourd'hui le parlement de Paris.

Suivant des objections & solutions, terminées par une observation décisive, suivant l'écrivain, c'est que si l'on n'a pas égard à sa réclamation, il prend acte contre les ennemis de la société en présence de l'univers, qu'ils sont non-seulement atteints, mais même convaincus, de tout ce qu'on leur impute d'atrocités.

Dans cet ouvrage, où il y a de très-bonnes

choses, des anecdotes très-précieuses ; il regne sous une apparence d'ordre & de méthode, un désordre & une confusion qui en rendent la lecture pénible, par une répétition fastidieuse des mêmes raisons, & par une multitude de mots accumulés, dans lesquels se noie la chaleur de l'orateur.

19 *Juillet* 1773. Le nouveau mémoire de Me. Linguet paroît, & est enlevé avec un empressement proportionné à la célébrité de l'orateur. Il a pour titre : *Précis pour le sieur Ménager, de l'académie royale de chirurgie.* Après un long détail des raisons qui obligent ce *Ménager* d'entrer en cause, une grande discussion des motifs qu'il a de mécontentement contre les juges, des reproches graves qu'il articule à leur faire, enfin il établit deux propositions incontestables : l'une que son client n'a jamais été dans le cas d'essuyer un décret ; l'autre, que ce n'est qu'en dénaturant la procédure par une manœuvre criminelle, qu'on est parvenu à se procurer une sorte de prétexte pour le décréter. De ces deux principes il tire la conséquence, que le juge qui a décrété le chirurgien, & le procureur du roi qui a provoqué le décret, ne peuvent se soustraire à la prise à partie.

20 *Juillet* 1773. On prétend qu'il s'est élevé une querelle entre la comtesse Dubarri, & le comte *Jean* [le beau-frere]; qu'elle a été si vive que ce dernier, dans un de ces accès d'humeur violente dont on se répent toujours, a exhalé sa bile, & a fait une chanson, où il se permet de rappeller, de la façon la plus piquante, des choses qu'il auroit dû oublier. Peut-

être aussi un plaisant a-t-il été bien aise de trouver cette occasion de décharger la sienne, en imputant au comte *Jean* une production licentieuse d'une plume très-satirique. Telle qu'elle soit, voici cette chanson :

Sur un air : De la *Rosiere*.

Drôlesse !
Où prends-tu donc ta fierté !
Princesse !
D'où te vient ta dignité !
Si jamais ton teint se fane ou se pele,
Au train
De Catin
Le cri du public te rappelle.
Drôlesse ! &c.

Lorsque tu vivois de la messe
Du moine, ton pere Guimard ;
Que la Ramson voloit la graisse
Pour joindre à ton morceau de lard,
Tu n'étois pas si fiere,
Et n'en valois que mieux :
Baisse ta tête altiere,
Du moins devant mes yeux.
Ecoute-moi, rentre en toi-même,
Pour éviter de plus grands maux :
Permets à qui t'aime, qui t'aime,
De t'offrir encor des sabots !

Drôlesse !
Mon esprit est-il baissé !

Princesse !
Te souvient-il du passé !

21 Juillet 1773. Dans le temps de la tenue des états de la province du Bretagne, il a été question d'un *Mémoire de la Noblesse de cette Province au Roi*, qu'elle s'est trouvé obligée de faire seule, les commissaires ayant eu le secret d'intimider par menaces ou de séduire par promesses les députés des deux autres ordres, pour qu'ils s'abstinssent d'y prendre aucune part; & c'est ce qui a servi ensuite de prétexte à la cour pour ne pas vouloir recevoir le mémoire en question, dont on auroit voulu anéantir jusqu'à l'existence : c'est ce qui en a retardé la publicité jusqu'à présent. Il est imprimé aujourd'hui. Il est d'une clarté, d'une précision, d'une force, qui le font lire avec la plus grande avidité. C'est d'ailleurs un tableau aussi fidele qu'effrayant des coups d'autorité multipliés, par lesquels le ministere sappe sans relâche la liberté de cette province, dont on lui envie jusqu'à l'ombre qui lui en reste. On admire l'éloquence avec laquelle l'orateur, après avoir tracé du pinceau le plus mâle & le plus rapide les ravages du despotisme, les suites funestes, les malheurs sans nombre qu'il entraîne, ramasse toute l'onction du sentiment pour attendrir le cœur du monarque & émouvoir ses entrailles paternelles. Quelque bien fait que soit celui de la noblesse de Normandie sur le même sujet, on trouve le mémoire en question bien supérieur pour l'enchaînement, la marche, le style.

22 Juillet 1773. Le sieur le Carpentier, architecte, membre de l'académie royale d'architecture, vient de mourir. Il avoit beaucoup de célébrité. Le Pavillon du sieur Bouret, connu sous le nom de *Pavillon du roi*, & qu'en effet ce financier avoit fait ériger dans l'espoir que S. M. l'acheteroit, est un morceau très-propre à lui faire honneur, par sa noblesse, son élégance & sa belle distribution.

23 *Juillet* 1773. Outre les quatre volumes qu'on a annoncé sous le titre général des *Efforts du patriotisme*, &c. on a imprimé dans le même format un *recueil de réclamations, remontrances, lettres, arrêts, arrêtés, protestations des parlements, cours des aides, chambres des comptes, bailliages, présidiaux, élections, au sujet de l'édit de décembre* 1770, *l'érection des conseils supérieurs, la suppression des parlements, &c. avec un abrégé historique des principaux faits, relatifs à la suppression du parlement de Paris, & de tous les parlements du royaume.* Ces deux volumes, grand in-8°. ont pour épigraphe : *Majora legum quam hominum imperia.* Ils sont imprimés aussi à Londres. Ils sont précédés d'une préface très-bien écrite, & d'une éloquence digne de la matiere importante, traitée dans le contenu de l'ouvrage.

24 *juillet* 1773. *Lettre du pere Caussin, jésuite, confesseur de Louis XIII, à monseigneur le cardinal de Richelieu.*

On ne peut mieux faire connoître cet ouvrage, que par l'avertissement de l'éditeur, que voici :

« Le manuscrit que nous présentons ici au public pour la premiere fois, échappe à la jalousie d'une bibliotheque privée. Beaucoup de traits qu'il renferme intéressent la curiosité du lecteur dans les circonstances où on le publie, mais écrit d'ailleurs d'un style peu imitable & qui fait peinture par sa saillie & ses images ; il auroit intéressé dans tous les temps : on auroit pu y supprimer quelque préjugé personnel, comme une longue déclamation sur les traités entre un prince chrétien & des infideles, quelque comparaison tirée de la scholastique, &c. mais on a préféré à tout la plus exacte conformité avec le manuscrit. Quelques lecteurs demanderont quelle vraisemblance il y a que le pere Caussin, exilé & sans appui de ses supérieurs, ait osé prendre un ton si véhément avec le redoutable cardinal ? On y trouve la réponse dans l'écrit même. Mais ce trait de chaleur & de zele n'eût-il pas été porté jusques sous les yeux du ministre [ce que le manuscrit ne décide pas], il ne demeure pas moins intéressant de placer parmi les monuments de l'histoire ce qu'un homme d'esprit pensa dans le temps même d'une si illustre administration politique. »

Il est certain qu'il est peu à présumer qu'un simple religieux & un jésuite ait osé écrire au cardinal du ton sur lequel cette lettre est montée. En tout cas le faussaire a merveilleusement bien contrefait le style figuré de ce temps-là, & y a répandu l'éloquence du siecle, où il y a de très-belles choses. Mais il est à craindre que le but de l'ouvrage ne soit absolument manqué, & ne fasse un effet tout contraire, puisqu'il ne doit inspirer que plus de confiance au chancelier, par l'exemple qu'il lui fournit d'une administration si blâmée, si injuriée par les contemporains & si exaltée par les historiens postérieurs, si admirée aujourd'hui. Le parallele des tableaux effrayants qu'on y trace de l'état malheureux de la France, assimilé à ceux des écrivains actuels, prouveroit que tout ce qu'on en dit aujourd'hui n'est que pure déclamation, comme la lettre du religieux.

25 *Juillet* 1773. Le sieur Morand, membre de l'académie des sciences, & chirurgien-major des Invalides, vient de mourir.

28 *Juillet* 1773. On parle beaucoup d'une *oraison funebre du roi de Sardaigne*, où l'auteur, sous prétexte de louer ce monarque, fait une satire très-vive de tous les potentats de l'Europe. Cette piece est très-rare & l'on n'en parle encore que par oui-dire.

29 *Juillet* 1773. M. de Porte-lance, autrefois connu dans la littérature par quelques ouvrages, & sur-tout par une tragédie qui, sans avoir réussi, lui fit un certain nom, à raison de sa jeunesse, vient de sortir de l'obscurité où il étoit resté depuis quelque temps, & a plaidé avec éclat tout récemment dans sa propre cause. Il s'est acquis d'autant plus de gloire, qu'il n'a pas craint de lutter contre Me. Linguet, & qu'il a eu l'avantage.

Celui ci vient de faire imprimer son mémoire, qui ne gagne point à la lecture. Il défend un nommé *Tranel*, que le premier accuse d'avoir enlevé, par séduction, captation, obsession, hypocrisie, la succession de son beau-frere.

L'orateur paroît avoir eu moins en vue de composer un mémoire dans cette affaire, que d'y mentir, à son ordinaire, impudemment à la face de tout le palais, relativement aux querelles journalieres qu'il se fait avec son ordre & avec ses confreres les plus en réputation.

1 *Août* 1773. Jeudi dernier, vers les neuf heures du soir, s'est manifesté dans la partie du sud un phénomene à peu près semblable à celui dont on a parlé il y a deux ans. Il étoit moins considérable : c'est un rayon de feu qui a paru sortir des nuages & n'a duré que plusieurs secondes. Il a renouvellé dans plusieurs têtes foibles les terreurs encore récentes qui y avoit occasionées l'annonce prétendue de la comete.

2 *Août* 1773. Le *Regulus*, tragédie nouvelle de M. *Dorat*, imprimé depuis long-temps, mais changé de beaucoup, a été joué avant-hier pour la premiere fois. Cet auteur, malheureux jusqu'à présent à chausser le cothurne, a reçu des applaudissements très-grands & trop prématurés au premier acte. Ils n'ont pas été également soutenus au second & au troisieme : & les connoisseurs conviennent généralement que ce n'étoit pas la peine de traiter un pareil sujet après *Pradon*, pour le refaire plus mal. Il ne s'est pas apperçu que *Regulus* étoit un de ces caracteres roides, difficiles à ployer au théâtre; un de ces êtres impassibles, qu'on ne peut par cette raison mettre en scene ; que de la vertu extraordinaire & farouche de ce Romain il ne devoit résulter qu'une admiration très-grande d'abord, mais stérile & froide ; que les sentiments généreux de l'amitié, l'amour conjugal, l'amour filial, ne pourroient produire quelque effet, qu'autant qu'ils occasioneroient des combats, des flux & reflux dans le cœur du héros, & que son genre de patriotisme étoit tel, qu'il ne pouvoit les lui laisser éprouver ; qu'enfin le

trait héroïque de *Regulus*, propre à éblouir d'abord les jeunes gens, ne fournissoit réellement qu'une scene. C'est ce que prouve la piece de l'auteur, absolument dénuée d'action, qui ne se soutient que par de petits moyens, & n'est, à vrai dire, qu'un long plaidoyer, une amplification de collège, où le poëte a fondu tout ce que le patriotisme outré peut fournir d'idées plus gigantesques que vraies.

M. *Dorat* a chaussé le brodequin avec plus d'avantage: *sa Feinte par amour*, en trois actes & en vers, donnée pour petite piece, ne contient qu'une intrigue foible, trop alongée, trop délayée dans une multitude de scenes oisives, & qui ne font pas avancer l'intrigue, peu neuve d'ailleurs, & ressemblante à quantité de pieces. Mais il a enrichi ce fond très-commun de détails piquants & agréables; il a développé une connoissance heureuse des mœurs du siecle & du caractere des femmes. Ses peintures pourtant sont plus fines que fortes, plus nuancées que colorées. Son comique est plus de mots que de situation; & s'il ne se répete pas encore, il est à craindre qu'il le fasse à la premiere fois, & ne reste dans le cercle de frivolité autour duquel roulent toutes ses épîtres. C'est un observateur qui ne saisit que les surfaces, & n'a pas le coup-d'œil assez vigoureux pour percer l'écorce & fonder le cœur humain dans la profondeur de ses replis.

4 *Août* 1773. L'acte d'*Apollon & Coronis*, exécuté vendredi à l'opéra, a été assez bien reçu du public.

5 *Août* 1773. Il y a un différend de madame de Margeret, abbesse de St. Paul-les-Soissons,

avec l'évêque de cette ville, qui a obtenu une lettre de cachet, sous laquelle elle gémit à l'abbaye de Pont-aux-Dames. Il paroît qu'elle ne s'est point rallentie des efforts qu'elle faisoit pour avoir justice des persécutions du prélat, & qu'elle a intéressé dans sa cause divers seigneurs, entr'autres M. de Puységur, qui a une terre dans le même canton, & qui s'étant interposé à Compiegne en faveur de l'exilée, a eu une dispute vive avec l'évêque : ce qui a fait dire que ce seigneur en étoit venu à des paroles dures, à des gestes, & même à des voies de fait. Mais il y a apparence que l'anecdote des coups de pied au cul, répandue avec affectation par les partisans de l'abbesse, & plus encore par les libertins & les impies, est absolument fausse. Au reste, comme on convient assez généralement que madame l'abbesse est très-galante, qu'elle a eu une intrigue avec M. de Puységur, on n'est pas surpris de l'extrême chaleur qu'il a mise vis-à-vis du prélat, Quoi qu'il en soit, cette histoire, vraie ou fausse, fait rire aujourd'hui la cour & la ville.

Ce M. de Puységur est un homme très-instruit, de beaucoup d'esprit, & auteur d'un livre qui a paru il y a quelques années, où il prétend que le clergé ne doit pas faire un ordre dans l'état. Cette assertion, révoltante pour le corps épiscopal, a laissé un venin qui fermente encore, & le rend très-odieux à nosseigneurs les prélats.

5 Août 1773. *Le Théisme, Essai philosophique*, deux volumes, avec cette épigraphe : *Ad cœlum hinc ire putandum est sublimes animas*.... Ce qui décele tout le plan du livre,

qui n'est point un ouvrage théologique ; qui discute l'objet de la raison, & non celui de la foi. L'auteur veut démontrer que les raisons de la Divinité se font jour dans tous les cœurs par une impression universelle & supérieure à toutes nos institutions. Il ne traite que de la religion naturelle, & s'abstient de rien dire sur la révélation. Cet ouvrage, bien écrit, plein de vie, & qui embellit la métaphysique par tous les charmes d'une imagination riante & poétique, est divisé par paragraphes. S'il n'apprend rien de nouveau, il a du moins une maniere particuliere qui mérite d'être suivie & discutée.

7 *Août* 1773. L'acte d'*Apollon & Coronis*, remis sur le théatre lyrique le vendredi 30 juillet., quoiqu'assez bien reçu le premier jour, n'attire pas plus de monde que les autres fragments. Il est tiré du ballet des *Amours des Dieux*, paroles de Frezelier, musique de Mouret, & mériteroit sans contredit plus de succès. Le poëme est intéressant, les paroles en sont harmonieuses, tendres & dans le vrai genre lyrique ; la musique est douce, gaie & pleine de sentiment ; mais l'exécution ne répond pas au mérite de l'ouvrage.

8 *Août* 1773. Me. Vermeil, qui depuis ses plaidoieries dans l'affaire de Dujonquay, avoit gardé un silence profond, répand aujourd'hui un mémoire volumineux, mais serré de faits & des preuves dont ils sont susceptibles. Cet avocat s'est interdit toute déclamation : il n'y a pas un mot qui n'ait trait à l'affaire, & cet écrit est certainement un modele de tous ceux qu'on devroit publier au palais.

9 *Août* 1773. Vendredi dernier, 6. de ce mois,

M. l'abbé de l'Epée a fait faire l'exercice public, par lequel il termine ordinairement l'année de ses travaux. Il consiste à instruire des sourds & des muets au point de leur inculquer des notions, qu'ils sembleroient ne pouvoir acquérir, & rendre encore moins. Il apprend aux uns à articuler des sons, avec difficulté, mais qui forment un langage propre à se faire entendre de ceux qui sont au fait, & aux autres à répondre par écrit aux questions qu'on leur fait; ce qui s'est exécuté devant beaucoup de monde, à la satisfaction de tous les spectateurs.

11 *Août* 1773. Plus de vingt mille curieux s'étoient rendu hier à St. Ouen, & n'ont rien trouvé qui répondît à la magnificence du prince de Soubise & à l'honneur qu'il avoit de recevoir madame chez lui. La fête a consisté uniquement dans une joûte sur l'eau & dans un souper. On ne parle pas même de celle qui a été donnée à cette princesse à Vandres, le 31 juillet dernier. Elle mérite une description particuliere.

Madame & madame Elisabeth devant aller à Vandres pour y voir mademoiselle, cette princesse voulut leur procurer quelque amusement. En conséquence M. Laujeon fut chargé d'imaginer quelque chose. On connoît les talents de ce secretaire des commandements, plein de goût & d'invention. Il s'associa M. de Pinchesne, très-propre à ce genre de spectacles, étant exercé depuis long-temps à alimenter le théâtre d'*Audinot*, qui ne se soutient que par lui. Et voici le résultat de la fête champêtre, tout-à-fait analogue aux circonstances; car il faut obferver qu'il ne devoit point y avoir d'hommes.

Madame & fa fœur trouverent mademoifelle vêtue en fermiere, occupée des fonctions de fon état, battant le beurre, &c. Elle les prie d'excufer fi elles la furprennent ainfi. Elle leur propofe de goûter de fon laitage, & cependant elle appelle fes femmes. Après plufieurs délais, qui donnent lieu à des incidents agréables, & à des couplets, prélude de la fête, celles-ci arrivent dans un accoutrement ruftique, & préfentent chacune leurs préfents, un agneau, un nid de fauvettes & des fleurs. Alors mademoifelle paffe dans un cabinet de verdure pour y faire fa toilette; les dames de fa fuite s'habillent dans d'autres, & toutes reviennent parées convenablement à leur rang. On conduit madame à un portique de feuillage élevé dans les jardins, & fervant d'entrée au *temple de l'Amitié*, auquel mademoifelle, qui aime beaucoup à bâtir, avoit travaillé de fes mains. Comme les princeffes fe rendoient au temple, on entendit une mufique délicieufe, dont on ne voyoit point les auteurs; ce qui fembloit la rendre célefte. Elle étoit compofée d'inftruments à vent, dont les joueurs étoient cachés dans le feuillage. Richer, auffi caché, chanta une hymne à l'Amitié. Il fe trouva dans ce lieu un livre magnifique, que mademoifelle préfenta à madame. Sur le premier feuillet elle vit fon nom infcrit en lettres d'or, celui de fa fœur fur le fecond, & celui de mademoifelle fur le troifieme. Les trois princeffes mirent la main fur ce livre, & fe jurerent une amitié immortelle. A cette cérémonie fuccéda une piece de M. Laujeon avec prologue, roulant sur le même sujet, & toujours composée exprès pour être exécutée sans hommes. Mesdames se transporterent de-là dans un sallon magnifique, où les compagnes de mademoiselle, vêtues en nymphes, exécuterent avec les villageoises un ballet pantomime, qui enchanta par son expression & sa justesse. Au sortir du sallon, mesdames entrerent dans un bosquet, où on leur servit une collation. Elles furent reconduites au château à travers une allée, dont les arbres étoient chargés de guirlandes de fleurs & de cartouches, contenant des devises & des emblêmes relatifs au jour, aux personnages. On les fit tourner autour d'un bassin, dont les bords étoient ornés d'autres cartons. Il s'y trouvoit des couplets, que Richer chanta successivement.

C'étoit toujours quelque chose de nouveau. Enfin approchant du château, les princesses furent arrêtées par ce dernier spectacle. Ce furent six enfants d'Audinot, qui jouerent une fable, dont les personnages étoient Henriette Pauline, le Singe, l'Ours, le Chat & l'Ane, & dont la moralité rouloit sur la flatterie des courtisans.

Madame sortit enchantée de tout ce qu'elle avoit vu, & fit les plus grands remerciements aux auteurs de la fête, qui eurent l'honneur de lui être présentés.

12 *Août* 1773. Mademoiselle Raucoux, pour mieux s'exercer, est allée à Compiegne & y joue dans la troupe de Préville. Depuis que le roi est dans ce lieu, madame la comtesse Dubarry a fait donner une représentation au profit de cette actrice. Elle a bien voulu distribuer elle-même

des billets aux seigneurs de la cour, qui pour lui plaire se sont empressés d'en prendre. C'est ainsi que cette illustre favorite cherche à encourager les talents.

16 *Août* 1773. Les comédiens Italiens ont remis depuis quelque temps sur leur théatre un ancien opéra-comique de Favart, intitulé : *Acajou*, en trois actes & mêlé de vaudevilles, suivant la mode de ce temps-là ; ce qui n'avoit pas d'abord alléché les amateurs : mais on a pris goût peu-à-peu à cet ouvrage rajeuni, très-gai, très-piquant, plein d'une critique fine & juste, extrêmement varié dans ses détails, & orné de jolies décorations. Il est annoncé pour la quatrieme représentation, & est digne de succès. Il est infiniment supérieur à tous les opéra comiques modernes. Il est dans le vrai genre & beaucoup plus naturel que ces drames larmoyants. On y a joint quelques morceaux de chant plus travaillés, bien fondus avec le reste & qui ne font qu'augmenter son mérite.

24 *Août* 1773. C'est le 19 août que le nouveau tribunal a enrégistré les lettres-patentes données à Compiegne le 30 juillet pour la construction des bâtiments devant servir à la comédie Françoise, sur les terreins de l'ancien hôtel de Condé. Le préambule en est curieux par les éloges donnés aux comédiens, & les égards que le roi leur témoigne.

C'est le Sr. Moreau, architecte du roi, & maître général des bâtiments de la ville, qui est chargé de la construction & du plan de la salle.

Le roi achete l'hôtel de Condé & ses environs, & donne à la ville dans cet emplacement le terrein nécessaire pour la comédie, qu'elle fera construire à ses frais; & pour y subvenir S. M. l'autorise à emprunter 1,500,000 livres.

25 *Août* 1773. Il est de regle aujourd'hui que les académies des belles-lettres & des sciences réunies assistent à l'oratoire pour y entendre le panégyrique de St. Louis, prêché par un ecclésiastique nommé par elles. C'est le président de la premiere qui en fait le choix. Ce discours se prononce après celui que fait faire l'académie Françoise à la chapelle du Louvre. Tout le monde en sortant de cette chapelle s'étoit rendu à l'autre église, & comme on étoit dans l'attente du discours, les académiciens ont appris qu'il n'y avoit personne de nommé. M. de Nivernois, le président, qui auroit dû faire la nomination, s'est rappellé l'avoir oublié tout net. Pour réparer cette omission, s'il étoit possible, il a demandé si dans la multitude d'abbés qui étoient-là, il s'en trouvoit quelqu'un en état de monter en chaire? Il l'a assuré d'avance qu'on l'écouteroit avec plaisir. Mais personne n'a osé prendre une pareille commission, & le public s'est en allé peu édifié de la dévotion de MM. les académiciens.

27 *Août* 1773. Le nommé Loriot, machiniste connu par plusieurs inventions ingénieuses & méchaniques, a trouvé aussi un mastic également à l'épreuve de la pluie & de la chaleur. D'après les expériences faites, S. M. a acheté son secret moyennant un contrat de cent mille francs, à quatre pour cent d'intérêt. Les architectes du roi ne veulent pas qu'il en soit fait usage avant celui qu'on en doit faire pour les maisons royales, & le secret ne sera divulgué qu'alors. M. le Duc de Chartres ayant eu

befoin de Loriot pour fa petite maifon, l'a démandé au conttôleur-général, qui le lui a envoyé. Ce maftic pourra tenir lieu de tuiles ou d'ardoifes pour la couverture des maifons.

31 *Août* 1773. Quoique le difcours de monfieur *Necker*, couronné à l'académie Françoife, foit approuvé, fuivant l'ufage rétabli par un dernier arrêt du confeil, par deux docteurs de forbonne très-connus, la faculté de théologie, ou du moins quelques membres de cette faculté, font fcandalifés de la maniere cavaliere dont le philofophe orateur y parle de l'exiftence de Dieu, qu'il femble ne donner que comme une opinion utile. Cependant, comme le paffage n'eft que louche, & que l'écrivain s'exprime ailleurs d'une façon plus cathégorique, on ne croit pas que l'on s'en occupe en forbonne.

30 *Août* 1773. Le mémoire *fur l'ufage qu'il conviendroit de faire du revenu des abbayes qui font en commende*, eft, dit-on dans un avertiffement, le réfultat d'une conférence que l'auteur eut avec un célebre magiftrat, il y a une douzaine d'années. La converfation étant tombée fur les bénéfices, l'auteur expofa fes idées fur les abbayes en commende. Le magiftrat en fut frappé : elles lui parurent très-folides. Il crut que l'auteur les avoit puifées dans un projet de lettres-patentes, adreffé par le célebre *Domat*, qui étoit entre les mains du chancelier d'Agueffeau, mais dont l'auteur n'a jamais eu aucune connoiffance. Il le preffa de les mettre par écrit, ce qu'il ne fit point alors & ce qu'il a fait depuis. L'éditeur a regardé ce projet comme fi utile à l'églife & à l'état, qu'il s'eft empreffé de le publier. Puiffe-t-il faire

cesser le scandale que causent dans l'église tant de gros bénéficiers, dont la vie fait gémir les gens de bien, & fournit une ample matiere aux censures & aux dérisions des mondains! On jugera par le développement du projet, quels biens infinis il peut produire pour le temporel & pour le spirituel, & comment l'exécution en pourroit avoir lieu.

31 *Août* 1773. *Acajou* a constamment attiré du monde à la comédie Italienne, & l'on donne cet opéra-comique jeudi pour la dix-neuvieme & derniere fois. Le succès de celui-ci a excité le zele des comédiens, & ils se proposent de choisir cet hiver dans leur répertoire de ce genre, tous ceux qui seront susceptibles d'être présentés au public. Ils doivent jouer incessamment *la Rose* de Piron, piece extrêmement piquante.

1 *Septembre* 1773. L'auteur du mémoire sur l'usage qu'il conviendroit faire du revenu des abbayes qui sont en commende, explique d'abord ce que c'étoit que les abbayes dans les premiers temps de l'église, & fait voir que les commendes actuelles ne ressemblent en rien aux commendes d'alors. Il en démontre le vice & l'abus dans la maniere dont on les confere aujourd'hui. Un abbé commendataire est un ecclésiastique séculier à qui le roi donne, sans consulter les religieux, la moitié du revenu d'une abbaye, qu'on appelle *Mense abbatiale*, pour en jouir & en faire ce qu'il lui plaira. Et ce n'est pas là, sans doute, ce que devroit être un abbé de religieux.

D'ailleurs ces commendes sont injustes, 1°. parce qu'elles dépouillent, sans aucune forme de procès, les propriétaires d'un bien qui leur appartient légitimement : 2°. parce qu'elles anéantissent les dispositions des fondateurs : 3°. parce qu'elles donnent les biens des monasteres à des gens qui n'ont aucun titre ni de l'église ni de l'état pour les posséder.

En vain ces prétendus abbés invoqueroient en leur faveur le concordat. Le roi s'oblige à ne nommer que des réguliers aux bénéfices réguliers, & des réguliers du même ordre. D'ailleurs, ce concordat, par lequel François I accorda au pape le droit de prendre à chaque présentation le revenu d'une année de chaque abbaye, à condition que le saint pere lui accorderoit le droit de présenter à toutes les abbayes de son royaume, n'est pas regardé comme une convention bien légitime. Mais on est assez d'accord sur le vice & les abus des abbayes en commende; on demande comment y remédier ?

D'abord, comme le roi même ne peut ôter à personne sa propriété, il faut rendre aux monasteres un bien qui leur revient légitimement.

En second lieu, par une conséquence du même principe, il faut entrer dans les vues des fondateurs, il faut remplir les charges & conditions qu'ils ont apposées à leurs dons, qui sont :

1°. Qu'il y eût dans les monasteres le plus grand nombre de religieux possible, relativement à leurs revenus, pour qu'il y eût un plus grand nombre de personnes uniquement occupées à prier Dieu pour l'église, pour l'état & pour les fondateurs eux-mêmes.

2°. Que le service divin se fît toujours dans les monasteres avec la plus grande décence.

3°. Qu'en se dépouillant d'une partie de leurs biens en faveur des religieux, ceux-ci satisfissent mieux pour eux à l'obligation que Dieu impose aux riches de soulager la misere des pauvres.

En conséquence, l'écrivain propose d'abolir les abbés commendataires, d'en réunir les revenus à la masse totale de ceux des abbayes, & de charger les religieux d'en distribuer une partie annuellement aux personnes auxquelles le roi assigneroit des pensions sur le monastere.

Ceux auxquels on accorderoit de ces pensions, seroient ou de pauvres ecclésiastiques capables de servir l'église, mais n'ayant pas un bien de famille suffisant pour subsister, ou de pauvres militaires qui ont bien servi l'état, ou des hôpitaux qui n'ont point assez de revenus pour fournir aux besoins des malades & des pauvres que la misere force de s'y retirer, ou des colleges qui n'ont pas suffisamment de quoi stipendier les maîtres qui élevent la jeunesse, ou enfin des séminaires, dont on voudroit que les pensions des ecclésiastiques fussent modiques, & même gratuites en certaine quantité.

A la fin de l'ouvrage se trouve un modele d'édit tout digéré, extrêmement sage, au bas duquel le souverain n'auroit plus que son nom à mettre, mais qu'il n'y mettra pas : toute la tête du clergé, revêtue de pareilles abbayes, est trop intéressée à les conserver, bien loin de les remettre ainsi gratuitement.

Du reste, le mémoire est très-sagement écrit, sans fiel, sans amertume. L'auteur s'est même abstenu de ces portraits satiriques, très-propres à faire la fortune d'un écrit de ce genre, & qui feuls peuvent attirer les regards des gens du monde fur de pareils ouvrages.

2 *Septembre* 1773. On prétend que mademoiselle Raucoux, cette jeune actrice fi renommée par fes talents précoces & par fa fageffe antique, a vu enfin fa vertu échouer au voyage de Compiegne; que M. le duc d'Aiguillon, ce miniftre d'un tempérament fougueux & qui conferve encore tous les feux de la jeuneffe, a vaincu & les préjugés & la réfiftance de la comédienne.

4 *Septembre* 1773. Les trois nouveaux écrits qui ont paru dans l'affaire du comte de Morangiés, en même temps du jugement, font:

1°. *Réplique aux derniers écrits du comte de Morangiés & de fes adhérents.* Celui-ci eft le troifieme mémoire de Falconnet. Il porte la conviction jufques chez les plus incrédules. D'ailleurs, comme oratoire, c'eft auffi une excellente piece. On y trouve plus de nerf que dans les deux premiers, & le farcafme y eft employé plus adroitement.

2°. *Addition au réfumé général*, &c. C'eft le dernier effort de Me. Linguet, où fa rage redouble contre tous ceux qui ofent écrire ou dire quelque chofe en faveur des Verons. Le notaire *L'Héritier* y eft fur-tout très-maltraité. C'eft ce notaire qui a reçu le teftament de la grand'mere. Il annonce dans un poft-fcriptum qu'il attend juftice de la cour contre les écrivains adverfes qui l'ont trop bien réfuté, & il veut les attaquer perfonnellement fur les injures qu'ils lui ont dites, comme s'il avoit le privilege excluſif d'en dire feul.

3°.

3°. *La vérité géométriquement démontrée & juridiquement prouvée dans l'affaire des cent mille écus. Lettres d'un colonel étranger à un membre du parlement d'Angleterre, sur l'affaire du comte de Morangiés, dans lesquelles on rapporte tout ce qui a été plaidé & imprimé pour & contre les deux parties.*

Ce pamphlet n'est qu'une répétition fastidieuse de tout ce qui a été écrit dans les divers mémoires de Me. Linguet, & dénué de ces morceaux d'éloquence chaude qui pouvoient attacher le lecteur qui n'y cherchoit que les grands mouvements de l'orateur.

5 *Septembre* 1773. L'académie royale de musique se propose de donner incessamment au public un ballet-nouveau en trois actes, dont le titre n'est pas encore bien désigné. Il regne en général sur *l'union de l'Amour & des Arts*. Les paroles sont du sieur *le Monnier*, la musique est du sieur *Floquet*. Les amateurs, qui ont assisté aux répétitions, n'en paroissent pas extrêmement contents : ils en trouvent la musique très-médiocre & dans le genre antique.

7 *Septembre* 1773. Les directeurs de l'académie royale de musique ayant enfin fixé le titre du nouvel opéra, il a été annoncé sous celui de *l'Union de l'Amour & des Arts*, ballet héroïque en trois entrées, composé des actes de *Bathile & Chloé*, de *Théodore*, & de la *Cour d'Amour*. Il a été exécuté avec un succès extraordinaire. L'enthousiasme du public a été porté au point, que dans le courant du spectacle on a obligé plusieurs fois l'orchestre de s'arrêter, pour donner cours aux applaudissements & aux cris tumultueux avec lesquels on

demandoit l'auteur. Comme on ne s'est pas trompé sur celui des deux qu'on désiroit voir, à la fin du spectacle, & la toile tombée, on a amené par un coin du théatre le Sr. *Floquet*, qui a joui d'un honneur que n'a jamais eu *Rameau*. C'est le premier qui ait été ainsi demandé sur la scene lyrique, & qui ait paru. On a su combien ce musicien, âgé d'environ 23 ans, avoit eu peine à faire recevoir son ouvrage, quelles mortifications il avoit essuyées pendant les répétitions, & les spectateurs indignés ont été bien aises de trouver cette occasion de le dédommager de tous ces dégoûts. Au reste, son ouvrage est charmant à bien des égards, mais ne méritoit pas cet excès de fanatisme. D'ailleurs, les danses variées, pittoresques & délicieuses, n'ont pas peu contribué à faire tourner les têtes.

8 *Septembre* 1773. M. Caron de Beaumarchais fait paroître un *Mémoire à consulter*, & *Consultation*, dans son affaire contre le sieur Goezman, conseiller du nouveau Tribunal. Il y entre dans le plus grand détail de toutes ses démarches pour avoir audience de son rapporteur & des difficultés qu'il a essuyées, ou plutôt de l'impossibilité absolue où il s'est trouvé de parvenir à lui, avant de faire fournir à sa femme les cent louis en question pour la premiere fois. Après avoir aussi traité l'article de la montre, qui lui a été rendue, & des 15 louis demandés pour le secretaire, & que celui-ci n'a pas reçus, quoiqu'ils fussent exigés à cet effet, il se justifie du projet de corruption qu'on lui suppose, & le sieur Malbête, avocat consultant, est

absolument d'avis qu'on ne peut l'inculper à cet égard.

Ce mémoire, qu'on sait être rédigé & composé en entier par M. de Beaumarchais, est supérieurement fait. Quoiqu'il ne roule que sur une narration, minutieuse en apparence, de petites circonstances peu intéressantes, il y a mis tant d'art, tant de précision, un sarcasme si fin & si bien ménagé, qu'on le lit avec la plus grande avidité.

Par un concours assez singulier de circonstances, quatre hommes de lettres, fameux ou non, se trouvent impliqués audit procès.

1º. Le consultant, connu pour tel, célebre au théatre, & qui se proposoit d'amuser le public le carnaval dernier d'une façon plus agréable, par son *Barbier de Séville*, que sa premiere affaire avec le duc de *Chaulnes* a retardé.

2º. Le Sr. Goezman, atteint & convaincu par ce mémoire d'avoir composé de petites brochures clandestines pour le duc d'Aiguillon, pour le chancelier, & pour favoriser la révolution de la magistrature, lesquelles s'imprimoient chez le Sr. le Jay; ce qui avoit établi un commerce entre ce dernier & le conseiller, & sur-tout entre les deux femmes.

3º. Le sieur Baculard d'Arnaud, qui se trouvant lié avec le Jay, à raison aussi de ses petits romans que celui-ci imprimoit, s'est immiscé comme un sot dans le procès, en donnant mal-à-propos de mauvais conseils à son libraire.

4º. Enfin, le sieur Martin, auteur de la gazette de France, qui, lié avec le sieur Goezman, a eu la mal-adresse de vouloir faire un accommodement, & s'est conduit d'une façon très - repréhensible dans ses négociations.

Ces deux derniers acteurs, & sur-tout le sieur Marin, sont tellement inculpés par le récit du Sr. de Beaumarchais, qu'ils se trouvent nécessairement obligés de se justifier par d'autres mémoires.

9 Septembre 1773. M. le duc de Durfort, fils du duc de Duras, ayant eu la hardiesse de vouloir essayer du préservatif du Sr. Guibert de Préval, dont on a parlé, après s'être oint de cette espece de baume anti-vénérien, a cru pouvoir se livrer à tout ce que la débauche la plus crapuleuse peut inspirer ; mais il en a été amérement puni, & il est obligé d'avoir recours aux remedes curatifs de la même maladie qu'il vouloit prévenir.

11 Septembre 1773. *L'Union de l'Amour & des Arts* s'est soutenue avec un égal succès, vendredi. Il est fâcheux que les paroles ne répondent pas à la musique & aux danses. Ce seroit un des plus jolis divertissements qu'on eût vu depuis long-temps sur le théatre lyrique. Le premier acte seul paroît remplir le titre.

La scene est à Athenes, dans le temple d'Apollon, dieu des arts. *Hermotime*, son grand-prêtre, & pere de *Chloé*, a promis sa fille à celui qui sauroit mieux la peindre & la chanter. Elle a pour amant *Bathile*, qui, dénué des talents nécessaires, désespere de l'obtenir & disparoît. *Chloé* le regrette, & ne se détermine qu'avec répugnance à donner sa main à *Harpage*, celui qui, au gré du pere, a le mieux rempli les conditions. Au moment où tout se dispose dans le temple pour la cérémonie, on voit placé tout-à-coup sur l'autel un tableau représentant la fille du grand-prêtre. On apprend à celui-ci qu'un inconnu vient de l'apporter & que tout le peuple lui donne son suffrage. *Harpage* réclame le prix qu'il a mérité. *Hermotime* lui déclare que le terme n'est pas expiré, & que le nouveau concurrent peut encore être admis. Il ordonne qu'il se montre. C'est *Bathile*. Surprise agréable de sa maîtresse, fureur de son rival. Il espere du moins qu'il ne pourra chanter *Chloé* comme il a su la peindre : il requiert qu'il subisse l'épreuve. On apporte une lyre ; il la pince aux accords de sa voix, & il remporte la victoire. *Harpage*, outré de rage, arrache des mains d'un soldat Athénien un javelot, & vient fondre sur *Bathile*, qui le désarme, l'abat & lui pardonne.

On voit qu'au dénouement près, trop tragique, ce canevas prêtoit infiniment à la scene, à de très-jolies ariettes & à des paroles charmantes : mais il a été très-mal rempli. La scene est mal filée ; les ariettes sont peu lyriques, & les paroles tout-à-fait plates.

Le sujet de la seconde entrée est le même que celui qui a été traité par *Roi*, dans le ballet des *Graces*. On en a supprimé seulement un rôle. On a d'ailleurs changé peu de choses à l'ordre des scenes, & conservé beaucoup des anciennes paroles ; ce qui les rend meilleures que les précédentes.

Théophile, empereur de Byzance, égaré à la chasse, a découvert une jeune beauté, dont il est devenu éperdument amoureux. Celle-ci a conçu pour lui la même passion, sans le connoître. Il veut l'éprouver : il la fait venir à sa cour, pour difputer l'empire avec fes rivales au jour où il doit choifir entr'elles. Elle déplore dans le palais fa deftinée, qui la force à entrer en concurrence avec fes compagnes, & fouhaite fincérement n'être pas victorieufe: elle préfere l'inconnu. Celui-ci paroît: elle eft tranfportée de joie. Après l'avoir fondée fur fes difpofitions & reconnu la fincérité de fa paffion, l'empereur fe déclare & la couronne; ce qui donne lieu à un très-beau fpectacle.

La Cour d'Amour, ou les Troubadours, compofent la derniere entrée. *Aglaé*, préfidente de la Cour d'Amour, eft aimée par *Floridon*, qui fe plaint de fon infenfibilité. Elle n'eft qu'apparente, & *Céphife*, bergere, dans les intérêts de celui-ci, le flatte de réuffir. Elle lui propofe de prendre un déguifement que la fête autorife, & fous le nom de *Mifis*, de la forcer à s'expliquer. Il tente d'abord de la vaincre par fes foupirs; elle refte indécife entre la raifon & l'amour. Il a recours à la rufe projetée, & revient mafqué. Il fe donne pour un berger qui ne peut décider *Céphife* à aïmer. La préfidente touchée de la tendreffe & de la conftance de cet amant, ordonne à la beauté rebelle de fe rendre. *Floridon* fe découvre alors, & lui dit qu'elle vient de prononcer fon propre arrêt. Elle ne fe défend plus, & il triomphe.

Cet acte très-fimple, & non moins fufceptible de délicateffe & d'agrément, eft également manqué dans fa coupe, dans fon intrigue & dans fes détails, au point d'être tout-à-fait dénué d'intérêt.

15 *Septembre* 1773. Hier M. le comte & madame la comteffe de Provence ont affifté à

l'opéra, plus brillant encore que le jour où monsieur le dauphin & madame la dauphine y sont venus, par la préfence de prefque tous les princes du fang. Ils fe font enfuite rendus au Colifée, où ils font entrés en carroffe, & ont fait neuf révérences au public, à trois reprifes. Il y a eu un feu d'artifice au cirque, & à leur fortie, un fecond en dehors, a marqué la fête par ce double fpectacle.

16 *Septembre* 1773. Le mémoire de M. de Beaumarchais fait un bruit de diable, & il eft recherché avec tant d'empreffement, qu'il a été obligé d'en faire une feconde édition, enlevée avec autant de rapidité que la premiere. On ne peut concevoir qu'un écrit auffi diffamant contre le Sr. Goezman ne foit pas arrêté. On prétend que ce magiftrat ne reparoîtra plus au nouveau tribunal, & que fon protecteur, le duc d'Aiguillon, le nomme conful dans les Echelles du levant. Ce feigneur eft auffi indirectement impliqué dans l'affaire, où l'auteur du mémoire dit que la dame [Goezman] outrée de colere, l'avoit menacé [le libraire le Jay] de le perdre, ainfi que moi [le Sr. de Beaumarchais] en employant le crédit de M. le duc d'..... [Aiguillon]

17 *Septembre* 1773. Le nouveau Pamphlet de M. de Voltaire en faveur de M. de Lally n'eft encore qu'un enfant perdu & non avoué, qu'il lance dans le public pour effayer comment il prendra. Il a pour titre: *Fragments fur l'Inde, fur le général Lally & fur le comte de Morangiés*; car il met du Morangiés par-tout. Quant à ce dernier article, ce n'eft qu'une répétition de ce qu'il a dit ailleurs, mais qu'il reproduit

ici pour que la curiosité qui fera acheter l'un, fasse se pourvoir de l'autre nécessairement, & répandre ainsi davantage la justification prétendue de ce client.

19 Septembre 1773. Les comédiens François doivent donner incessamment *Orphanis*, tragédie qu'on croit être du Sr. B`in de Saint-Maur. Ce nom, qui n'est connu ni comme de la fable, ni comme de l'histoire, ne peut porter d'avance aucun intérêt, & n'excite qu'une curiosité vague.

20 Septembre 1773. M. de Voltaire, dans ses *Fragments sur l'Inde*, publiés depuis peu, prétend que la condamnation de M. Lally *est un de ces meurtres commis avec le glaive de la justice*. Et pour soutenir son assertion, il fait un abrégé historique des événements & intrigues qui ont conduit ce brave général sur l'échafaud, dans l'esprit propre à justifier son sentiment particulier. Il est incroyable comment ce célèbre auteur peut se permettre du sein de sa retraite de juger ainsi le parlement, & d'insulter à des magistrats dispersés qu'il accuse d'une partialité atroce; partialité qu'il décele lui-même dans sa maniere d'exposer les faits avec une impudence lâche. L'éloge qu'il fait dans ce pamphlet de M. l'abbé Morellet & de son mémoire sur la compagnie des Indes, prouve avec quelle légéreté il prononce sur les matieres même qu'il entend le moins.

21 Septembre 1773. Il paroît différentes critiques du Sallon, entr'autres *la Vision*, où il y a d'assez bonnes choses, des réflexions judicieuses & fines quelquefois. Mais le quolibet de Mlle. Arnoux désole plus les peintres que toutes les brochures. " Jamais, dit-elle, le proverbe, *Gueux comme un peintre*, ne s'est mieux vérifié qu'aujourd'hui, où, à dix, ils n'ont pu faire cinq [faint] Louis. „

Lundi dernier M. le dauphin & madame la dauphine, M. le comte & madame la comtesse de Provence vinrent voir le sallon. Madame la dauphine se plut sur-tout à examiner le tableau du sieur Machy, représentant cette princesse aux Tuileries avec son auguste époux, allant vers le Pont-tournant, le 23 juin 1773.

23 Septembre 1773. Le succès de *l'Union de l'Amour & des Arts* se confirme par la recette abondante des représentations. Les critiques se retranchent aujourd'hui à dire que la musique n'est qu'un pillage continuel de nos auteurs modernes les plus agréables. Mais ils conviennent que l'auteur a l'art merveilleux de les bien coudre ensemble & d'en former un tout délicieux. Ils veulent pourtant que les ballets, dans un genre neuf, contribuent beaucoup à attirer la foule, & sans doute ils n'ont pas tort en cela.

Dans le premier acte, une jeune danseuse, nommée d'Orival, avec le frere cadet du sieur Gardel, très-jeune aussi, excitent l'admiration des connoisseurs, dans un pas de deux qu'ils exécutent. L'actrice sur-tout est bien supérieure par son exécution libre, savante, légere & gracieuse.

La demoiselle Guimard, les sieurs Vestris & Gardel déploient tout ce que leur art a de plus divin. Les deux coryphées sur-tout, qui depuis long-temps n'avoient pas figuré ensemble, disputent de majesté. C'est un spectacle intéressant de voir ces deux illustres rivaux mériter à qui mieux les éloges du public étonné.

Enfin, les demoiselles Allard & Peslin, unies au sieur Dauberval, ramenent au dernier acte la gaieté folle suspendue par l'admiration, & conforme au sujet de la scene.

24 *Septembre* 1773. On se doutoit bien que Me. Linguet essuieroit quelque brocard à l'occasion du rôle qu'il a joué dans l'affaire du comte de Morangiés. On répand sur son compte l'épigramme suivante, à l'occasion du cordon de St. Michel qu'il demande, dit-on.

  Ce pâle & débile squelette,
Détracteur de Titus, défenseur de Molette (1),
  Du cordon noir veut être décoré.
  Pour rendre son nom plus célebre,
  Il faut, à ce cordon funebre,
  Joindre la croix de saint André.

25 *Septembre* 1773. C'est aujourd'hui qu'on donne *Orphanis*, tragédie nouvelle de M. Blin de Saint Maur, annoncé depuis long-temps. On sait actuellement que c'est un sujet d'imagination, dont le lieu de la scene est en Egypte ; mais sujet absolument calqué sur le *Barnevelt* ou *le Marchand de Londres*, c'est-à-dire, roulant sur l'ascendant irrésistible que l'amour donne à une femme dont on est éperdument amoureux. L'auteur en a relevé les personnages, & les prend auprès du trône.

26 *Septembre*. On a exécuté à Choisy, devant le roi, le 23 septembre, un ballet héroïque

---

(1) Nom de famille des Morangiés.

nouveau, intitulé: *Zenis & Almasie*, dont la musique, d'un auteur anonyme, qu'on veut être M. le duc de Nivernois, & les paroles de M. de Chamfort, en nom, mais attribuées aussi au duc de la Valliere. Il n'y a que les ballets qui soient en roture, & reconnus pour être du sieur Laval, maître des ballets de S. M. Ce spectacle, très-commun au fond, a reçu beaucoup de valeur par le brillant du coup d'œil, la beauté des décorations & l'exécution, dont étoient chargés les premiers acteurs de l'opéra. On a joué avant *La feinte p amour*, de M. Dorat.

26 Septembre 1773. Le lundi 20. septembre, madame la dauphine est venu à la comédie Françoise, & s'est placée dans la loge des gentilshommes de la chambre. Monsieur le maréchal de Richelieu, en sa qualité de gentilhomme de la chambre, a présenté à cette princesse le sieur Dorat, auteur des deux pieces nouvelles qu'elle a honorées de sa présence. La verve de ce poëte s'est excitée, & il a enfanté le madrigal suivant :

A madame la Dauphine, sur son incognito.

 Quoi, sous un nuage envieux,
 Croyez-vous, auguste dauphine,
 Pouvoir vous cacher en ces lieux ?
 Lorsque Vénus descend des cieux,
 On sent l'influence divine ;
 Et, lorsque vous trompez leurs yeux,
 Le cœur des François vous devine.

Le même poëte a voulu exhaler sa reconnoissance envers le maréchal, par l'épître suivante :

Entre les palmes de Mahon,
Pour vous feul reverdit encore
La couronne d'Anacréon ;
Et, fans vieillir comme Titon,
Vous fêtez plus d'une Aurore.
Votre automne eft un long printemps
Que l'on admire & qu'on envie.
Vous cueillez à tous les inftants
Les fleurs du matin de la vie ;
Et l'Amour amufe le temps
Pour qu'à jamais il vous oublie.
Ah ! confervez ces goûts charmants,
Cette aimable philofophie,
Cette fleur de galanterie,
Qui vaut bien les beaux fentimens
De la gothique bergerie.
Rendez Ovide à ma patrie,
Et laiffez un code aux amants.
Voltigez de belles en belles :
Vos lauriers, toujours floriffants,
Doivent tenter les plus cruelles.
Amufez-les par des ferments :
Pour les fixer gardez vos ailes.
Et puiffiez-vous, grondé par elles,
Entendre encor, après cent ans,
Tout ce qu'on dit aux infideles !

27 *Septembre* 1773. La piece de M. Blin de Saint-Maur eft recommandable par une action très-fimple. Il n'y a que quatre acteurs effentiels. L'auteur a transporté en effet fon action en

Egypte, sous le regne du grand *Sésostris*. Toute l'intrigue roule sur l'amour d'un petit-fils de ce potentat pour une femme obscure, ambitieuse, & qui ne craint aucun forfait pour parvenir au trône. Par une intrigue adroite graduée & profonde, elle conduit insensiblement son amant au projet affreux d'assassiner son aïeul & son roi. Il y a des longueurs dans l'ouvrage qui, retranchées, pourront laisser plus de force à l'intrigue. En général peu d'action, ce qui rend une tragédie languissante, si elle n'est ranimée par un grand jeu de passions, & soutenue par l'élégance continue de la versification, comme dans Racine. Celle du poëte qui entre aujourd'hui dans la carriere dramatique, n'est point boursouflée ; elle a plus de correction, de douceur & d'harmonie, que n'en connoissent aujourd'hui nos tragiques.

28 *Septembre* 1773. La premiere décoration de *Zénis & Almasie* représente un théatre hérissé de rochers, & l'on voit au fond un volcan qui jette des feux. *Zénis* ignore sa naissance. Il paroît seul & se plaint qu'on ait enlevé la reine de Memphis qui partageoit son ardeur. Il la cherche par-tout. Une voix inconnue lui a annoncé qu'il réussiroit enfin. Des monstres sortent des rochers : elle se renouvelle & rassure la constance de cet amant. Il les combat & les fait fuir. Un aigle paroît & vole autour du théatre. La même voix, toujours favorable, lui dit de le suivre. L'oiseau de Jupiter s'abyme dans le volcan, & *Zénis* s'y précipite.

Le théatre change & représente un palais superbe. La princesse *Almasie* paroît endormie au fond du théatre, sous un pavillon magnifique.

On voit à côté d'elle, sur un riche carreau, un sceptre d'or. Quelle surprise de *Zénis* & quelle joie ! Celle-ci est troublée, lorsque son amante lui apprend qu'elle est sous l'empire du *Génie*, qui commande en ces lieux & qui l'aime. Elle lui fait craindre qu'il ne les surprenne. Des esprits invisibles veillent sans cesse à l'entour, & peuvent immoler le téméraire. S'il touchoit seulement le sceptre redoutable qu'il voit, le dieu se montreroit furieux & terrible sur un char enflammé. Son amant, excité par sa passion, brave courageusement cet ennemi. Il brise lui-même le sceptre fatal. Aussi-tôt on entend une tempête affreuse : le théâtre s'obscurcit le tonnerre gronde : un chœur d'esprits invisibles cherche à épouvanter le profane audacieux. Le *Génie* vole dans les airs sur un char de feu. Il menace. Crainte des deux amants. Il s'adresse à sa captive : il lui dit que pour preuve qu'elle ne répond point à l'amour de cet indigne rival ; qu'il est venu en ces lieux à son insu & sans son aveu, il lui donne un poignard dont il faut qu'elle le perce. Elle se refuse à ce forfait, & lui avoue qu'elle adore *Zénis*. Ce dernier, vengé par un tel aveu, provoque toutes les fureurs du dieu jaloux & courroucé, qui veut le tuer. La princesse s'y oppose : elle s'offre pour victime ; elle veut arracher le poignard pour s'en frapper. Alors le *Génie* fait signe à sa suite infernale de disparoître. Ce n'étoit qu'une épreuve. *Zénis* est son fils, & il partage avec lui son empire, dont il s'est montré digne par son courage & sa constance. Le spectacle finit par une fête superbe.

On juge combien cette coupe heureuse prête à

la pompe de la scene. Les paroles sont harmonieuses & lyriques. Elles font honneur au duc auquel on les attribue.

19 Septembre 1773. Dimanche dernier, les comédiens François ont été jouer à Versailles chez madame la dauphine, *la partie de chasse de Henri IV*, cette pièce; qu'on représente dans toutes les provinces, chez les princes & à la cour, comme l'on voit, & qu'on n'a jamais voulu laisser sur le théatre national. On espere que la princesse obtiendra cette permission.

1 *octobre*. C'est le 8 août 1772, que la faculté de médecine a ordonné que M. *Guibert de Préval*, docteur régent de la faculté, seroit rayé du tableau, & le 12 dudit arrêté, que le décret précédent seroit confirmé & motivé. Il s'est pourvu au nouveau tribunal contre ces deux décrets; & a empêché qu'ils ne fussent confirmés par un troisieme, nécessaire en pareil cas, sans quoi les autres ne sont, suivant que s'en explique la faculté, qu'un jugement commencé. De-là un procès en regle entre lui & la faculté. Il doit attirer beaucoup de curieux au palais. Le sieur *de Préval* fait déja paroître son mémoire, dans lequel il établit, 1°. Qu'il n'y a aucune cause qui ait pu déterminer sa radiation du tableau des docteurs-régents de la faculté de médecine, sauf une basse jalousie de quelques-uns de ses confreres, qui pour avoir formé le plus grand nombre de docteurs qui se sont trouvés aux assemblées, où sa perte a été arrêtée, ne sont pas le seizieme des docteurs-régents de la faculté. 2°. Que les docteurs régents de la faculté ne peuvent s'ériger en juges & rendre des jugements contre leurs

confreres, & que leurs décrets ne font jamais que de simples délibérations. 3°. Il établit la nullité des décrets rendus contre lui, soit qu'on les considere comme de simples arrêtés, soit qu'on les regarde comme des jugements.

C'est ce M. de Préval qui prétend avoir trouvé un préservatif contre la vérole, une eau dont on se baigne & qui rend invulnérable : c'est lui qui en a fait l'expérience sur sa personne en présence de plusieurs princes du sang, &c.

1 *Octobre* 1773. Monsieur le comte d'Eu ne pouvant, à cause de ses infirmités, chasser, ni à pied ni à cheval, chasse en voiture dans son parc ; & pour lui faciliter ce plaisir, on lui en a construit une d'une structure particuliere. Elle tourne sur un pivot, de façon qu'elle prend tous les aspects qu'il veut lui donner, & le met à même de faire rapidement toutes les voltes qu'il feroit à pied. Sa majesté qui commence à vieillir, & est obligée d'avoir un marche-pied pour se faire asseoir à cheval, goûte beaucoup cette invention, & se propose de se servir d'une voiture semblable.

2 *Octobre* 1773. On commence à se faire inscrire pour avoir des billets, avec lesquels on puisse assister aux fêtes & aux spectacles pour le mariage de monseigneur le comte d'Artois. En voici la distribution.

Le mardi 16, jour du mariage, grand appartement ; jeu dans la galerie ; feu d'artifice ; festin royal ; illumination. Le mercredi, seconde journée, bal paré. Le lundi 22, quatrieme journée, bal masqué. Le 25 novembre l'opéra de *Bellerophon*, ancien & refondu, sur-tout pour la musique. Le jeudi, 2 décembre, sixieme journée, l'opéra de *Sabinus*, nouveau. Le jeudi 9 décembre, l'opéra d'*Ernelinde*, remis & refondu. Le jeudi 16 décembre, huitieme & derniere journée, l'opéra d'*Iſſé*, ancien.

4 *Octobre* 1773. Les comédiens Italiens ordinaires du roi ont affiché pour aujourd'hui la premiere repréſentation du *Stratagême découvert*, comédie en deux actes & en proſe, mêlée d'ariettes.

3 *Octobre* 1773. M. Dorat a eu l'honneur d'être joué devant le roi à Choiſy, où l'on a donné la nouvelle piece de *la Feinte par amour*, le jeudi 23. Il a reçu, ſuivant l'uſage, la double faveur d'être préſenté à S. M. & il l'a remerciée par les vers ſuivants.

>Des ſouverains, quoi! le plus adoré,
> A mes eſſais daigne ſourire!
>Plus mon cœur en eſt enivré,
>Moins j'ai de force pour le dire.
>Des écrivains heureux que leur ſiecle chérit,
>Un autre âge, ſouvent, vient fanner la couronne;
> Mais rien ne la flétrit,
>Lorſque c'eſt Louis qui la donne.
>Une timide fleur, peu faite pour briller,
> Loin de lui languiſſoit encore;
> A ſes yeux elle vient d'éclore;
> Et la fleur ſe change en laurier.

5 *Octobre* 1773. Hier on a joué en effet *le Stratagême découvert*, comédie en deux actes & en proſe, mêlée d'ariettes, nouvelle production du ſieur Monvel de la comédie Françoiſe, & du muſicien *Dezaides*. M. le dauphin, ma-

dame la dauphine, M. le comte & madame la comtesse de Provence, s'y sont rendus sans appareil, & sans qu'on en fut prévenu. Ils étoient au balcon des secondes, & leur présence a beaucoup contenu le partere qui, sans cet obstacle, auroit sifflé la piece d'importance : on présume qu'on ne l'auroit pas même finie. On prétend que madame la dauphine avoit dit qu'elle seroit curieuse de voir comment une piece tomboit. Si le public eût su le goût de cette princesse, on se fût moins gêné, & l'on s'en fût donné à cœur joie.

Un fermier de campagne, qui curieux de voir le spectacle dans son accoutrement villageois, est venu se placer au premier rang du balcon, a plus fait rire que toute la piece.

8 *octobre* 1773. M. Fenouillet de Falbaire a épousé, il y a un an, une fille assez jolie, dont le sieur Beaujon, banquier de la cour, est devenu amoureux, au point de combler de biens le mari & la femme. Il leur a fait avoir d'abord un domaine du roi, ayant pour titre *la baronnie de Cangé*, dont le nouveau marié a pris le nom. Il leur a procuré un quart de place de fermier-général, dont il a fait les fonds. Il leur a fait 12,000 livres de rentes. Il vient tout récemment d'envoyer un carrosse & des chevaux à la femme qui est accouchée. En un mot, ce sont tous les jours de nouveaux bienfaits. Ils sont d'autant moins chers que ce financier est déclaré impuissant, & ne peut cocufier le mari dans les regles; qu'en outre, étant extrêmement jaloux, il empêche qu'il ne soit cocufié par d'autres : c'est une espece d'eunuque très-vigilant que le baron de Cangé

a autour de sa moitié. Du reste, comme les desirs de ce financier, en ne s'éteignant jamais, peuvent se multiplier beaucoup, & que son excessive richesse le met dans le cas de pouvoir acheter toutes les femmes qu'il veut, il en a comme cela plusieurs, qu'on appelle *ses Berceuses*, parce qu'elles l'accompagnent jusqu'au lit & l'endorment par leurs contes & leurs cajoleries. Le sieur Beaujon est un *Turcaret* dans toute la valeur du terme, sans graces, sans aménité, nullement décrassé comme les financiers modernes, & très-rustre.

Il faut se rappeller aussi que M. de Falbaire est un auteur, connu par *l'honnête criminel*, drame qu'il a composé. Son opulence ne l'empêche pas de travailler, & il vient d'en enfanter un autre, qu'il compte faire jouer à Fontainebleau.

10 *Octobre* 1773. Depuis quelque temps les bruits se renouvellent sur la prétention de monsieur l'abbé Terrai, d'être élevé à la pourpre romaine : du moins il faut le supposer pour entendre l'épigramme suivante inintelligible encore, si l'on instruisoit le lecteur du foible de cet ecclésiastique envers le beau sexe. La voici.

Certain abbé visant aux sceaux,
Ainsi qu'aux dignités du plus haut ministere,
    S'adresse, dit-on, au saint pere,
Pour être colloqué parmi les cardinaux.
" Quoi ! saint pere, dit-il, seroit-ce une arrogance,
„ De tendre au même rang ou Dubois fut porté !
    „ Non moins que lui j'ai la naissance,
    „ L'esprit les mœurs & la subtilité.

„ En outre mieux que lui ne suis-je pas noté ! „
" Connois-toi mieux „ lui répond le saint pere,
Justement animé d'une sainte colere :
" *O Satanas ! Vade retro !*
„ Vas conter ailleurs tes sornettes :
„ Jamais tu n'auras de chapeau ;
„ Il ne te faut que des cornettes. "

12 *Octobre* 1773. Le public qui aime à s'instruire, étoit fâché qu'il ne parût aucune défense imprimée & avouée de M. de Bellegarde dans l'affaire de l'artillerie, qui a occasioné un conseil de guerre aux invalides. On sait que les ministres répugnent à ces justifications d'éclat, & voudroient que les accusés reçussent sans se plaindre les jugements qu'ils estiment à propos de faire rendre. Il faut convenir que ce seroit aussi une docilité trop grande de leur part. On est donc bien aise de voir paroître une consultation en faveur du prisonnier en question. Elle est de Me. *Linguet*, qui en a délibéré à Nogent-le-Rotrou, le 6 octobre dernier. Elle est censée donnée à la requisition de la dame de Bellegarde, femme de cet officier. On est surpris d'y voir l'orateur, si chaud, si brillant, y prendre le ton d'un avocat très-ordinaire, & ne discuter que froidement une affaire bien propre à l'enflammer & à fournir matiere à son éloquence bouillante. On n'y trouve pas même de ces citations de loix, de cette érudition profonde dont ses confreres, au défaut des grands mouvements de l'art, étaient leurs ouvrages. L'auteur fatigué sans doute, épuisé des efforts qu'il a faits en faveur du comte de Morangiés,

n'offre rien de séduisant dans ce nouveau mémoire.

Précédemment à ce mémoire on avoit répandu dans tout Paris une feuille in-4°. de quatre pages seulement, portant *Démonstration de l'innocence des sieurs de Bellegarde & de Monthieu*, signée par un ancien avocat, nommé *Lochard*. Il y prétend en bref que Monthieu n'est pas coupable, & que M. de Bellegarde conséquemment ne peut l'être.

13 *Octobre* 1773. M. Laurent, fameux machiniste, très-renommé sur-tout par un bas artificiel dont on a parlé beaucoup il y a 13 ou 14 ans, vient de mourir. C'est une perte pour les arts. Cet habile homme, outre l'invention du génie le plus heureux, avoit des moyens d'économie extraordinaires. Ses machines étoient fort simples. Il est auteur de la belle cascade de Brunoy, de celles de Chanteloup. Il étoit maintenant occupé au fameux canal de Picardie, exalté avec trop d'emphase dans la gazette de France, mais monument utile, qu'il est fâcheux de ne pas voir finir sous les yeux de celui qui en avoit donné les plans.

14 *Octobre* 1773. M. de Choiseul conserve sa liberté d'esprit dans sa disgrace. On cite un nouveau bon mot sorti de sa bouche, à l'occasion du comte de Broglio. Ce seigneur, envoyé à sa terre de Ruffec en Angoumois, devoit nécessairement passer par Amboise. Ses équipages défiloient avec l'appareil qu'il met à tout. M. de Choiseul fit semblant d'ignorer ce que c'étoit que tout ce train. Il demande à qui c'est? On lui répond que c'est à M. le comte de Broglio. « Eh! comment, s'écrie-t-il, on le disoit am-

» baſſadeur, même miniſtre? Il s'en faut, mon-
» ſieur le Duc, lui répond-on ; il eſt diſgracié ;
» il va en exil à ſa terre de Ruffec. — Ah! Ah!
» dit-il en riant, je le reconnois bien-là. Il a
» toujours fait les choſes à rebours ; il prend le
» miniſtere par la queue. »

15 *Octobre* 1773. M. de Voltaire, qui ne lâche pas aiſément priſe contre quelqu'un auquel il en veut, à plus forte raiſon contre un écrivain qui l'a auſſi maltraité que l'a fait M. l'abbé *Sabbathier de Caſtres*, vient de répandre une feuille ſanglante contre ce petit auteur. Elle a pour titre : *Extrait d'un ouvrage nouveau des dictionnaires de calomnies*, article 15. Il y eſt peint comme un hypocrite des plus mépriſables, puiſqu'il rapporte divers écrits que cet abbé a faits, bien différents des poſtérieurs. Il y attaque la religion, qu'il défend aujourd'hui. Monſieur Sabbathier ſe trouve obligé de ſe diſculper de ces graves imputations, & ſans doute il profitera de la circonſtance favorable de la nouvelle édition de ſon dictionnaire pour confondre le philoſophe de Ferney, qui ne ſe pique pas toujours d'une grande exactitude ſur les faits.

16 *Octobre* 1773. Dans le préambule éloquent du mémoire de l'avocat Mille, en faveur de madame de Bellegarde, après le portrait de monſieur de Monteynard conçu en ces termes :

« Il eſt un homme à qui mon cœur rend un
» ſincere hommage, lors même qu'il éprouve
» par ſes ordres les maux les plus déchirants.
» Appellé à un rang élevé, ſa miſſion eſt de
» punir les brigandages, comme de récompen-
» ſer les actions généreuſes. Le ſcandale d'une
» foule de déprédations a frappé ſes regards.

« Peut-être dans sa vie privée en a-t-il été plus
» d'une fois le spectateur impuissant. Il devoit
» à son roi & à sa patrie de frapper des coupa-
» bles. Il s'est trompé dans son choix, & sa
» justice me répond qu'il deviendra l'ami de
» ceux qui souffrent en son nom. Qu'on ne
» croie pas que ce soit ici la terreur de la ser-
» vitude qui caresse le pouvoir. J'espere qu'il
» verra par la vigueur de ma défense que je
» l'honore assez pour ne pas le craindre. »

On trouve celui-ci de M. de St. Auban, lieu-tenant-général d'artillerie, l'ennemi personnel de monsieur de Bellegarde, l'accusateur & l'insti-gateur du jugement :

« Mais il est un autre homme que je dénonce
» à nos juges & à la société entiere, comme
» l'oppresseur, le délateur & le calomniateur
» de mon mari. Ennemi des noms fameux, &
» d'une gloire qui l'accable, il a voulu punir
» dans mon mari son attachement pour eux &
» celui dont ils l'honorent. Protecteur d'une
» manufacture justement décréditée, il a voulu
» couvrir sa honte, & arrêter sa chûte, en ren-
» dant suspects ceux qui en ont juridiquement
» constaté les désordres. Une diversion hardie
» lui a paru pouvoir servir tout à la fois, son
» affection, sa jalousie & sa vengeance. »

17 *Octobre* 1773. Le sieur Gondouin, jeune architecte, qui construit les nouvelles écoles de chirurgie, annonce un grand talent par cet édi-fice que les curieux s'empressent de visiter, quoi-qu'il ne soit encore que commencé. L'amphi-théatre sur-tout, déja achevé, est d'une beauté singuliere, par sa belle forme, sa clarté, sa dis-tribution, & l'admirable coupe des pierres. Com-

me les cordeliers, dont le couvent est de l'autre côté de la rue, masqueroient cet édifice moderne, qui exigera un point de vue, le sieur de la Martiniere a profité de son crédit pour proposer de faire passer ces moines au couvent des célestins. On abattra ainsi celui-ci, & il en résultera une place excellente, tant pour la décoration de l'établissement en question, que pour la commodité de la nouvelle salle de comédie Françoise à construire à l'hôtel de Condé, ou un palais pour le clergé, &c.

18 *Octobre* 1773. L'auteur du livre des *Recherches sur les Américains*, fort couru pour ses assertions hardies, vient d'en répandre un autre qui ne fera pas moins de bruit. Ce sont des *Recherches philosophiques sur les Egyptiens & les Chinois*, en deux volumes, où il renverse toutes les opinions reçues sur ces deux peuples. Ce qu'il dit principalement des Chinois est frappant. Il représente cette nation, que les voyageurs, & les économistes depuis peu, nous donnoient comme le modele parfait d'un peuple sage, agricole, politique, humain, civilisé, religieux, comme brute, paresseux, barbare, inepte, idolâtre. Il faut voir dans l'ouvrage même tout ce que l'écrivain avance à cet égard, avec une confiance d'autant plus décidée, qu'il pose ses assertions comme autant d'oracles infaillibles, & ne cite aucune autorité le plus souvent. Au surplus, ce philosophe rempli de la plus vaste & de la plus profonde érudition, est un M. *de Paw*, chanoine de Santen. Le style est lâche, diffus & incorrect.

19 *Octobre* 1773. Les Graces, les Amours & les Muses pleurent également la mort de
madame

madame la comtesse d'Egmont, fille du maréchal duc de Richelieu, & qui à ce titre avoit droit de prétendre à figurer parmi toutes ces Divinités. Il paroît qu'un attrait invincible pour le plaisir a abrégé les jours de cette femme très-voluptueuse.

20 *Octobre* 1773. M. Bacculard d'Arnaud, connu dans la république des Lettres par des ouvrages de différentes especes, s'est trouvé compromis dans l'affaire de monsieur Caron de Beaumarchais avec le conseiller Goezmann, à raison d'une lettre surprise à la bonhommie de cet auteur. Celui-ci publie enfin un mémoire de 15 pages d'impression, dans lequel il prétend être en droit, & réclame réparation, dommages & intérêts, applicables de son consentement à des œuvres pies, & la suppression du libelle de Caron en ce qui le concerne. Ce mémoire est signé *Mille*.

On parle d'un autre, que monsieur Marin, le rédacteur de la gazette de France, impliqué dans la même affaire, publie aussi pour sa justification.

20 *Octobre* 1773. M. de Voltaire, dans sa feuille contre l'abbé Sabbathier, lui reproche d'avoir composé & fait imprimer à Amsterdam *l'Analyse de Spinosa*, où il finit ainsi cet ouvrage: *point de religion, & j'en serai plus honnête homme : la loi ne fait que des esclaves ; elle n'arrête que la main*, & signé *Adieu, Baptisabit*. Il parle aussi de la prison de cet abbé à Strasbourg, & prétend avoir des vers infames & libertins écrits de sa main lorsqu'il y étoit. Puis il le peint comme un nouveau *Tartufe*, qui, accueilli, nourri, habillé, &c. chez monsieur

Tome VII. D

Helvétius, a fini par diffamer son bienfaiteur après sa mort.

22 *Octobre* 1773. On savoit bien qu'on trouvoit mauvais à la cour que messieurs de Bellegarde & de Monthieu eussent trouvé des défenseurs en état de mettre leur cause dans un jour lumineux & d'en rendre le public juge par des mémoires imprimés ; mais on ne croyoit pas que le ministère pousseroit le despotisme au point de faire exiler les avocats qui ont pris généreusement leur défense. Me. Mille & les deux que ce dernier a associés à sa consultation, ont reçu avant-hier leur lettre de cachet. Me. Mille est envoyé à 75 lieues, en Bourgogne, sa patrie, il est vrai, dont il a fait l'histoire.

23 *Octobre* 1773. Un jansénite charitable n'a pas manqué de faire l'épitaphe des jésuites. On présume du moins, à l'énergie de cette piece, qu'elle part d'une main très-ennemie de la société. Voici comme celle-ci est définie,

Epitaphe des Jésuites.

Pour la tranquillité publique,
Et pour l'intégrité des loix,
Ci gît le corps Jésuitique,
L'opprobre de l'église & l'assassin des Rois,
Pélagien dès sa naissance,
Pharisien dans tous les temps,
Persécuteur de l'innocence,
Il ne dut qu'aux forfaits des succès étonnants.
Si son exécrable mémoire
Va jusqu'à la postérité,

C'est que l'horreur comme la gloire,
Conduit à l'immortalité.

23 Octobre 1773. La demoiselle Arnoux, de l'opéra, ayant écrit une lettre à monsieur le duc d'Orléans pour lui demander la permission de tirer un feu d'artifice sur le Palais-Royal, où elle demeure, en l'honneur de la naissance du duc de Valois, a reçu une réponse très-favorable de S. A. En conséquence, vendredi, après l'opéra, exécuté par tous les bons acteurs, ce qui avoit attiré un monde immense, on s'est rendu dans le jardin, & l'actrice a donné sa fête extrêmement applaudie de tous les spectateurs. On se doute bien de la quantité de filles qu'il y avoit, ce qui réjouissoit merveilleusement les amateurs.

24 Octobre 1773. On chante dans Paris le couplet suivant, fort à la mode : il a été fait en l'honneur de la jeune vicomtesse Dubarri, & a passé de la cour à la ville. Il est sur l'air : *Lison dormoit*, &c. tiré de *Julie*.

Est-il beauté plus acomplie !
Hébé, Vénus...... Oui, la voilà.
Voyez sur sa gorge jolie,
Ce bouton-ci, ce bouton-là ;
Et plus bas, plus bas..... Alte-là !
On n'voit pas ça, on n'touch' pas-là :
C'est la cachette du mystere.
L'Amour jaloux défend ce lieu ;
Un mortel y seroit un Dieu !

27 Octobre 1773. On a fait sur le mariage annoncé de M. de Giac avec madame la duchesse de

Chaulnes, l'épigramme suivante, qu'on prétend pourtant très-ancienne, & insérée dans un vieux recueil à l'occasion d'un mariage aussi disproportionné d'une autre de Chaulnes. La voici, & elle n'en est pas moins bonne, quoique très-grossiere :

 Si je quitte le rang de duchesse de Chaulnes
 Et le siege pompeux qu'on accorde à ce nom,
  C'est que de Giac a le v.. long d'une aune.
  Et qu'à mon c... je préfere mon c...

28 *Octobre* 1773. M. l'abbé Terrai s'est fait bâtir un nouvel hôtel, rue Notre-Dame-des Champs. Il est vaste, magnifique, élégant, comme le peut être un bâtiment fait pour un contrôleur-général. Les meubles répondent à la richesse du maître. Tout y est d'un luxe très-recherché. On y va voir entr'autres choses, un lit qu'on disoit coûter 400,000 livres, mais qui n'en coûte que 80,000, prix encore énorme pour un pareil meuble.

30 *Octobre* 1773. Voici comme le Sr. Caron de Beaumarchais est peint dans le préambule du mémoire du sieur d'Arnaud, conseiller d'ambassade de la cour de Saxe, de l'académie royale des sciences & belles-lettres de Prusse.

..... « Abandonnant la bassesse & le tour-
» ment de l'intrigue à ces hommes du jour,
» espece d'*Enfants Perdus*, qui se jettent sur
» toutes les routes, marchent à la fortune avec
» un front d'airain, *per famam & populum*;
» qui, endurcis à la diffamation & au scandale,
» s'agitent dans tous les sens pour exciter le
» bruit, bien différent de la réputation dont

» l'impudence effrénée ose & brave tout ; qu'on
» ne sauroit confondre, parce que leur audace
» est au-dessus du ridicule & de l'insulte, qui,
» en un mot, sont au comble de leurs vœux,
» lorsqu'à quelque prix que ce soit, ils sont
« parvenus à représenter sur la scene du mon-
» de ; plaignant ces sortes de gens d'être con-
» nus, &c...... »

31 *Octobre* 1773. Le sieur Torré, le plus habile artificier que nous ayons, est chargé du feu qui doit s'exécuter à Versailles pour le mariage du comte d'Artois. Il doit ne pas moins se distinguer dans sa partie que les autres directeurs. Il s'occupe à seconder de son mieux les intentions de monsieur le maréchal duc de Richelieu, pour que cette fête soit citée & fasse époque comme sans exemple, & ne pouvant être surpassée en goût, en magnificence & en dépense.

1 *Novembre* 1773. Des lettres particulieres de Venise portent que *Moncenigo*, un des grands de cette république, ayant été atteint & convaincu du crime de Sodomie, a été condamné à être mis dans un sac & jeté à la mer, au moment où il se disposoit à remplir une place importante dans une cour étrangere, à laquelle il avoit été nommé. Cette nouvelle a d'autant plus surpris, que la pédérastie est fort à la mode en Italie, & s'y traite comme une gentillesse. Au surplus, on dit que ce supplice est celui adopté par l'ancienne législation Romaine. Cet événement n'a pas laissé que d'effrayer nos pédérastes de France, où ce vice devient de plus en plus en vogue.

2 *Novembre* 1773. Le *Médecin par occasion* est

une comédie en cinq actes & en vers, de Boiffy. Elle est fort jolie. Il y a dedans un rôle de *Métromane*, qui a la fureur de faire des vers sur tous les événements du jour. Le *Médecin par occasion*, qui a intérêt de capter la bienveillance de ce fou, lui suggere un sujet. Il est d'usage de le varier à chaque représentation. Cette fois-ci, cette piece ayant été jouée à Fontainebleau devant le roi, les comédiens ont imaginé de faire quelque chose de relatif aux jeunes princesses qu'on veut amuser, & le sieur Monvel a composé une fable allégorique, qui a été extrêmement applaudie.

3 Novembre 1773. Les talents de la jeune Sainval se trouvant absolument éclipsés par ceux de Mlle. Raucoux, ou même s'étant perdus au point de ne la plus reconnoître, on lui a déclaré qu'elle ne seroit pas reçue, & qu'elle eût à prendre son parti après l'année de son essai à la pension. Cette actrice, piquée de ce renvoi, a témoigné son humeur, & a refusé de jouer dans ce temps de délabrement, où les meilleurs acteurs sont à Fontainebleau. Il a fallu avoir recours à la correction ordinaire. Elle a été mise au Fort-l'Evêque. Ce léger châtiment l'a rendue moins mutine, & elle est sortie.

4 Novembre 1773. Pendant les beaux jours qu'il a fait, le jeune duc de Valois a été promené par sa nourrice dans le petit jardin de son altesse royale séparé seulement de l'autre par une grille de fer; en sorte que l'on s'est empressé d'admirer le nouveau né. Il est à la nouvelle mode, dans une corbeille, sans langes & autres entraves de la vieille éducation. En outre M. le duc de

Chartres & la princesse, sensibles à la joie que le public a fait éclater de cet heureux événement, permettent à tout le monde de venir visiter le jeune prince dans son appartement. On demande au valet-de-chambre la grace d'être introduit auprès de lui. Il écrit votre nom, & l'on a la liberté de contempler à son aise cet illustre rejeton. On ne doute pas que l'affluence ne devienne grande, à mesure que le bruit de cette liberté accordée se répandra. La vénération particuliere qu'ont les Parisiens pour les princes du sang, & sur-tout pour ceux de cette branche, se manifestera en cette occasion non moins que leur alegresse.

5 *Novembre* 1773. Quoique *l'Union de l'Amour & des Arts* continue à rendre de l'argent à l'opéra, les directeurs, pour ne pas user ce ballet, se disposent à remettre *Callirhoé*, opéra, dont les paroles sont de Roi, la musique de Destouches. On présume que celle-ci sera changée & fortifiée, sur-tout augmentée pour les airs des ballets, la partie brillante de ce spectacle.

6 *Novembre* 1773. On sait que *madame*, d'une corpulence extraordinaire pour sa taille & pour son âge, a reçu des courtisans le burlesque sobriquet de *Gros Madame*. Une des dames de son jeu ayant eu l'indiscrétion de se servir de cette expression indécente en présence de madame même, en reçut sur le champ une réprimande sévere de madame la comtesse de Marsan, qui lui fit entendre qu'elle feroit fort bien de ne pas reparoître aux yeux de cette princesse. Celle-ci l'a envoyé chercher le lendemain, lui a déclaré que sa gouvernante avoit fait son

devoir, mais qu'elle alloit faire le sien, en l'invitant de revenir lui faire sa cour, & en oubliant une étourderie qu'elle lui pardonnoit de bon cœur. Ce trait de bienfaisance ne peut qu'augmenter la tendresse qu'ont pour madame tous ceux qui ont l'honneur de l'approcher.

7 Novembre 1773. *Nicolet*, sur lequel le public s'étoit refroidi depuis quelque temps, le ramene aujourd'hui à son spectacle, par une *pantomime héroïque & burlesque de l'Enlevement d'Europe*. Il est inconcevable à quel point d'industrie est parvenu cet histrion, dont le théatre est aujourd'hui le rival du théatre lyrique, & le surpasse par un jeu de machines très-bien combiné & très-précis, par la magnificence des décorations, le bon goût des habillements, la pompe du spectacle, le nombre des acteurs, enfin par une exécution d'une perfection admirable. L'opéra, jaloux du succès de cette pantomime, a voulu le faire interdire. Mais le sage magistrat qui préside à la police, sous l'inspection duquel sont particuliérement ces petits spectacles, a cru de son équité de défendre Nicolet contre des sollicitations aussi injustes, d'autant qu'il a fait beaucoup de dépenses, dont il est naturel qu'il se dédommage.

9 Novembre 1773. Le sieur le Doux, jeune architecte, connu par plusieurs ouvrages qui annoncent du goût, de la noblesse, de l'imagination, mais auquel il manque quelquefois de la sagesse, vient d'être élu membre de l'académie d'architecture, au préjudice de beaucoup de ses anciens. M. le contrôleur-général a déclaré à messieurs de l'académie, que madame la comtesse Dubarri & lui desiroient qu'on donnât la place vacante par la mort du Sr. le Carpentier au Sr. le Doux. C'eſt cet artiſte qui a conſtruit le nouveau pavillon de Lucienne. Il a fait auſſi le temple de Terpſichore de Mlle. Guimard, & quantité d'autres monuments plus agréables que grands.

10 *Novembre* 1773. Les directeurs de l'académie royale de muſique ont remis hier ſur leur théatre *Callirhoé*. Cette tragédie en 5 actes, & qui n'eſt pas mauvaiſe, comme poëme, a été ſi mal accueillie du public, qu'il a eu peine à en ſupporter toute la repréſentation.

11 *Novembre* 1773. On parle d'un petit ſpectacle qu'on doit donner à madame la comteſſe d'Artois à Nemours, relatif à ſon mariage. On en a fait à Fontainebleau une répétition devant madame la dauphine. On y a trouvé beaucoup de mouvement & de cette joie bruyante, qui ſied bien à une pareille fête.

12 *Novembre* 1773. M. l'ancien évêque d'Orléans eſt en Provence dans le ſein de ſa famille. Il eſt ſouvent à Marſeille, & ce prélat aimable s'y délaſſe des pénibles fonctions du miniſtere Epiſcopal qu'il a rempli autrefois, & de celles qu'il a exercées auprès de S. M. lorſqu'il avoit la feuille des bénéfices. Il eſt naturellement gai, galant, & va au ſpectacle avec une franchiſe qui annonce la pureté de ſon cœur à cet égard. Il y a dans cette ville un petit Wauxhall, à l'inſtar de celui de la foire St. Germain. M. l'évêque d'Orléans ne craignoit pas de s'y montrer auſſi. M. du Belloy, évêque de Marſeille, remarquant que cet exemple influoit ſur tout le corps eccléſiaſtique, & que beaucoup d'abbés ne faiſoient pas de ſcrupule d'imiter ce

prélat a donné un mandement, par lequel il défend aux ecclésiastiques de son diocese de se montrer en ce lieu profane, sous peine d'encourir les censures ecclésiastiques. On écrit de Marseille que cette animadversion indiscrette de la conduite de M. de Jarente, a jeté du froid entre les deux prélats.

13 *Novembre* 1773. Le sieur Beaujon, le banquier de la cour, se trouvant encore trop mal logé à l'hôtel des ambassadeurs extraordinaires, ci-devant hôtel d'Evreux, & depuis hôtel de Pompadour, y fait beaucoup de dépenses, & sur-tout dans les jardins où il bouleverse tout. On s'entretient à cette occasion de ce magnifique seigneur, dont on conte ainsi la vie. Il se leve à quatre heures du matin, il travaille jusqu'à neuf. Il s'habille alors, il prend son chocolat, il reçoit des visites, il donne ses audiences, &c. Il dîne en grande compagnie & vit en société pendant toute la soirée. A neuf heures il va se coucher : quand il est au lit on ouvre ses rideaux, & ses familiers, mais surtout ses *Berceuses* entrent, le cajolent jusqu'à neuf heures & demie, qu'on referme ses rideaux. Alors on va souper, & la compagnie fait tout ce qu'elle veut & se retire quand bon lui semble.

14 *Novembre* 1773. Il y a une galerie d'une longueur immense, qui unit le palais des Tuileries à celui du Louvre. C'est là où sont placés tous les modeles en relief des diverses frontieres & places fortifiées du royaume. On a présenté à M. l'abbé Terrai un projet, par lequel on lui propose des fonds provenants des châteaux du roi, qu'il compte faire démolir, de faire bâtir un galerie à l'Ecole Militaire, où l'on transf-

porteroit ces plans, sur lesquels les éleves prendroient des leçons biens supérieures à celles d'une vaine & stérile théorie.

Cette galerie, ainsi débarrassée de l'attirail immense de tant de machines, l'auteur propose d'y exposer les tableaux du roi, les sculptures, les richesses mobilieres de S. M. de toute espece, entassés, soit dans la *Salle des Antiques*, soit dans divers garde-meubles; de former ainsi de cette galerie un wauxhall; c'est-à-dire, un lieu d'assemblée publique pour l'hiver, dont n'approcheroit aucun wauxhall, aucun colisée possible, par cet aliment continuel que celui-ci offriroit aux yeux.

Ce projet présenté au contrôleur-général, en a été très-bien accueilli, & ce ministre ne semble pas éloigné de s'y prêter.

14 *Novembre* 1773. Les directeurs de l'académie royale de musique n'ont pas osé continuer la tragédie lyrique de *Callirhoé*; ils ont repris vendredi *l'Union de l'Amour & des Arts*. Madame la duchesse de Chartres y a reparu pour la premiere fois depuis ses couches. Elle a été reçue du public avec de grands applaudissements. Madame la duchesse de Bourbon y étoit aussi & en avoit eu sa part. Les bons acteurs, quelque harassés qu'ils fussent des répétitions, se sont empressés de donner à ces altesses des marques de leur zele, en jouant ce jour-là; ce qui a attiré un monde immense.

D'ailleurs le public n'a pas été fâché de mortifier le sieur *d'Auvergne*, qui a tracassé prodigieusement le sieur *Floquet*, auteur de la musique du ballet repris.

15 *Novembre* 1773. On vient de rétablir trois

chaires de profeſſeur au college royal ; on les a du moins converties en d'autres deſtinations plus utiles : une chaire de profeſſeur de droit François a été donnée au ſieur *Bouchaut*, docteur en droit ; une de profeſſeur d'éloquence Françoiſe, à l'abbé *Aubert*, auteur de fables & du journal ſervant de continuation à celui de Trévoux ; enfin une de méchanique, à l'abbé *Giraut*, profeſſeur de philoſophie au collége de Navarre.

17 *Novembre* 1773. Il n'y a point eu hier d'opéra à Paris, à cauſe des répétitions pour celui d'*Iſmenor*, qu'on a dû jouer aujourd'hui à Verſailles. Les boutiques ont été fermées hier par ordre de la police. On a illuminé dans toutes les rues. Le feu d'artifice n'a point eu lieu, à cauſe des dégâts ſurvenus. Ce ſera pour vendredi, ſi la charpente, très-conſidérable, eſt réparée, & ſi le temps, fort incertain dans cette ſaiſon, le permet.

18 *Novembre* 1773. L'opéra d'*Iſmenor*, joué hier à Verſailles, n'a point eu de ſuccès. On a trouvé gauche d'y produire le ſpectacle de quelques beautés locales du château, ce qui auroit pu faire effet à Turin. Mais quand on a la réalité ſous les yeux, on fait peu de cas de l'image. Les ballets n'ont pas non plus été exécutés avec la préciſion ordinaire.

19 *Novembre* 1773. M. Caron de Beaumarchais rentre en lice, & répand un *Supplément au Mémoire à conſulter* par lui accuſé en corruption de juge & calomnie. Dans la premiere partie il attaque madame Goezmann ; il rappelle les confrontations d'elle avec lui & de lui avec elle. Il fait voir de quel ridicule le con-

seil de cette dame l'a forcée de se couvrir dans ses défenses, & il en porte sa justification au plus haut degré d'évidence.

Dans la seconde partie il s'en prend au mari; il le dévoile comme le principal auteur de cette noire intrigue, comme celui qui en fait jouer tous les ressorts. Il en établit les preuves morales & les preuves physiques. Il discute les deux déclarations du libraire le Jay, ainsi que la dénonciation du conseiller au parlement, & par-tout il presse son adversaire de façon à ne point le laisser échapper.

Suit une consultation du 17 novembre, signée de deux avocats, qui estiment que le sieur de Beaumarchais doit conclure à être déchargé de l'accusation en corruption de juge & de calomnie, & demander personnellement contre le sieur Goezmann des dommages-intérêts, &c.

Il paroît, suivant que l'annonce le sieur de Beaumarchais, qu'il se dispose à publier un troisieme mémoire concernant le sieur d'Arnaud & le sieur Marin; qu'il attend pour cela que ce dernier ait fait paroître le sien.

Il regne dans celui-ci le même intérêt, le même sarcasme, la même gaieté que dans le premier. Quoique la curiosité ne soit plus aussi pressante, l'adresse de l'auteur à faire valoir toutes les minuties y supplée, & n'excite pas moins l'avidité du lecteur.

20 *Novembre* 1773. On ne peut décrire la beauté du coup d'œil du banquet royal. L'Olympe, tel qu'on nous le dépeint dans le jour le plus brillant, peut seul en donner une idée. Le sieur Arnoux, machiniste plein d'imagination, a inventé un surtout d'une machanique admi-

rable. Le milieu en étoit une riviere qui a coulé pendant tout le repas avec une abondance intarissable: son cours étoit orné de petits bateaux & autres décorations du mouvement d'une riviere, & les bords représentoient tout ce qui peut les rendre agréables. Le jeu des diamans, dont on ne peut calculer la richesse, faisoit croire qu'on étoit dans un palais de fées. On sait qu'à ce banquet la seule famille royale & les princes du sang sont admis. Le roi étoit au milieu. En face de S. M., au rang des spectateurs, se remarquoit madame la comtesse Dubarri, radieuse comme le soleil, & ayant à elle seule pour cinq millions de pierreries sur sa personne. Pendant tout le repas elle n'étoit en contemplation que de S. M., & le roi ramenoit sans cesse sur elle des yeux de complaisance & lui faisoit des mines très-remarquables. On a cru que S. M. étoit bien aise de démentir ainsi publiquement les bruits de défaveur qu'on faisoit courir sur le compte de cette dame, dont la reconnoissance & le profond respect n éclatoient pas moins sensiblement.

21 *Novembre* 1773. Le feu d'artifice avoit d'abord été marqué par un très-grand accident. L'homme de confiance de Torré ayant disparu depuis l'ouragan qui avoit renversé une partie de l'édifice, ce directeur a été très-embarrassé pour le suppléer, & depuis on l'a retrouvé noyé dans un bassin du jardin : on présume que, désespéré du désordre, il a perdu la tête. D'autres accidents encore, mais moins sinistres, ont résulté de ce feu, exécuté hier, qui n'a pas eu le succès qu'on attendoit de cet habile artificier. Il devoit représenter les forges de Vulcain, &

une allégorie soutenue, relative au mariage du comte & de la comtesse d'Artois. La précipitation avec laquelle il a fallu tout réparer, & l'humidité de la saison, peuvent servir d'excuse à l'auteur.

21 *Novembre* 1773. L'impératrice des Russies, toujours pleine d'idées grandes & magnifiques, veut se faire construire un palais exactement semblable à celui des *Augustes*, ou empereurs Romains. Elle a pour cet effet écrit à Paris, & demandé à l'académie d'architecture un sujet en état de diriger ce superbe monument. On a jugé M. Cérisseau très-propre à répondre à ses vues. Cet artiste, peintre & architecte, a fait une étude particuliere des bâtiments antiques ; il doit partir incessamment pour se rendre aux ordres de cette princesse. Les meubles répondront à l'édifice, & tout doit être dans le costume des anciens. Une souveraine aussi sublime ne sera point déplacée dans un lieu dont elle remplira à merveille toute la majesté.

23 *Novembre* 1773. Extrait d'une lettre de Montargis, du 19 novembre. La fête donnée ici le 12 à madame la comtesse d'Artois, a été exécutée par les enfants de l'Ambigu-comique. Elle a commencé par un prologue. Le théatre représentoit la place publique d'un village, entremélé d'arbres & de maisons. Il étoit couvert de paysans & de paysannes de tous les âges. Le sujet étoit l'embarras où l'on étoit de bien témoigner à la princesse la joie de son arrivée, ce qui amenoit des vaudevilles & l'annonce d'une comédie intitulée *la Noce de Montargis*. La scene de celle-ci se passe dans un hameau,

qui est censé être un village des environs de Montargis, & finit par un divertissement de mariniers. Le tout roule sur l'événement du jour, qu'on célebre de différentes manieres.

Cette comédie devoit être suivie d'une autre piece intitulée : *la Guinguette*, dont la scene devoit se passer dans un jardin de cabaret à Paris, au Gros-Caillou. Celle-ci n'a point eu lieu, la princesse s'étant trouvée trop fatiguée. Il n'y a eu qu'un compliment en prose, que l'auteur y avoit inféré dans la bouche d'un abbé, qui ait été prononcé à la fin de la premiere, & l'on a ensuite chanté le vaudeville de la fin.

24 Novembre 1773. Le roi a soupé hier dans les petits appartements chez madame la comtesse Dubarri. S. M. avoit dit au marquis de Chauvelin, un de ses favoris intimes, que madame Dubarri l'invitoit d'en être, ce seigneur, en acceptant, a supplié S. M. de permettre qu'il ne soupât point, parce qu'il se sentoit un peu incommodé ; cependant il avoit commencé un whisk avec S. M. Il s'est mis à table ensuite, & n'a mangé que deux pommes cuites ; il a repris le jeu. La partie finie, il est allé s'adosser à la chaise de madame la maréchale de Mirepoix, qui jouoit à une autre table. Il a plaisanté avec cette dame. Le roi, qui étoit du côté opposé au marquis, a remarqué de l'altération sur son visage, lui a demandé s'il ne se trouvoit pas mal ? Il est à l'instant tombé roide mort. En vain lui a-t-on donné tous les secours les plus prompts. Le roi & toute l'assemblée n'ont pu qu'être vivement frappés d'un pareil spectacle.

M. de Chauvellin n'avoit que 57 ans. C'étoit

un homme de beaucoup d'esprit cultivant les lettres. On a de lui de très-jolies choses. Il avoit été employé dans les négociations. Son expédition de Corse ne lui avoit pas fait autant d'honneur : il disoit lui-même qu'il n'étoit point général. Quoique ce nom soit redoutable aux jésuites, ce chauvelin-ci, qui avoit été élevé du pere de la Tour, leur étoit attaché. S. M. l'aimoit beaucoup, & l'on peut dire qu'il est mort en vrai courtisan.

25 *Novembre* 1773. Quoique le feu d'artifice de Versailles n'ait pas réussi parfaitement à beaucoup près, on rend justice aux soins & à l'invention du sieur Torré. On y a admiré des bombes de construction nouvelle, qui, au lieu d'éclater & de se dissoudre en l'air, y conservent leur figure ronde quelque temps & forment des globes de feu.

26 *Novembre* 1773. Le sieur *Floquet*, auteur de la musique de *l'Union de l'Amour & des Arts*, ballet qui rapportera plus de cent mille francs à l'opéra, n'a eu que mille écus, suivant la convention des directeurs. Il est en outre tourmenté d'un procès avec des marchands de musique, qui lui enleve une partie de la rétribution qu'il pouvoit espérer de son ouvrage. Au reste, il a déja un second opéra fait.

27 *Novembre* 1773. Il court depuis quelque temps ici une lettre du roi de Prusse à son chargé d'affaires à Rome, l'abbé Colombini, à l'occasion des jésuites, que les politiques ont d'abord regardé comme une piece controuvée par ces bons peres. Cependant comme elle est parfaitement conforme à la conduite humaine, sage & adroite de ce monarque envers eux ; qu'elle

est écrite d'ailleurs avec ce ton libre, fier, plaisant & spirituel qui caractérise son auteur, on va la rapporter :

« Vous direz à qui voudra l'entendre, pourtant sans air d'ostentation ni d'affectation, & même vous chercherez l'occasion de le dire naturellement au pape ou au premier ministre, que, touchant l'affaire des jésuites, ma résolution est prise de les conserver dans mes états, tels qu'ils ont été jusqu'ici. J'ai garanti au traité de Breslaw, *in statu quo*, la religion catholique, & je n'ai jamais trouvé de meilleurs prêtres à tous égards. Vous ajouterez que puisque j'appartiens à la classe des hérétiques, le saint pere ne peut pas me dispenser de l'obligation de tenir ma parole, ni du devoir d'un honnête-homme & d'un roi...... Sur ce, je prie Dieu, abbé de Colombini, qu'il vous ait en sa sainte garde. »

17 *Novembre* 1773. A mesure qu'on veut éclaircir l'affaire du sieur de Beaumarchais, elle se complique davantage, parce que consistant principalement dans des propos, des rapports, des dits & contredits tenus par différentes personnes, qui ont intérêt de les nier ou de les altérer, elle dégénere en pots-pourris de société, qu'il sera peut-être impossible de jamais bien tirer au clair. Par exemple, le sieur Bertrand d'Airolles, négociant de Marseille, amant d'une sœur du sieur de Beaumarchais, logeant chez elle, ami du frere, & à ce double titre, agent dans ses négociations, porteur de parole vis-à-vis du sieur le Jay, conséquemment pivot de tout le mémoire du sieur de Beaumarchais, intervient

aujourd'hui par un *Mémoire à consulter*, & au moyen de ses dénégations fait écrouler une partie de la défense du sieur de Beaumarchais : de son ami qu'il étoit, il paroît être devenu son ennemi, l'attaquer personnellement, lui faire les reproches sanglants de méchanceté, de mauvaise foi, de calomnie. A l'en croire, le projet de l'écrivain a été seulement de causer du bruit, d'amuser le public, de faire de ses mémoires une suite à la correspondance. Ce dernier mot, que le sieur d'Airolles met par une réticence perfide, est d'une atrocité qui va de pair avec toutes celles du premier. Il y est question sur-tout du médecin Gardanne, autre témoin très-mal mené ; ce qui doit obliger le docteur à paroître aussi sur la scene & à produire sa justification.

17 *Novembre* 1773. M. de Voltaire, qui n'est jamais long-temps sans alimenter la curiosité du public, vient d'envoyer dans ce pays-ci une espece de satire, intitulée : *La Tactique*. Elle est faite à l'occasion de l'ouvrage de monsieur *Guibert* sur cet art meurtrier. L'humanité du vieux philosophe se récrie contre, & fait intervenir le dissertateur, qui lui prouve la nécessité malheureuse d'apprendre aux hommes à s'égorger méthodiquement. Il y a un tour original dans cette piece de poésie, qui caractérise toutes les œuvres les plus minces de cet auteur unique. C'est un mélange de persiflage & de sentiment, de bouffonnerie & de sublime, qu'il amalgame si bien, qu'il fait passer des choses révoltantes dans la bouche de tout autre. Du reste, on y trouve des descriptions très-pittoresques & dignes d'un vrai poëte. La tirade du

Te Deum, qu'on va chanter après une bataille gagnée, ou une ville emportée d'assaut, est le morceau le plus neuf & le plus piquant.

28 *Novembre* 1773. On vient d'exposer un nouveau fanal sur le Mont-Valérien. Il est d'une structure encore supérieure à ceux qu'on avoit montrés à l'observatoire & à Montmartre. Celui-ci est inventé particuliérement par le sieur Bourgeois de Château-Blanc, auteur des meilleures lanternes à reverbere, que les autres n'ont que mal imitées. Le fanal en question est le résultat d'opérations fondées sur une étude savante de l'antiquité; car l'auteur a eu en vue la fameuse colonne de feu dont il est parlé dans l'ancien testament, qui servit si long-temps à conduire les juifs dans le désert.

28 *Novembre* 1773. *Ismenor* étoit très-protégé par madame la comtesse Dubarri, qui n'étant pas contente des premieres paroles a fait faire les secondes par le sieur Desfontaines sur la musique de Rodolphe. Son objet avoit été de faire sa cour au compte & à la comtesse d'Artois, en y faisant insérer tout ce qu'on pouvoit dire de plus direct & de plus flatteur à leur louange. Toute cette fadeur n'a point eu de succès, comme on a dit, & malgré les efforts de la protectrice, qui applaudissoit beaucoup, le roi, à la fin de l'opéra, est venu dire à madame la comtesse d'Artois: « ma fille, avez-vous bien bâillé ? »

Il n'en a pas été de même de *Bellérophon*, opéra sur-tout en spectacle, & dont les machines & habillements ont coûté cent mille écus. La musique, renforcée par des airs du sieur *le*

Breton, a eu beaucoup de succès, ainsi que l'ouvrage entier.

3 *Novembre* 1773. Madame Goezmann, paroît enfin sur la scene. Elle publie un mémoire assez volumineux, mais moins propre à la justifier parfaitement qu'à inculper le sieur de Beaumarchais. On y trouve des détails étrangers à l'affaire, qui font présumer avec raison que cet écrit est l'ouvrage du mari. Il est mal écrit, & ne peut se lire que par ceux qui ont intérêt à discuter le fond. On trouve à la fin une grande apologie du sieur Goezmann, dont on fait l'histoire.

29 *Novembre* 1773. On raconte avec transport l'exclamation du roi, à l'occasion de la mort du marquis de Chauvelin : " Je perds en lui, a dit „ S. M., un bon & vieux ami! „

1 *Décembre* 1773. *Bellerophon*, joué à Versailles le 27 novembre, est, comme on sait, un opéra de Fontenelle. C'est Lulli qui en avoit fait la musique. Mais depuis 1679 qu'il a été donné pour la premiere fois ; il a fallu nécessairement faire divers changements à la musique. C'est le sieur Berton, maître de la musique du roi, directeur de l'opéra, & le sieur Granier, ordinaire de la musique du roi, qui se sont chargés de ce soin cette fois-ci.

3 *Décembre* 1773. *Le mémoire à consulter pour le sieur Marin, en réponse à ce qui le concerne dans un Mémoire pour le sieur Caron de Beaumarchais*, paroît dans l'instant, & va donner matiere nouvelle à l'amusement du public.

4 *Décembre* 1773. La fermentation excitée dans ce pays-ci à l'occasion du jugement du conseil de guerre des invalides, quoique très-

affoiblie par la nouvelle affaire du sieur de Beaumarchais, n'est pas absolument terminée. On répand aujourd'hui des couplets contre le président, où il est tourné en ridicule, d'une maniere très-sensible pour le maréchal de France. On recueille avec soin ces vaudevilles, moins comme plaisants ou malins, que comme des pieces propres à servir à l'histoire du temps, à faire connoître à la postérité les diverses opinions des contemporains sur un événement où le plus souvent la générale est la meilleure, & sert quelquefois à fixer son indécision. C'est à ce titre qu'on conserve celui-ci, précieux monument d'ailleurs de la gaieté françoise, qui se perd tous les jours :

Air : *De la mariée de Poissy.*

Biron a donné ses soins
 Au conseil de guerre ;
S'il n'est pas juste, du moins
 Il est bien sévere !
Aux juges l'on applaudit,
Et dans tout Paris l'on dit
Ils sont gens de guerre (guere) d'esprit ;
 Ils sont gens de guerre.

Air : *Quand Biron voulut danser.*

Quand Biron voulut juger (*bis*),
Son épée fit apporter (*bis*),
 Ses lunettes,
 Pas trop nettes,
Son esprit tout rond ;
Vous jugerez, Biron.

5 Décembre 1773. *L'oraison funebre de Charles - Emmanuel , roi de Sardaigne & duc de Savoie , prononcée à Chambéry , le* 17 *mars* 1773, *par M..... vicaire de la paroisse de St.......* fort rare jusqu'à préfent, devient aujourd'hui plus commune. On ne fait pas pourquoi elle a été fi long-temps à percer. Elle contient fans doute des vérités fortes, mais énoncées vaguement, fans caractérifer aucun fouverain, ni aucune cour. Du refte, c'eft un éloge du prince défunt, fur lequel l'Europe entiere femble s'accorder. Cet ouvrage, penfé profondément, eft auffi nerveufement écrit, & ne peut que faire honneur à l'écrivain quelconque qui l'a conçu & enfanté. C'eft une harangue aux potentats, qui contient des leçons utiles, qu'il feroit à fouhaiter de voir mettre en pratique par tous, comme le faifoit le roi de Sardaigne mort, & comme le fait fon augufte fils.

6 Décembre 1773. On peut fe rappeller un certain abbé *Ceruti*, ci-devant jéfuite, jeune homme de mérite, qui a écrit en faveur de fa compagnie avec une chaleur digne de l'enthoufiafme qu'elle infpiroit à fes membres. Cet auteur venu à Paris, s'y eft fait connoître, s'eft impatronifé dans de bonnes maifons, & enfin le bruit eft que la vieille ducheffe de Brancas l'a époufé.

7 Décembre 1773. Le duc de *Glocefter*, frere du roi d'Angleterre, eft ici depuis quelque temps dans le plus parfait incognito; ce qui l'empêche d'aller à la cour. C'eft le fieur Monnet, ancien directeur de fpectacles & fort répandu dans les filles de cette capitale, qui s'eft emparé de S. Al. & préfide à fes plaifirs. Il a demandé pour elle aux différentes comédies les pieces qu'elle desiroit, & elle a été annoncée sur les affiches comme une personne de la plus grande considération. Ce prince, comme tous ceux qui voyagent, est ami des arts. Il a visité les beaux monuments de Paris. La Magdelaine des carmélites, par le Brun, l'a sur-tout vivement affecté, & il a chargé un artiste de lui en tirer copie. On sait que c'est madame de la Valiere, dont la tête a servi de modele au peintre.

8 *Décembre* 1773. On admire ici une figure de Henri IV, extrêmement curieuse, par la vérité de la ressemblance. Elle est en pied, dans les mêmes proportions qu'avoit la personne de ce grand roi. La matiere dont elle est combinée, a permis d'en conserver le coloris & toutes les formes. Les cils, les sourcils, les cheveux, la barbe sont naturels & enracinés. On a eu soin d'habiller ce prince de vêtements pareils à ceux dont on se servoit alors. Les étoffes ont été faites dans la plus exacte recherche, relativement au costume. En un mot, à l'ame près, c'est Henri IV, tel qu'on le voyoit de son vivant. L'artiste prétend que cette composition est si bien faite, qu'on n'a rien à redouter des injures du temps pour les différentes substances qui y entrent.

10 *Décembre* 1773. Les partisans de M. *de Voltaire* se réjouissent d'une sottise énorme que vient de faire le sieur *Clément*, le redoutable adversaire de ce philosophe poëte, qu'il épluche depuis quelque temps dans des lettres critiques très-bien faites. Ce dernier vient d'épouser une vieille coquette, ou plutôt une femme publique,

sur

sur le compte de laquelle on calcule cent & tant d'amans. On attend avec impatience les plaisanteries du vieillard de Ferney.

12 *Décembre* 1773. *Ernelinde* a été jouée hier à Versailles, & a eu le plus grand succès par la pompe du spectacle extrêmement imposante. Il y avoit dans une action 400 grenadiers à cheval sur le théâtre. On sent quel effet a dû produire une pareille nouveauté.

M. le maréchal de Richelieu, voulant signaler jusqu'au bout son année de service, a fait ajouter d'autres spectacles à ceux qui étoient annoncés. Il y a entr'autres *Céphale & Procris*, opéra de monsieur de *Marmontel*, musique de *Gretry*, qui aura lieu après *Issé*.

13 *Décembre* 1773. On sait que *Ganganelli*, le pape actuel, est d'une extraction ignoble. On prétend même que son pere étoit vendeur d'orviétan, & en cette qualité fort lié avec le pere de *Carlin*, l'arlequin d'aujourd'hui de la comédie Italienne. Le saint-pere le connoît & l'aime particuliérement. Il vient de lui en donner une preuve, en conférant un bénéfice à son fils.

13 *Décembre.* Monsieur le marquis de Chauvelin n'est point un de ces grands dont le nom périt tout entier avec eux. Il avoit un mérite personnel, & des qualités du cœur qui le rendoient recommandable aux lettres & à ses amis. C'est à ce double titre que monsieur *Léonard*, jeune poëte d'un talent distingué, a répandu des fleurs sur la tombe de cet illustre Mécene. Il y célebre sur tout son attachement solide au prince de Conti, attachement qui a redoublé chez lui depuis la disgrace de ce prince, &

Tome VII. E

qu'il favoit allier avec fon dévouement au roi. Il n'avoit point auffi ceffé de voir monfieur de Choifeul, & il alloit fouvent à Chanteloup. Marques d'amitié toutes fimples, toutes naturelles dans un particulier, mais effort fublime dans un courtifan !

17 *Décembre* 1773. *Addition au mémoire de madame de Goezmann, pour fervir de réponfe au fupplément du fieur Caron.* Cette addition est auffi plate que le premier mémoire. Elle tend à prouver que le fieur Caron eft atroce; & la dame Goezmann déduit en conféquence premiere atrocité, feconde atrocité, troifieme atrocité. Dans la feconde, l'héroïne infinue que cet impudent a voulu faire le galant auprès d'elle; qu'il lui a tenu fur cette matiere des propos avantageux. On y lit cette phrafe remarquable...... Vous avez ofé ajouter que vous finiriez par vous faire écouter; que vos foins ne me déplairoient pas un jour; que.., je n'ofe achever, je n'ofe vous qualifier.

Elle finit par déclarer que le fieur Caron la chargera peut-être de quelques nouvelles imputations, mais qu'elle ne répondra point à leur fauffeté.

20 *Décembre* 1773. Une rixe furvenue entre monfieur Buffi d'Agoneau, & le marquis de Villette, deux mauvais fujets, mais hommes d'efprit, fait rire le public aux dépens du premier. Monfieur de Buffi, qui ayant quitté le fervice de France, étoit paffé en pays étranger pour chercher fortune, eft revenu à Paris depuis peu. Paffant fous les fenêtres du marquis, il a remarqué beaucoup de lumiere, & tout l'appareil d'une fête : il y eft entré. M. de Villette, furpris, l'a

accueilli avec réserve, en l'avertissant qu'il y avoit des femmes honnêtes; qu'il l'exhortoit à se conduire en conséquence, ou plutôt à s'en aller, comme n'étant pas trop fait pour une telle société. Son camarade de débauche, excellent pour la riposte, a plaisanté, est resté quelque temps, puis est sorti, est entré dans le premier café, où il a barbouillé des vers assez plaisants sur la circonstance, & qui finissoient ainsi:

> Au reste, soyez sans alarmes,
> Faites ferrailler votre esprit;
> Je ne me sers que de vos armes.

Il a envoyé cet impromptu au marquis. Celui-ci s'est trouvé piqué, n'a pu dissimuler à l'assemblée ce qui se passoit, a été obligé de montrer les vers. On l'a rassuré, en lui faisant comprendre que ce n'étoit qu'un cartel d'esprit, & l'on a beaucoup ri à ses dépens, & l'on en rit encore.

21 *Décembre* 1773. *Vers à M. le marquis de Villette, par M. de Buffi, ancien mousquetaire.*

> Monsieur le nouveau converti,
> Vous avez manqué de prudence:
> Tenez-vous pour bien averti
> Que la valeur & la naissance
> Forment un mérite assorti
> Que l'on sait distinguer en France.
> Ripostez donc à cet écrit;
> Ne vous livrez pas aux alarmes:
> Faites ferrailler votre esprit,
> Je veux me battre avec vos armes.

On a vu précédemment l'anecdote qui a donné lieu à cette courte épître. M. de Villette y a, dit-on, répondu, mais mal.

22 *Décembre* 1773. On a des nouvelles de messieurs *Diderot* & *Grimm*, qui sont en Russie, & ont reçu le plus grand accueil de l'impératrice. On sait de quelles bontés particulieres cette majesté a honoré le premier.

23 *Décembre* 1773. *Ernelinde*, jouée à Versailles le 11 décembre, est actuellement en cinq actes. L'auteur, qui a retouché le poëme de feu Poinsinet en trois, ne se nomme pas. On sait cependant que c'est le sieur Sédaine. Quant au musicien, c'est Philidor toujours existant.

26 *Décembre* 1773. *Issé*, opéra exécuté à Versailles le 18 décembre, n'avoit pas été joué depuis environ 30 ans, ce qui, à force de vétusté, l'a rendu neuf pour beaucoup de monde. Quant aux paroles, elles sont faites pour plaire en tout temps, & la musique, de Destouches, a éprouvé des changements dans les fêtes. C'est le sieur Berton, maître de la musique du roi, directeur de l'académie royale de musique, qui les a faits.

28 *Décembre* 1773. Deux particuliers s'étant rendus le jour de noël à St. Denis, à une auberge appellée *l'Epée Royale*, y ont soupé, ont passé la nuit à écrire. Sur le matin on a entendu un bruit d'armes à feu ; on est monté dans leur chambre, on les a trouvés morts d'un coup de pistolet que chacun s'étoit donné. Il y avoit sur la table un testament de mort. On y a appris que l'un étoit soldat du régiment de Belzunce dragons, se nommant *Bordeaux* ; qu'il n'avoit que 20 ans ; qu'il avoit fait déja plusieurs mé-

tiers, & entr'autres avoit été moine; que depuis l'âge de 5 ans il s'étoit toujours ennuyé de la vie. Cet écrit, en bon style & pensé philosophiquement, annonçoit de l'éducation dans son auteur. L'autre étoit un tambour-major, appellé *Humain*, & il y a apparence qu'il n'a suivi le même parti que par fanfaronnade, qu'il n'étoit pas aussi dégoûté de son existence que son camarade. Du reste, ils avoient pourvu au paiement de leur écot, & même aux frais de justice qu'ils savoient devoir être occasionés par cet accident.

30 *Décembre* 1773. On n'a pas manqué de chansonner monsieur de Monteynard. Voici ce vaudeville, qui n'est qu'historique, & n'a rien des agréments, & du sel de ceux de la vieille cour.

  Quel bruit! quel train au séjour
    De la cour!
  Seroit-ce donc de l'amour
  Encore quelque miracle?
  Non, non, non, non, non, non
  Non, ce n'est qu'une débacle.
  C'est monsieur de Monteynard
    Qui repart,
  Après avoir par hasard
  Occupé le ministere,
  Sans penser, sans penser,
  Sans penser & sans rien faire.

On sent combien tout cela est injuste. Quand monsieur de Monteynard n'auroit fait que réduire à trente-six millions le département de la guerre, porté sous monsieur le duc de Choiseul à soixante-un millions, ç'auroit été beaucoup.

31 *Décembre* 1773. Pour soutenir l'attention du public dans le procès de Véron, actuellement au conseil, dont l'intérêt se rallentissoit sur cette affaire, on répand deux écrits très-lumineux.

Le premier est une *lettre du marquis de* ****, *brigadier des armées du roi, à* M****, *avocat au conseil*. Elle est datée du 10 octobre. Le second est *le vœu de la noblesse, lettre à* M***, *avocat au conseil*. Tous deux sont clairs, précis, méthodiques & résument en peu de mots tout l'historique du procès. Ils font sentir de la maniere la plus convaincante, & la plus modérée en même temps, l'absurdité de l'arrêt du 3 septembre. Le dernier sur-tout fait remarquer en détail les contradictions qu'il renferme, & qui doivent ouvrir une voie à la cassation. On ne sait si monsieur de Voltaire répondra des injures, mais il ne répliquera sûrement pas par de bonnes raisons. Le style en est simple, sans éloquence, sans prétention ; ce qui rend ces ouvrages meilleurs. Le brigadier, au surplus, paroît connoître le comte de Morangiés. Il en fait ainsi le portrait : « J'ai servi long-temps avec
» lui. Il avoit un caractere liant, une figure
» douce & des manieres assez franches : il m'a
» quelquefois semblé qu'il avoit dans l'ame plus
» de souplesse que de dignité ; que les refus ne
» le décourageoient pas assez ; qu'il n'étoit pas,
» dans le besoin, excessivement délicat sur le
» choix des moyens de le satisfaire. »

Le vœu de la noblesse établit pour premiere proposition, qu'elle n'a point pris fait & cause pour le comte de Morangiés ; qu'elle ne s'est point liguée en sa faveur ; que son honneur ne tient point à celui de tel ou tel de ses membres ;

que loin de les protéger quand ils font coupables, elle les défavoue; qu'enfin elle eft pour eux le tribunal le plus redoutable.

ANNÉE M. DCC. LXXIV.

1 Janvier. LE fieur le Kain a reparu derniérement dans *Tancrede* avec une affluence de monde prodigieufe. L'art qu'a cet acteur de ne jouer que rarement, & de prendre de longues vacances, fait qu'il foutient conftamment fa célébrité

2 Janvier. Cephale & Procris, ou *l'Amour Conjugal*, tragédie lyrique en trois actes, a été exécutée jeudi fur le théatre de la cour. Il ne paroît pas que celle-ci ait eu plus de fuccès que les autres. On en a trouvé la mufique affez jolie, mais pas d'un genre affez relevé. On prétend qu'elle n'eft point au-deffus de celui de l'opéra comique. C'eft le dernier opéra des fêtes du mariage. Toute la cour en général eft contente d'être débarraffée de ces fpectacles d'étiquette, & monfieur le dauphin, peu plaifant de fon naturel, a dit à monfieur de Richelieu: *enfin voilà vos fpectacles finis, nous allons donc nous amufer.*

3 Janvier 1774. Le fieur Marin ne fe fentant pas en forces pour répondre au fieur de Beaumarchais fur le même ton de plaifanterie, renonce aujourd'hui à faire des mémoires; il fe retranche dans une défenfe juridique, qu'il fait feulement paroître imprimée. Sa requête au parlement eft très bien faite, courte, écrite noblement; on voit qu'il s'en eft rapporté à fon avocat, & qu'un aussi bon ouvrage ne peut sortir de la plume du rédacteur de la gazette de France.

5 *Janvier* 1774. Il y avoit ici un journal connu sous le nom de *l'Avant-coureur*. Il duroit depuis 1758. On y annonçoit les objets particuliers des sciences, de la littérature, des arts, des métiers, de l'industrie, les spectacles & les nouveautés en tout genre. On y va substituer aujourd'hui une *Gazette Littéraire*, qui se distribuera deux fois la semaine, & sera d'une demi-feuille in-4°. par ordinaire.

Le *Journal de Trévoux*, entrepris par une société célebre, sous les auspices du prince de Dombes, passé depuis entre les mains d'un médecin, ensuite présidé par l'abbé Aubert, sous le nom de *Journal des Beaux Arts & des Sciences*, dédié à monsieur le duc de la Vrilliere, subit encore une métamorphose cette année, par la promotion de l'auteur à la place de professeur de littérature Françoise au college royal. Ce sont messieurs Castilhon, anciens auteurs du journal encyclopédique, qui l'entreprennent & le dédient à S. A. R. Mgr. le comte d'Artois.

6 *Janvier* 1774. On répand ici une lettre du roi de Suede au comte d'Ostein, un des sénateurs, qui, n'approuvant pas la nouvelle révolution introduite dans le gouvernement de ce royaume, s'étoit retiré des affaires. Cet écrit fait également honneur au monarque & au sujet.

" Je vous appelle à la tête de mon sénat pour
» mon conseil & pour mon guide. Si j'avois
» connu dans mon royaume un homme qui
» eût plus de lumieres, & plus de vertus, j'au-
» rois respecté votre repos ; mais le ciel en
» créant des hommes de génie, les destine en

„ même temps & les dévoue au bien public. J'ai
„ fait mon devoir, faites le vôtre : j'ai voulu
„ montrer à toute la nation & à toute l'Europe
„ que je veux environner mon trône de l'éclat
„ que les vertus répandent. Si vous refusez plus
„ long-temps de vous rendre à mes vœux & à
„ ceux de mon peuple, je vous en rendrai res-
„ ponsable à la nation & à la postérité „

7 *Janvier* 1773. Le livre posthume de Monsieur Helvétius, est intitulé : *de l'Homme, de ses facultés intellectuelles & de son éducation*. Son épigraphe est prise de M. de Voltaire :

. . . . Honteux de m'ignorer,
Dans mon être, dans moi je cherche à pénétrer.

L'auteur n'a donné cet ouvrage après sa mort que pour échapper aux persécutions. Celles que lui avoit suscitées son livre *de l'Esprit*, en l'aigrissant, l'avoient rendu plus circonspect. Dès la préface on trouve des choses qui n'auroient pu plaire à notre gouvernement.

« Ma patrie, dit-il, a reçu enfin le joug
» du despotisme ; elle ne produira donc plus
» d'écrivains célebres. Le propre du despotisme
» est d'étouffer la pensée dans les esprits & la
» vertu dans les ames.

» Ce n'est donc plus sous le nom de François
» que le peuple pourra de nouveau se rendre
» célebre. Cette nation avilie est aujourd'hui le
» mépris de l'Europe. Nulle crise salutaire ne
» lui rendra la liberté, c'est par la consomp-
» tion qu'elle périra. La conquête est le seul
» remede à ses malheurs.... »

Le but de cet ouvrage est de faire connoître

l'homme à l'homme, de lui donner des idées nettes de la morale, & de le rendre ainsi heureux & vertueux. Il n'est qu'un développement plus étendu des principes du livre de *l'Esprit*, que les hommes sont les mêmes, qu'ils ont presque tous la même aptitude aux mêmes choses, & que la différence de l'éducation fait toute celle qui regne entre les facultés de leur ame, & même entre leurs passions. Si ces assertions générales ne sont pas exactement vraies, ou du moins sont contestées par beaucoup de philosophes, on trouve dans les détails une infinité de vérités particulieres, auxquelles on ne peut se refuser. Ce traité est certainement d'un métaphysicien profond, qui embellit ses idées abstruses par une imagination brillante, & par un style figuré, nerveux & plein d'images. L'auteur y a joint des notes, qui reposent agréablement & délassent les lecteurs par des traits d'histoire, ou par des citations, qui amusent en appuyant ses raisonnements.

9 Janvier 1774. Les comédiens Italiens donnent depuis un mois une piece Italienne, intitulée: *les trois Freres jumeaux Vénitiens*. Elle est en quatre actes, & de la composition du sieur Colalto, auteur & acteur, car c'est le pantalon de la troupe. On trouve dans cet ouvrage charmant par sa gaieté & son intrigue ingénieuse & piquante, le rôle d'un capitaine de vaisseau, qui conséquemment est un marin. Cette qualité, qui donne lieu de rappeller le nom du gazetier de France, si bafoué depuis quelque temps, a fourni à arlequin des *lazzi* naturels, que le public a saisi avec avidité; & ce spectacle est la fureur du jour. Les mardis & vendredis, autrefois abſolument déſerts aux Italiens, parce qu'ils y ſont conſacrés aux pieces de leur nation, ſont devenus les beaux jours; on s'y porte, & l'affluence ne diminue point.

9 Janvier 1774. L'ouvrage poſthume de monſieur Helvétius mérite qu'on en donne une idée plus détaillée. Dans le premier volume, après une introduction ſur le plan de l'ouvrage, l'auteur le diviſe en pluſieurs ſections, elles-mêmes ſous-diviſées en différents chapitres.

1°. Que l'éducation néceſſairement différente des différents hommes, eſt peut-être la cauſe de cette inégalité des eſprits juſqu'à préſent attribuée à l'inégale perfection des organes.

2°. Que tous les hommes communément bien organiſés ont une égale aptitude à l'eſprit.

3°. Des cauſes de l'inégalité de l'eſprit.

4°. Que les hommes communément bien organiſés ſont tous ſuſceptibles du même degré de paſſion: que leur force inégale eſt toujours l'effet de la différence des poſitions où le haſard nous place. Que le caractere original de chaque homme [comme l'obſerve Paſcal] n'eſt que le produit de ſes premieres habitudes.

5°. Des erreurs & contradictions de ceux dont les principes différents rapportent à l'inégale perfection des organes des ſens, l'inégale ſupériorité des eſprits.

6°. Des maux produits par l'ignorance: que l'ignorance n'eſt point deſtructive de la molleſſe; qu'elle n'aſſure point la fidélité des ſujets; qu'elle juge ſans examen les queſtions les plus importantes. Des malheurs où de tels jugements peuvent quelquefois précipiter une nation. Du mépris & de la haine qu'on doit aux protecteurs de l'ignorance.

7°. Que les vertus & le bonheur d'un peuple font l'effet, non de la sainteté de sa religion, mais de la sagesse de ses loix.

8°. De ce qui constitue le bonheur des individus, de la base sur laquelle on doit édifier la félicité nationale, nécessairement composée de toutes les félicités particulieres.

9°. De la possibilité d'indiquer un bon plan de législation. Des obstacles que l'ignorance met à sa publication. Du ridicule qu'elle jette sur toute idée nouvelle & toute étude approfondie. De la morale & de la politique. De l'inconstance qu'elle suppose dans l'esprit humain. Inconstance incompatible avec la durée des bonnes loix. Du danger imaginaire auquel, si l'on en croit l'ignorance, la révélation d'une idée neuve, & sur-tout des vrais principes des loix, doit exposer les empires. De la trop funeste indifférence des hommes pour l'examen des vérités morales & politiques. Du nom de vraies & de fausses, donné aux mêmes opinions, selon l'intérêt momentané qu'on a de les croire telles ou telles.

10°. De la puissance de l'instruction, des moyens de la perfectionner, des obstacles qui s'opposent aux progrès de cette science. De la facilité avec laquelle, ces obstacles levés, l'on traceroit le plan d'une excellente éducation.

Telles sont les matieres principales, traitées dans les deux gros volumes in-8°. du livre de M. Helvétius, qu'il termine par une récapitulation du tout.

11 *Janvier* 1774. Madame la marquise du

Deffant est une vieille muse de la cour de madame la duchesse du Maine ; elle étoit renommée autrefois pour ses graces, son esprit & sa méchanceté : elle a toujours conservé quelque liaison avec le philosophe de Ferney, & il vient de lui adresser une épître, où l'on retrouve encore la fraîcheur de son jeune âge.

Vers de M. de Voltaire à madame du Deffant.

Eh quoi ! vous-êtes étonnée
Qu'au bout de quatre-vingts hivers,
Ma muse foible & surannée
Puisse encor frédonner des vers !

Quelquefois un peu de verdure
Vit sous les glaçons de nos champs,
Elle console la nature,
Mais elle est seche en peu de temps.

Un oiseau peut se faire entendre
Après la saison des beaux jours ;
Mais sa voix n'a plus rien de tendre,
Il ne chante plus ses amours.

Ainsi je touche encor ma lyre
Qui n'obéit plus à mes doigts,
Ainsi j'essaie encor ma voix
Au moment même qu'elle expire.

Je veux dans mes derniers adieux,
Disoit Tibulle à son amante,
Attacher mes yeux sur tes yeux,
Te presser de ma main mourante.

Mais quand on sait qu'on va passer,
Quand l'ame fuit avec la vie,

A-t-on des yeux pour voir Delie
Et des mains pour la careffer!

Dans ces moments chacun oublie
Tout ce qu'il a fait en fanté ;
Quel mortel s'eft jamais flatté
D'un rendez-vous à l'agonie!

Delie elle-même à fon tour
S'en va dans la nuit éternelle.
En oubliant qu'elle fut belle
Et qu'elle vécut pour l'amour.

Nous naiffons, nous vivons, Bergere,
Nous mourons fans favoir comment ;
Chacun eft parti du néant :
Où va-t-il! Dieu le fait, ma chere !

14 Janvier 1774. On a vu dans le *Mercure*, une lettre du fameux *Gluck*, muficien allemand, qui offroit aux directeurs de l'opéra de leur envoyer ou de leur apporter plutôt *l'Iphigénie* de Racine, mife en mufique. Ces meffieurs, peu curieux de mufique étrangere, dans la crainte qu'elle ne fît tomber la leur, avoient éludé la propofition. Heureufement le fieur Gluck a jugé à propos d'arriver ; & comme il a l'honneur d'être connu de madame la dauphine, on efpere qu'il aura affez de protection pour faire jouer fon opéra. Cette princeffe lui a donné fes entrées chez elle à toute heure.

14 Janvier. Monfieur de Voltaire a fait imprimer, il y a quelques années, la *Sophonisbe de Mairet*, réparée à neuf : ce font fes expreffions. Les comédiens ne voulant pas jouer les *Loix de Minos*, & ce vieillard étant toujours avide de renommée, il a si bien intrigué par ses amis, qu'on donne demain cette *Sophonisbe* annoncée sur l'affiche simplement comme une tragédie nouvelle de M. de Voltaire. Ses ennemis crient contre une telle supercherie.

16 Janvier 1774. Les comédiens François ont donné hier en effet la premiere représentation de la *Sophonisbe de Mairet, réparée à neuf, par M. de Voltaire.* Le concours a été immense, quoiqu'on sente que cette tragédie, jouée à Fontainebleau, n'y avoit produit que peu d'effet. Il faut convenir que cette piece, supérieure à toutes les pieces modernes les mieux accueillies, par la marche, la netteté, l'enchaînement de l'intrigue, par la vérité des caracteres & le naturel des situations, est froide, parce que *Massinisse* & *Sophonisbe*, depuis la fin du troisieme acte, restent toujours dans la même situation, sans qu'aucun incident cause de ces révolutions qui agitent le cœur & le bouleversent. Mais le dénouement, de la plus grande beauté, répare la langueur qu'on éprouve jusques-là. On ne peut exprimer sur-tout l'art avec lequel le sieur le Kain, jouant le rôle de *Massinisse*, y gradue les accès du poison qui circule dans ses veines, se ranime & s'éteint de la maniere la plus frappante. Le style simple de *Sophonisbe* l'est aussi trop quelquefois. Il y a de ces vers ridicules, de ces expressions populaires, tels qu'on en rencontre dans toutes les pieces anciennes & souvent dans *Corneille.* Le public, en général, l'a mal accueillie; ce qui faisoit craindre aux comédiens qu'on ne voulût pas en tolérer une seconde représentation. En conséquence, le sieur le Kain, comme le plus agréable au public, est venu faire l'annonce: après avoir parlé de ce qu'on donneroit le dimanche & le lundi, il a étendu les bras en signe de compassion, & avec un ton suppliant a dit qu'on donneroit *Sophonisbe* pour la seconde fois le mercredi. Cette insolence vis-à-vis M. de Voltaire, & cette familiarité avec le public, ont produit une sensation contraire à celles qu'elles auroient dû causer, & l'on a fort applaudi l'histrion.

16 *Janvier* 1774. *Fragments sur l'Inde, sur l'histoire-générale & sur la France.* C'est une seconde partie pour servir de suite à ceux qu'on a déja lus: c'est une rapsodie telle qu'en donne depuis long-temps M. de Voltaire. Il se fait toujours lire par les graces du style, par l'art avec lequel il sait rapprocher les choses les plus éloignées, & intéresser, sans cependant mériter la confiance du lecteur. Dans la premiere partie, il avoit rapporté les désastres de la compagnie des Indes, avoit remonté à leur cause; il s'étoit sur-tout étendu sur la mort du général Lally, & s'étoit permis des réflexions fort extraordinaires. Aujourd'hui il donne un précis de l'histoire des Indiens & de leur religion. Par un bavardage qu'on ne peut pardonner qu'à la vieillesse, il revient encore sur le comte de Morangiés, & donne un supplément nouveau, à ce qu'il dit, sur cette affaire. Il parle aussi du procès de l'infortuné Montbailli, & retombe à son ordinaire sur Nonotte, sur Freron, sur la Beaumelle, sur Sabbatier, &c. Puis il en revient à divers points de notre histoire.

18 *Janvier* 1774. Les directeurs de l'opéra, en attendant *Sabinus*, doivent remettre des fragments qui ne sont pas neufs: savoir, *le Dé-*

vin de Village, *Vertumne & Pomone*, & *le Feu des Eléments*. *L'Union de l'Amour & des Arts*, doit être donnée dimanche 23 pour la trente-septieme représentation, sans interruption, que celle de *Callirhoé*. Ce succès soutenu est sans exemple dans les fastes lyriques, & cependant le pauvre *Floquet* n'a eu que ses mille écus, & l'on lui refuse une gratification d'usage, quand la réussite est décidée à un certain point.

19 *Janvier* 1774. Les anti-inoculateurs triomphent beaucoup de la mort du fils de l'architecte Moreau, mort pendant le traitement de l'inoculation; & les partisans de cette méthode n'en sont nullement alarmés; ils attribuent l'événement à des accidents tout-à-fait étrangers. Quoi qu'il en soit, M. le marquis d'Alligre, commandeur des ordres du roi, ci-devant premier président du parlement, se trouve bien d'avoir fait inoculer l'année derniere son fils unique, se dispose à faire inoculer sa fille tant il est convaincu de l'excellence de ce procédé.

Le fameux Gaty, que nos docteurs regardent comme un charlatan, mais qui avoit été fort en vogue pour cette opération, parce qu'il la faisoit avec beaucoup de graces, de légéreté & de facilité pour ses malades, craignant avec raison que plusieurs de ceux inoculés par lui ne le discréditassent par des rechûtes inévitables, à raison de sa maniere de faire l'insertion, est retourné en Italie, & ne veut pas revenir en France.

20 *Janvier* 1774. On n'a point encore la liste des croupiers & pensionnaires de la ferme géné-

râle, suivant le nouveau bail, on sait en gros que le total de cet objet se monte à trois millions de rentes ; ce qui fait presque la moitié du bénéfice. Quant aux acteurs & actrices, & gens à talents, dont les pensions sont hypothéquées sur cet objet, on explique la chose de deux façons, ou en ce qu'ils ne font que changer de lieu de recette, c'est-à-dire, qu'en place d'être portés sur l'état des menus, dont on supprimera les charges d'intendants, ils le feront sur celui de la ferme générale ; ou bien en ce qu'ils ne sont pas en nom, & seulement en sous-ordre, c'est-à-dire, que tous les enfants de France, princes & princesses, auront assignée une certaine somme sur ces fonds, qu'ils seront maîtres de faire donner aux particuliers qu'ils voudront obliger par humanité, par charité, par bienfaisance, ou en reconnoissance des amusements qu'on leur aura procurés

Mlle. Arnoux, à qui l'on avoit annoncé qu'elle avoit une croupe, a écrit à cette occasion une lettre très-plaisante à M. l'abbé Terrai, & l'on assure que ce ministre, qui entend raillerie, y a répondu très-agréablement. Voici copie de l'une & l'autre lettre.

Lettre de Mlle. Arnoux de l'opéra, à M. l'abbé Terrai, contrôleur-général des Finances, à l'occasion du bruit qui couroit qu'elle avoit une croupe dans la ferme-générale, par le nouveau bail, signé le 1 janvier.

MONSEIGNEUR,

J'avois toujours oui dire, que vous faisiez peu de cas des arts & des talents agréables : on attribuoit cette indifférence à la dureté de votre caractere. Je vous ai souvent défendu du premier reproche ; quant au second, il m'auroit été difficile de m'élever contre le cri général de la France entière. Cependant je ne pouvois me persuader qu'un homme aussi sensible que vous aux charmes de notre sexe, pût avoir un cœur de bronze. Vous venez bien de prouver le contraire. Vous vous êtes occupé de nous au milieu de l'affaire la plus importante de votre ministere. Forcé de grever la nation d'un impôt de 162 millions, vous avez cru devoir en réserver une légere partie pour le théatre lyrique & pour les autres spectacles. Vous savez qu'une dose d'*Allard* (1), de *Caillaud* (2), de *Raucoux* (3) est un narcotique sûr pour calmer les opérations douloureuses que vous lui faites à regret. Véritable homme d'état, vous en prisez les membres suivant l'utilité dont ils sont à vos vues. Le gouvernement fait sans doute en temps de guerre grand cas d'un guerrier, qui verse son sang pour la patrie : mais en temps de paix, le coup d'œil d'un militaire mutilé ne sert qu'à affliger, qu'à exciter les plaintes & les murmures du François, déja trop disposé à geindre. Il faut des gens, au contraire, qui le distraient & l'amusent : un chanteur, une danseuse, sont alors des personnages essentiels ; & la distinction qu'on établit dans les récompenses des deux especes de citoyens, est proportionnée à l'idée qu'on en a. L'officier estropié arrache avec peine

---

(1) Danseuse de l'opéra.
(2) Chanteur retiré de la comédie Italienne.
(3) Nouvelle actrice de la comédie Françoise.

& après beaucoup de follicitations & de courbettes, une penfion modique ; elle eft affignée fur le tréfor royal, efpece de crible, fous lequel il faut tendre long-temps la main avant de recueillir quelque goutte d'eau. L'acteur eft traité plus magnifiquement ; il eft accolé à une fang-fue publique, animal néceffaire, qu'on fait ainfi dégorger en notre faveur de la fubftance la plus pure dont il fe repaît. C'eft à pareil titre, fans doute, monfeigneur, c'eft à la profondeur de votre politique que je dois attribuer le prix flatteur dont vous honorez mon foible talent. Vous m'accorderez, dit-on, une croupe : ce mot m'effraieroit de toute autre part ; mais c'eft une croupe d'or. Vous me faites chevaucher derriere Plutus. Je ne doute pas que dreffé par vous, il n'ait les allures douces & engageantes. Je m'y commets, fous vos aufpices, & cours avec lui les grandes aventures. Puiffiez-vous, en revanche, monfeigneur, ne jamais trouver de croupe rebelle ! puiffent toutes celles que vous voudrez careffer, s'abaiffer fous votre main chatouilleufe ! puiffe la plus orgueilleufe fe laiffer dompter par vous, & recevoir votre grandeur avec ce frémiffement délicieux, préfage du plus heureux voyage, toutes les fois que vous galoperez dans les champs fortunés d'Italie !

Je fuis avec un profond refpect,

MONSEIGNEUR,

Votre &c.

Paris, ce 4 Janvier 1774.

Réponfe de M. le Contrôleur-général à Mademoifelle Arnoux.

Verfailles, le 8 Janvier 1774.

On vous a mal informée, mademoifelle ; vous

n'avez point de croupe dans le nouveau bail : ainſi vous ne chevaucherez derriere aucun fermier-général. Mais il vous eſt très-permis d'en faire chevaucher quelqu'un devant ou derriere vous. Cet accouplement ne vous fera pas moins utile ; il eſt même plus commode en ce que, pour la miſe, il n'exige qu'un très-petit fonds d'avance.

Je ſuis, Mademoiſelle, tout à vous.
L'ABBÉ TERRAI.

21 *Janvier* 1774. On prétend aujourd'hui que le ſieur Dauberval n'eſt point allé en Ruſſie, qu'il n'eſt pas même ſorti de Paris, mais qu'il s'eſt tenu caché pour ſe ſouſtraire aux pourſuites de ſes créanciers. Quoi qu'il en ſoit, on l'a vu à l'opéra, mais il n'a point danſé de toutes les fêtes, & ne danſe point encore. Quant à la Dlle. Allard, il n'y a pas d'apparence auſſi qu'elle reparoiſſe : elle devient ſi énormément graſſe, que ſes amis lui ont donné le bon conſeil de quitter le public au milieu de toute ſa gloire, & de ne pas attendre que ſon talent décline. Heureuſement de jeunes ſujets ſe forment, très-propres à la remplacer. La Dlle. *Heidoux* ſur-tout a fait des progrès étonnants depuis quelques mois, qu'elle eſt excitée par l'émulation de remplacer une danſeuſe ſi aimée des ſpectateurs.

23 *Janvier* 1774. Jeudi dernier 20 de ce mois, ſix commiſſaires de l'académie des ſciences, ſe ſont tranſportés auprès du Pont-Royal, vis-à-vis la rue de Beaune, pour aſſiſter à l'expérience d'une nouvelle machine, à l'aide de laquelle l'inventeur prétend pouvoir reſter ſous l'eau pendant au moins une heure, ſans conſerver aucune communication avec l'air extérieur.

Cette machine est une espece de mannequin de cuir, c'est à-dire, un fourreau, conformé exactement comme un homme, à l'extérieur. Celui qui doit subir l'immersion, entre dedans en chemise, ou en camisole, ou nu, par une ouverture qui reste au col. Ainsi affublé, il reçoit un casque de cuivre, qui lui emboîte toute la tête; & par un large collet du même métal, vient s'adapter sur un cuir gras, auquel on l'attache avec des écrous bien vissés. Il n'y a d'autre ouverture que des œilleres de verre, & une troisieme au front, de verre aussi. Au sommet de la tête sont deux tuyaux, l'un sur l'autre, avec un conduit de cuir à chacun, du diametre d'une grosse bougie & d'environ quatre pieds de long, qui vont aboutir à une boule de cuivre. Cette boule a un ressort que l'on monte, au moyen duquel l'air y contenu, poussé par le canal inférieur, va se rendre à la bouche du plongeur; & celui qu'exhalent ses poumons, comme plus raréfié, se porte en haut & retourne par le conduit supérieur au récipiend, c'est-à-dire, à la boule de cuivre, où il se rafraîchit & revient de nouveau à la bouche. Ce jour-là l'inventeur ayant trop forcé le ressort, il s'est cassé; cependant il n'a pas voulu que les commissaires s'en allassent sans avoir vu quelque chose: l'éxpérience s'est toujours faite; mais au bout de dix minutes, l'encastré a tiré la petite ficelle, & il n'a pu y rester plus long-temps. Ce qui est toujours beaucoup sans aucune respiration. On doit incessamment recommencer l'expérience. L'auteur assure pouvoir descendre jusqu'à la profondeur de 30 pieds. On a oublié de dire dans la description de la machine, que le cuir est soutenu par des anneaux de fer, de distance en distance, afin que les mouvements du plongeur ne soient pas gênés par la pression de l'eau, & pour conserver d'ailleurs un certain volume d'air.

Les commissaires de l'académie présents, étoient MM. *le Roi*, le Chevalier *de Borda*, l'abbé *Bossut*, *Tenon*, *Petit* & *Sage*.

L'auteur de la machine est un homme des côtes, grossier, sans éducation, qui paroît l'avoir inventée pour aller ramasser les débris des naufrages.

24 *Janvier* 1774. On a annoncé le phénomene curieux d'une fille âgée de vingt ans, n'ayant que deux pieds quatre pouces. C'est à la foire St. Germain qu'on invite les amateurs de l'histoire naturelle de venir la voir le mois prochain.

25 *Janvier* 1774. Si les François rendent les étrangers tributaires de leurs modes & de leurs frivolités, ceux-ci viennent prendre leur revanche & mettre à contribution la curiosité crédule de la nation. Un Anglois, nommé *Wildman*, vient en conséquence d'afficher qu'il avoit trouvé le secret d'apprivoiser des abeilles, ce dont il invite les amateurs à voir ses diverses expériences, qui sont au nombre de quatre.

1°. A son ordre les abeilles sortiront de la ruche & iront se placer sur tel chapeau des spectateurs qu'il leur indiquera.

2°. Elles viendront s'entortiller autour de son bras en forme de manchon, sans lui faire aucun mal.

3°. Elles se porteront sur son visage en forme de masque, & le couvriront ainsi parfaitement.

40. A ses ordres elles partiront & retourneront à leur ruche.

28 *Janvier* 1774. Deux Anglois s'entretenant des François dans ce pays-ci, l'un prétendoit qu'ils aimoient l'argent ; l'autre soutenoit le contraire. Les contendants s'échauffent, & comme cette nation aime beaucoup les paris, celui qui étoit pour défendre la nôtre de l'esprit de cupidité que l'autre lui supposoit, gagea que pendant un temps déterminé il feroit crier des écus de 6 livres à 24 sous, sans que toute sa marchandise, au nombre de 200 écus, fût débitée. Les préalables, de bonne foi, de part & d'autre, bien arrêtés, on va à la monnoie prendre un sac de 1,200 livres en écus neufs ; on loue un crieur ou un aboyeur, qui au jour, lieu & heure marqués commence son annonce ; & l'on assure qu'au bout de deux heures, délai convenu, il ne s'étoit encore trouvé que cinq acteurs. Ce pari, fol d'abord en apparence pour celui qui le proposoit, par les combinaisons de circonstances, paroît fait en connoissance de cause, & l'on assure la vérité du fait.

29 *Janvier* 1774. Un juifs Anglois nommé *Jonas*, arrivé depuis quatre mois environ dans ce pays-ci, ayant eu le bonheur de déployer ses talents pour l'escamotage chez les jeunes princes, est devenu tellement à la mode, qu'il n'y a point aujourd'hui de souper élégant dans Paris où il ne soit appellé & ne serve quelque plat de son métier. Il prend au moins 3 louis par séance, & l'on juge quelle fortune il doit faire : il est supérieur à *Comus* en cette partie, c'est-à-dire qu'il est plus fin ; mais l'autre est plus savant, & vraiment physicien. Le Sr. Jonas

nas a un air balourd, une tournure matérielle & ronde, qui en impose encore davantage & le fait paroître plus merveilleux.

30 *Janvier* 1774. Le différend du sieur Dauberval avec messieurs de l'académie royale de musique, étant accommodé, il a reparu dans les fragments donnés depuis peu, & a été extraordinairement fêté par le public, enchanté de le revoir.

31 *Janvier* 1774. M. Diderot est attendu dans ce pays-ci pour le printemps prochain. Ce grand homme écrit qu'il s'ennuie à Pétersbourg; qu'il n'y trouve d'intéressant que les conversations qu'il a avec l'auguste souveraine, sa protectrice. Sans doute qu'elle ne se plaît pas moins dans ses tête-à-tête avec lui; mais les soins du gouvernement la distraient, & l'empêchent d'entretenir aussi souvent qu'elle le voudroit ce fameux philosophe.

1 *Février* 1774. On a fait de mauvais vers sur le Sr. Mirlavaud, trésorier des grains au compte du roi, annoncé dans l'almanach royal 1774. Les curieux les recueillent toujours comme faisant grande sensation en ce moment & anecdote pour l'avenir. Les voici :

Ce qu'on disoit tout bas, est aujourd'hui public:
Des présents de Cérès le maître fait trafic,
   Et le bon roi, loin qu'il s'en cache,
   Pour que tout le monde le sache,
Par son grand almanach sans façon nous apprend
Et l'adresse & le nom de son heureux agent.

2 *Février* 1774. Il paroît un mémoire de Me. Linguet pour le marquis de Soyecourt ; on y

trouve le spectacle instructif & philosophique d'un seigneur puissamment riche, qui par une cupidité basse & sordide voulant accroître sa fortune en entrant comme un vil financier dans des entreprises d'affaires lucratives, est la dupe d'intrigants & d'escrocs, qui abusent de sa crédulité au point de le faire se déranger considérablement, & de le conduire sur le penchant de sa ruine. C'est la suite du procès contre le marquis du Hautoy, où la baronne de la Garde, maîtresse du contrôleur-général, jouoit un rôle si infame qu'il a été obligé de la renvoyer.

4 Février. Il court une épître à *Margot*, qui fait grand bruit dans cette capitale, à raison des allusions qu'on croit y trouver relativement à madame la comtesse Dubarri, quoiqu'elles ne roulent en général que sur mille exemples qu'on voit tous les jours de courtisannes parvenues ; mais la malignité du public s'exerce, & donne beaucoup de vogue à cet ouvrage, bien fait d'ailleurs, mais dont l'auteur est obligé par la raison ci-dessus de garder l'incognito.

5 Février 1774. Le sieur Bellanger, un de ces officiers aventuriers risquant tout parce qu'ils n'ont rien à perdre, connu dans les tripots pour tenir la banque au pharaon, a voulu tenter fortune d'une autre maniere. On assure qu'il avoit accepté une mission secrete pour aller en Angleterre, dont on veut que l'objet fût l'enlèvement de l'auteur du gazetier cuirassé : il avoit pour associé à son expédition des suppôts de police, tels que *Receveur*, *Cambert*, *Finet*, &c. Malheureusement pour eux, ils n'ont pas réussi : on a même eu vent de leur dessein, fis ont été désignés dans les papiers publics. Le bruit avoit couru qu'ils avoient été attrapés & pendus comme espions. Il est fâcheux que cela ne soit pas exactement vrai. Ils sont revenus ici ; mais l'exempt receveur en a eu une telle frayeur, qu'il en est encore fou.

7 Février 1774. L'almanach royal de cette année devient extrêmement recherché à cause de l'annonce nouvelle dont on a parlé, & qui n'existera plus à l'avenir. Le sieur le Breton, l'imprimeur, en a reçu une sévere réprimande, & son imprimerie est fermée pour trois mois.

7 Février. Une Arthémise nouvelle donne à Paris le spectacle rare d'une douleur conjugale que le temps ne peut-affoiblir. C'est madame la comtesse d'Harcourt. Son mari mort, il y a près de cinq ans, fit beaucoup de bruit dans le temps à l'occasion du démêlé qu'il excita entre son confesseur, l'archidiacre *Tando*, & l'archevêque de cette capitale. On va voir aujourd'hui chez le sieur le Moine le mausolée que son épouse doit faire élever à Notre-Dame à la mémoire du comte. Elle va souvent chez le sculpteur pour presser le monument ; elle y paroît les cheveux épars, & dans l'appareil douloureux & lugubre où elle doit figurer dans le cénotaphe. Elle ne s'occupe pas moins du défunt dans son intérieur. Elle lui a toujours conservé son appartement : on y trouve encore sa figure en cire, qu'elle a fait fondre en pied, à la mort de son mari. Il y est habillé dans sa robe de chambre ; il est assis dans son fauteuil à côté de son lit, préparé comme s'il devoit s'y coucher ; & cette femme, dont la tête vaporeuse & mélancolique la fait passer aux yeux des profanes pour tirer un peu à la folie, s'enferme souvent en ce lieu, comme pour s'y entretenir avec cette image muette, & la caresser à son aise.

7 *Février* 1774. L'abbé Rousseau, qui doit prêcher le carême devant le roi, a ouvert, suivant l'usage, sa station le jour de la chandeleur. Merveilleusement encouragé par l'exemple de l'abbé de Beauvais, dont le zele vigoureux & amer a été récompensé par un évêché, celui-ci a suivi les mêmes erremens ; il a encore enchéri, & a tonné avec une hardiesse sainte aux yeux des dévots, cynique aux yeux des courtisans. Ce premier sermon fait déja grand bruit.

8 *Février* 1774 *L'épître à Margot* est tellement dans le style, à la maniere & le genre de monsieur Dorat, qu'on la lui attribuoit assez généralement. Le scandale que cette bagatelle a occasioné, lui a paru mériter un désaveu, pour se mettre à l'abri du ressentiment de la femme puissante, dont les ennemis de celle-ci ont voulu reconnoître le portrait dans *Margot*. Mais il a cru en même temps n'y devoir mettre aucune importance, & il s'est contenté de faire une autre épître, où il se défend de l'imputation, en décriant beaucoup la premiere piece, qui vaut pourtant mieux que la sienne.

8 *Février*. Il paroît un mémoire sur une réclamation contre des vœux faits malgré l'autorité ecclésiastique : il est de Me. la Croix, & se fait lire avec le plus grand intérêt. Il s'agit d'un sieur de Poilly, fait cordelier malgré lui, il y a près de 35 ans, & qui réclame constamment depuis lors contre cette tyrannie. On ne peut

se dispenser de la reconnoître pour telle, puisqu'il n'a paru consentir à entrer dans cet ordre que pour se soustraire aux mauvais traitements de ses parents ; que ceux-ci ont d'ailleurs rendu sa profession irréguliere, faute de se conformer aux ordonnances, en assistant à la prise d'habit, & en signant son acte de profession ; qu'elle l'est encore, parce qu'il n'a point fait le noviciat convenable, qu'il n'a jamais été admis volontairement parmi ses confreres ; qu'enfin la puissance ecclésiastique s'y est opposée par une sentence de l'officialité de Meaux. Le détail des vexations éprouvées par ce malheureux est incroyable, & l'on ne peut concevoir qu'il se trouve une mere assez barbare pour se porter à une persécution aussi constante. On a depuis employé la calomnie contre ce même homme, qu'on a d'abord accusé de pédérastie, & qu'on a voulu faire passer ensuite aux yeux du gouvernement pour auteur d'un livre, dont on ne donne que les lettres initiales : *La F. de P. L. D.* répandu dans Paris par fragments, & l'écrivain réfugié chez l'étranger a été depuis connu.

8 *Février* 1774. M. de Rosset, président de la chambre des comptes de Montpellier, travaille depuis 25 ans à un poëme sur l'agriculture. Il compte l'avoir enfin mis au point de perfection dont il le croit susceptible, & il s'imprime actuellement au Louvre aux frais du roi, in-4°., avec des gravures, & tous les ornements typographiques. C'est monsieur Bertin, le ministre, qui ayant eu autrefois connoissance de l'ouvrage, s'en est rappellé le souvenir avec plaisir, & a procuré à l'auteur cet honneur. Tous les économistes sont dans l'attente de ce poë-

me, qui vraisemblablement n'y répondra pas. Le poëte est déja presque sexagénaire; mais a encore tout le feu d'une tête méridionale.

9 Février 1774. M. de la Condamine, chevalier des ordres royaux, militaires & hospitaliers de Notre-Dame du Mont-Carmel & de St. Lazare de Jérusalem, l'un des XL de l'académie Françoise, de l'académie des sciences, de la société royale de Londres, des académies de Berlin, de Pétersbourg, Bologne, Cortone, Nancy, célebre par ses voyages, entrepris par ordre du roi, pour déterminer la figure de la terre, par ses connoissances profondes en plusieurs genres, par ses divers écrits en faveur de la méthode de l'inoculation, & même par son talent pour la poésie legere, est mort âgé de 74 ans. Malgré les infirmités dont il étoit accablé, & sur-tout une surdité extrême, il a conservé jusqu'à la fin de ses jours une activité, une vivacité d'esprit & une gaieté étonnante.

9 Février. Le sieur Guignon, ordinaire de la musique du roi, est mort à Versailles le 30 janvier, à près de 80 ans. Son talent supérieur pour le jeu du violon lui avoit mérité l'office de *Roi & Maître des Ménétriers du Royaume*, dont S. M. l'avoit pourvu par lettres-patentes du 15 janvier 1741. Au mois de mars 1773, il s'étoit démis de cette charge, qui avoit été supprimée.

9 Février. Les comédiens François doivent enfin jouer samedi *le Barbier de Séville ou la Précaution inutile*, comédie du sieur de Beaumarchais, attendue depuis si long-temps. Elle avoit été arrêtée à la police, & l'anecdote est plaisante. L'auteur s'est rendu chez monsieur de

Sartines, pour se plaindre de l'embargo. Ce magistrat lui a répondu, que c'étoit à cause des circonstances : à quoi le sieur Caron a répliqué que c'étoient ces mêmes circonstances qui le déterminoient à la faire jouer ; que ses ennemis ayant répandu le bruit qu'il y tournoit la magistrature en ridicule; il avoit le plus grand intérêt à se disculper, d'autant qu'il avoit l'approbation de monsieur de Sartines & de Marin même, comme censeur de la police depuis 18 mois ; que si l'on s'obstinoit à arrêter la représentation de sa comédie, il alloit la déposer au greffe, munie de cette double approbation, & en requérir la lecture aux chambres assemblées. Le lieutenant de police n'a pu qu'être très-ému de cette réquisition, & madame la dauphine, dont on a fait intervenir la protection, a enfin levé tous les obstacles. On assure que cette princesse veut assister à la première représentation.

10 *Février* 1774. Il paroît qu'on a fait lire à madame la comtesse Dubarri, *l'Epître à Margot*, qu'elle n'a point plu à cette dame, & que le sieur Dorat a été obligé de brocher bien vîte une rétractation poétique.

12 *Février* 1774. Le *Barbier de Séville*, demandé depuis long-temps, & à plusieurs reprises, par le parterre, avoit été affiché pour aujourd'hui samedi; mais jeudi au soir, les comédiens annoncerent que cette représentation n'auroit pas lieu, qu'il étoit venu des ordres supérieurs qui y mettoient obstacle. M. le duc d'Aiguillon, & madame la comtesse Dubarri ont requis au duc de la Vrilliere, qu'il interposât son autorité pour empêcher la publicité de cette comédie.

M. de Beaumarchais paroît encore mieux disposé & intéressé à la déposer au greffe du parlement pour se justifier.

Cette suspension fait un grand tort aux comédiens, qui ayant obtenu la permission de jouer cette piece, d'après un nouvel examen plus sévere & plus détaillé, étoient dans la ferme confiance qu'elle ne souffriroit plus de difficulté, en conséquence avoient fait beaucoup de dépenses en décorations, habits, &c. tout étoit déja loué pour les six premieres représentations.

13 *Février* 1774. On annonce avec beaucoup d'emphase un bal de monsieur le bailli de Fleury, ambassadeur de Malte. Le décore en doit être dans un genre singulier : on y entrera d'abord par le *Ténare*, ou plutôt par le purgatoire, puisqu'on n'y restera pas ; & de là l'on passera aux Champs Elysées : spectacle d'autant plus agréable, qu'il sera vrai pour le local, puisque c'est dans son jardin que sera cet emplacement enrichi de tout ce qui peut figurer le séjour des morts bienheureux.

13 *Février*. M. le comte de Lauraguais, ce seigneur aimable, dont le fond de gaieté inépuisable est si merveilleusement secondé par sa vive imagination, après avoir amusé Londres est venu réjouir cette capitale par ses saillies & ses plaisanteries ingénieuses ; on en raconte une charmante.

Il a ces jours derniers formé une assemblée de quatre docteurs de la faculté de médecine, appellés en consultation. La question étoit de savoir si l'on pouvoit périr d'ennui. Ils ont tous été pour l'affirmative ; & après un long préambule, où ils motivoient leur jugement, ils ont signé dans la meilleure foi du monde. La famille des BRANCAS est assez généralement composée de personnages idiots, hypocondre, vaporeux, mélancoliques, &c. Ils ont cru qu'il s'agissoit de quelque parent du consultant, & ils ont décidé que le seul remede étoit de dissiper le malade, en lui ôtant de dessous les yeux, sur-tout, l'objet de cet état d'inertie & de stagnation.

Muni de cette piece en bonne forme, le facétieux seigneur est allé la déposer chez un commissaire, & y porter plainte en même temps contre le prince d'Henin, qui, par son obsession continuelle autour de Mlle. Arnoux, feroit infailliblement périr d'ennui cette actrice, sujet précieux au public, & dont en son particulier il desiroit la conservation. Il y requiert en conséquence qu'il soit enjoint audit prince de s'abstenir de toute visite chez elle, jusqu'à ce qu'elle soit parfaitement rétablie de la maladie d'ennui dont elle est atteinte, & qui la tueroit, suivant la décision de la faculté.

On ne dit pas comment le prince d'Henin a pris la plaisanterie, un peu forte.

15 *Février* 1774. Le quatrieme mémoire du sieur de Beaumarchais, tant attendu, paroît enfin. Il l'a donné dimanche aux magistrats, aux princes à la cour, & dès la nuit il l'a mis en vente au bal de l'opéra; car cet auteur adroit a tourné à son profit la curiosité du public, & fait un gros bénéfice de ses écrits. Celui-ci a pour titre : *Quatrieme Mémoire pour, &c. contre monsieur Goezmann, Juge accusé de subornation & de faux : madame Goezmann & le Sr. Bertrand,*

accusés ; les sieurs Marin, Gazetier ; d'*Arnaud Baculard*, Conseiller d'Ambassade, & consorts, &c. Et Réponse ingénue à leurs Mémoires, Gazettes, Lettres courantes, Cartels, Injures, & mille & une Diffamations.

Comme celui-ci est plus fort, plus hardi, plus insolent, plus dérisoire contre le nouveau tribunal entier, qu'aucun des autres, le sieur de Beaumarchais, qui fait tout avec finesse, a eu celle de ne le répandre que dans les jours gras, c'est-à-dire, dans un temps de vacances, & de gagner ainsi quatre jours de débit.

17 Février 1774. On parle beaucoup des deux bals donnés par M. le bailli de Fleury, & surtout du décore qui subsiste encore, & que tout le monde va voir. On étoit en effet obligé de passer par le Tenare. On y avoit figuré un phlégeton. Il y avoit une barque à Caron, des monstres, des bruits souterrains. Les champs Elysées étoient délicieux : du reste, toutes femmes très-choisies, pas une fille, &c. On compte que cette fête aura coûté 40,000 livres à monsieur l'ambassadeur de Malte, très-vilain en général, & qui a merveilleusement rempli le proverbe.

18 Février 1774. Le curiosité de lire le dernier mémoire du sieur de Beaumarchais ne peut se rendre. On en a déja débité six mille exemplaires. Il faut convenir que celui-ci est beaucoup plus intéressant par les grands objets qu'il traite : il est d'ailleurs infiniment mieux fait que le troisieme.

L'ouverture est un chef-d'œuvre. L'auteur, par une prosopopée ingénieuse avec l'Etre suprême, trouve le moyen de passer en revue tous ses adversaires, & d'en faire des portraits encore piquants & rajeunis dans ce nouveau cadre. Outre les personnages déja connus & baffoués, il y amene le président de Nicolaï, dont le nom, la qualité & les aventures scandaleuses fixent plus particuliérement l'attention. Il passe ensuite à un résumé clair & concis de toute l'affaire & de ses incidents, ce qui amene la discussion du second mémoire de madame Goezmann, auquel on lui reprochoit de n'avoir pas répondu. Il répand toujours à plaines mains le sarcasme sur cette dame, contre laquelle il ne sauroit s'épuiser. Par une transition heureuse, il en vient à sa dénonciation contre le faux de M. Goezmann, dans l'extrait du baptême, du premier ajournement personnel dont a été chargé le conseiller. Il en fait voir la liaison avec son affaire. Il établit l'intérêt pressant qu'il avoit à éclairer cette anecdote de la vie du magistrat, puis il tombe à bras raccourcis sur d'Airolles, & se tire, sinon en brave, au moins en fin adversaire du cartel. De cette caricature risible il s'éleve à un tableau de Michel-Ange; il décrit d'une façon majestueuse l'assemblée des chambres; & sous cet appareil imposant déguise une dérision sensible aux yeux des connoisseurs du plat aréopage. Le détail de l'insulte faite par le président de Nicolaï au sieur de Beaumarchais, vient comme naturellement à la suite de cette narration, & n'est pas conté à l'avantage du magistrat. Après s'être contenu dans la gravité du sujet, l'écrivain en revient à son ami Marin, qu'il traîne encore dans la boue & qu'il couvre d'opprobre. Enfin, pour se concilier les femmes en intéressant leur cœur, il termine par un long épisode, vrai roman d'une histoire prétendue arrivée à sa sœur en Espagne, avec *Clavico*, auteur du *Pensador*, feuille philosophique dans le goût du *Spectateur*. Il l'amene au moyen d'une lettre infame qu'il suppose que ses ennemis font courir, & qu'on soupçonne plutôt fabriquée par lui-même, pour avoir lieu d'insérer cette partie de son journal, qu'il a cru devoir faire une diversion curieuse aux yeux de certains lecteurs, fatigués du récit de tant de querelles de palais. On est obligé de convenir que ceci est de trop, en ce que le narrateur prête le flanc au ridicule par des rodomontades qui se ressentent fort du pays où il voyage, & dont ses ennemis profiteront, s'ils sont adroits. A la fin de ce mémoire on lit une note curieuse, qui confirme l'anecdote dont on a parlé. Il paroît y persister dans sa résolution de soumettre sa piece du *Barbier de Séville* à l'examen du nouveau tribunal, & il supplie en effet la cour d'ordonner que le manuscrit lui soit représenté pour détruire à cet égard les imputations de ses ennemis.

19 *Février* 1774. L'affaire des exempts & espions qu'on disoit pendus en Angleterre, acquiert plus de clarté & paroît constatée. C'est à l'occasion du Sr. de Morande, auteur du *Gazetier Cuirassé*, qu'il étoit en effet question d'enlever. Voici ce qui y avoit donné lieu. Ce moderne Aretin, se trouvant encouragé par le débit de son libelle, & ayant ramassé d'autres matériaux pour y ajouter une suite, a imaginé une tournure plus prompte, moins pénible & moins dangereuse, pour gagner beaucoup d'ar-

gent. Il a écrit à quelques particuliers riches de ce pays-ci, qu'il avoit sur leur compte des anecdotes très-scandaleuses, mais qu'il croyoit de son honnêteté de les en prévenir, & de savoir s'ils ne seroient pas fâchés de les voir ainsi révéler au grand jour ; que moyennant telle somme, il leur épargneroit ce désagrément. Plusieurs y ont acquiescé, entr'autres M. de Marigny. L'audace du sieur de Morande a été jusqu'à lui faire écrire à madame la comtesse Dubarri, pour la rançonner de la même maniere. Elle en a porté plainte à M. le duc d'Aiguillon. Ce ministre s'est abouché avec l'ambassadeur d'Angleterre, qui en a écrit à sa cour; & S. M. Britannique a répondu qu'elle ne s'opposeroit point à ce qu'on vînt enlever dans ses états, y noyer dans la Tamise, ou y étouffer ce monstre, peste de la société, fléau de ses semblables, pourvu que cela se conduisît dans le plus grand mystere, & sans blesser à l'extérieur les droits de la nation. C'est en conséquence de cet accord qu'ont été dépêchés les suppôts dont on a parlé, qui s'étant indiscrétement confiés à madame de Godeville, Françoise, femme perdue d'honneur & de débauches, réfugiée dans ce pays-là, ont été découverts & obligés de se tenir cachés jusqu'au moment favorable pour leur évasion.

20 *Février* 1774. Un faiseur d'épigrammes s'est exercé sur la querelle entre M. Gerbier & Me. Linguet; & frappant à la fois sur les deux, les a flétris du même fer chaud. La voici.

C'est grand dommage, dites-vous,
Ils sont fous.

Ces avocats de haut parage,
Qui, dans des écrits pleins de rage,
S'arrachent la robe & l'honneur.
Qant à la robe, elle eut souvent pareil outrage ;
Pour l'honneur, n'ayez crainte ; il est bien défendu :
Linguet n'en eut jamais, & Gerbier l'a perdu.

20 *Février* 1774. Le *Taureau blanc*, conte allégorique de M. de Voltaire, est toujours très-rare. Il n'est point imprimé, il est en prose. C'est une espece de féerie, qui ressemble beaucoup à l'histoire de Nabuchodonosor, changé en bête.

22 *Février* 1774. On attend avec impatience la *Lingue - Morangiade*, poëme auquel le sieur Robé travaille. On conçoit aisément qu'il roule sur le procès des Verons, & contient une satire contre le comte de Morangiés & son défenseur. On ne sait si cela sera bon. Ce poëte obscene n'a réussi jusqu'à présent que dans les contes & épigrammes orduriers. Malheureusement ses ouvrages ne seront peut-être jamais répandus. Il eut une pension du gouvernement pour les brûler, ainsi que son fameux poëme de la vérole, & il l'a fait religieusement. Mais il les sait par cœur & les récite. Il est en outre dévot, grand convulsionnaire, & a fait un poëme sur les miracles du bienheureux diacre Paris. C'est un personnage très-inconséquent, comme tous les poëtes & gens qui ont plus d'imagination que de raisonnement.

23 *Février* 1774. On a dit que *Sabinus* n'étoit autre chose que la tragédie d'*Eponine*, ressuscitée par M. de Chabanon & ajustée au théâ-

tre pour en faire un opéra en cinq actes; c'est dans cet état qu'il a été joué à Versailles. Il a subi depuis encore une réduction, & a été refondu en quatre actes, pour paroître ici. Il a été donné hier dans cette forme, & le poëme, sifflé à la comédie Françoise, n'a pas été jugé meilleur au théatre lyrique. Quant à la musique, on y voit un compositeur qui s'évertue merveilleusement pour trouver du nouveau, pour faire grand bruit, de l'extraordinaire, qui ne réussit pas toujours, & prodigue souvent des richesses déplacées, ne produisant aucun effet. Les danses dont il est surchargé, sont une ressource communément sûre. Celles-ci ont été fort goûtées, à raison des coryphées. Tout ce que la choréographie a de sujets plus brillants a voulu s'y distinguer. Le jeune *Vestrallard* y a été fort applaudi. Mais ces ballets ont paru avoir le défaut de la musique, de ne rien exprimer pour vouloir signifier trop de choses, pour être trop recherchés.

M. le maréchal duc de Richelieu a fait donner à l'opéra les habillements de Versailles; ce qui a jeté beaucoup de luxe sur la scene. Les décorations ont aussi fait plaisir.

24 *Février* 1774. M. de Guiber est allé, comme l'on sait, voir ces vacances le philosophe de Ferney. Suivant l'usage, il a été très-bien accueilli par madame Denis; il a été retenu à dîner, mais n'a point vu M. de Voltaire, ce qui lui a fait naître une plaisanterie. Avant de partir il a demandé une plume & de l'encre, & lui a écrit ces mots : « Je vous avois toujours » soupçonné être un dieu, mais j'en suis au- » jourd'hui convaincu, puisqu'on vous boit &

» vous mange, sans vous voir. » Cette saillie impie & galante plut tellement au patriarche qu'il se montra, & vint embrasser l'auteur du billet. Un adulateur de ce grand homme n'a pas voulu laisser perdre le bon mot, & l'a mis en vers qui coulent.

O céleste génie, aimable octogénaire,
Philosophe sublime, ô grand homme, ô Voltaire!
Je vous avois toujours soupçonné pour un dieu :
Vous ne m'êtes plus un problême,
Puisqu'ainsi que l'Etre suprême,
Sans vous voir on vous mange & vous boit en ce lieu.

25 *Février* 1773. Madame de Montglas est la femme d'un président de la chambre des comptes de Montpellier, devenu chef du conseil de M. le comte d'Eu. Il faut qu'elle soit encore jolie, puisqu'elle a occasioné une rivalité assez grande entre M. le prince de Nassau & M. le comte d'Esterhasi, colonel de hussards, pour en être venu à se battre au sujet de cette Hélene. Le dernier ayant été blessé, & la cordialité ayant succédé à la fureur, les deux amoureux sont convenus de s'en rapporter au choix de leur maîtresse, se donnant respectivement parole d'honneur de s'y conformer & de s'éloigner sans murmurer. La dame s'est expliquée en faveur du prince de Nassau. Celui-ci est entré en pleine jouissance; mais ayant un jour trouvé madame de Montglas chez un peintre avec M. d'Esterhasi, il en est survenu une autre rixe, & le scandale a été si grand que le mari, informé des faits, a obtenu une lettre

de cachet pour faire enfermer sa femme dans un couvent, où elle vient d'être conduite.

26 Février 1774. Le sieur Wildman s'est transporté à la foire St. Germain, & y fait voir ses expériences annoncées, concernant les abeilles: expériences qui étonnent tout le monde. Il ajoute, à ce qu'on a dit, qu'il pourroit leur faire prendre 50 positions différentes, & chacune dans deux minutes. Il prétend être en état de faire les mêmes expériences avec tel essaim qu'on lui présentera, même avec des guêpes ou autres mouches des plus méchantes, & qu'il les apprivoisera en cinq minutes, sans qu'il y ait le moindre danger d'être piqué. La salle même est disposée de maniere que les insectes ne volent jamais du côté des spectateurs, ce qui doit enlever toute crainte à ceux qui en auroient.

Il fait voir aussi des ruches de son invention pour les appartements & les jardins, qui ont mérité l'approbation de MM. de l'académie des sciences de Londres & de Paris. Il explique enfin la maniere de conserver toute l'année ces insectes industrieux, d'ôter le miel sans perdre une seule mouche, & de retirer dans une année trois fois plus de miel & de cire que dans les ruches ordinaires.

28 Février 1774. *Sabinus* n'ayant point eu un succès décidé à la premiere représentation, les directeurs l'ont repaîtri encore une fois, & l'on a transporté sur-tout le ballet du cinquieme acte au quatrieme; ce qui prouve qu'il n'y a pas plus d'ensemble dans la salle que dans les autres parties. On a retranché aussi quelque chose dans le poëme, ce qui le rend moins ennuyeux, mais ne lui a pas procuré plus d'accueil auprès des connoisseurs.

1 *Mars* 1774. Les comédiens Italiens ont donné hier la premiere repréfentation de *la Rofiere de Salency*, comédie en un acte & en vers, mêlée d'ariettes, & fuivie d'un divertiffement qui a déja été jouée à Fontainebleau, où elle a eu peu de fuccès, quoique la mufique foit de Gretry. Les paroles font d'un colonel, du marquis de Pezai, que madame la dauphine protege. En conféquence cette princeffe a honoré de fa préfence le fpectacle, qui n'a pas eu un fuccès meilleur qu'à la cour.

1 *Mars*. On a fait les vers fuivants, fur madame Goezmann ; la chûte en eft affez heureufe; mais ils font du refte lâches, diffus & feulement comme hiftorique :

 Quand pour ouir fa deftinée,
 Aux pieds de l'augufte divan,
 Tremblante, interdite, étonnée,
 La tendre époufe de Goezmann
 Avec pompe fut amenée :
 D'un ton doux, civil & prudent,
 Monfieur le premier préfident,
 Fort expert en galanterie,
 Au nom de la docte Ecurie
 Lui fit ce joli compliment:
Calmez vos fens, raffurez-vous, Madame,
 Vous en êtes quitte à bon prix:
Vos juges par ma voix vous déclare infame.
 Soudain reprenant fes efprits:
 Quoi! ce n'eft que cette mifere!
 Reprend la dame aux quinze louis;

En vérité, dans cette affaire,
Soins superflus, Messieurs, vous avez pris.
N'étoit besoin de tout ce formulaire,
De ces grands mots ne disant rien,
Pour condamner à l'infamie
L'épouse d'un sujet de votre confrairie:
Avec lui ne suis-je pas, hélas! commune en bien?

3 *Mars* 1774. Le projet de la construction de la nouvelle ville sur le lac de Geneve, abandonné depuis la disgrace de M. le duc de Choiseul, reprend faveur & l'on s'en occupe: on ne croit pas seulement que ce lieu, appellé *Versoy*, prennent le nom de *Choiseul-la-ville*, comme il auroit fait, si ce ministre, qui le lui faisoit donner, fût resté en place.

4 *Mars* 1774. Les comédiens François ont remis depuis quelques jours sur leur théatre le *Venceslas*, tragédie de Rotrou. Cette piece, dont M. Marmontel s'étoit avisé de faire les corrections, changements, retranchements, &c. a été donnée dans son premier état & n'en a eu que plus de succès: il est vrai que le sieur le Kain l'a fait infiniment valoir par son jeu supérieur & au dessus de tous les éloges.

6 *Mars* 1774. M. de la Condamine n'a pas cru devoir satisfaire à l'usage dans la derniere maladie dont il est mort. Un confesseur s'étant présenté pour lui parler de Dieu, il l'a renvoyé comme n'ayant aucun besoin de ses secours: sa famille ayant voulu profiter d'un moment d'affaissement pour le faire administrer, il est revenu à lui & s'est refusé à cette cérémonie: enfin la machine étant absolument détraquée,

on a eu recours à un bon prêtre accommodant, qui, quoiqu'instruit des scenes précédentes, lui a donné son passe-port avec l'extrême-onction. Cet ecclésiastique trop officieux vient d'être interdit par M. l'archevêque.

7 *Mars* 1774. Le sieur Moreau, d'après le dernier projet arrêté par lettres-patentes enrégistrées au nouveau tribunal, comme architecte de la ville, a fait ses plans pour établir la nouvelle salle de comédie à l'hôtel de Condé. Il est allé dimanche 27 février les présenter au roi. S. M. ne les a pas agréés infiniment, elle s'est rappellée ceux que lui avoit présentés le sieur Liégeon, & a paru desirer que celui du carrefour de Bussi s'exécutât. En conséquence cet architecte est de nouveau entré en conférence avec les gentilshommes de la chambre.

D'ailleurs, le contrôleur-général commence à reconnoître que l'exécution dans la circonscription donnée coûteroit infiniment cher. Il y a pour 1,800,000 livres de maisons à acheter, indépendamment de l'hôtel de Condé, acheté trois millions par le roi, & dont il faudroit réserver au moins 600,000 & plus de terrain. En sorte que l'emplacement seul coûteroit presqu'autant que la totalité d'un des deux projets du sieur Liégeon.

Enfin les comédiens ouvrent les yeux & craignent qu'ils ne perdissent leur propriété, si le roi faisoit des avances aussi considérables pour eux. Il faut espérer que tant de considérations réunies, & une discussion amenée par l'expérience, engageront le ministere à se déterminer en faveur de l'un des deux projets du sieur Liégeon.

8 *Mars* 1774. Voici une plaisanterie à l'occasion de l'arrêt du nouveau tribunal contre le sieur de Beaumarchais : pour l'entendre il faut se rappeller qu'il se nomme Caron, & c'est sur ce mot qu'on joue : on s'adresse à ces messieurs :

> O vous qui lancez le tonnerre,
> Quand vous descendrez chez Pluton,
> Prenez votre chemin par terre,
> Vous seriez mal menés dans la barque à Caron !

9 *Mars* 1774. Le prince de Conti couvre le sieur de Beaumarchais de la protection la plus éclatante ; & malgré l'arrêt qui déclare ce particulier infame, il l'a fait souper l'autre jour chez lui avec 40 personnes très-qualifiées. Cette faveur qui ne se manifeste ouvertement que dans ce moment-ci, mais qu'on s'apperçoit être ancienne, les soupçons presque tournés en certitude que la *correspondance* & autres brochures de cette espece sortoient du temple, & se travailloient sous les auspices de S. A., une certaine identité de style, de tournure, de méchanceté & d'esprit, tout forme de fortes présomptions pour faire croire que ses ennemis ne l'ont point taxé vaguement d'avoir eu part aux écrits en question, & qu'ils avoient là-dessus de bons renseignements.

11 *Mars* 1774. M. *Commerson* étoit un docteur en médecine, médecin botaniste & naturaliste du roi : il avoit acquis de vastes connoissances en cette partie : il avoit été envoyé par ordre du roi aux terres Australes avec monsieur de Bougainville, pour y faire des observa-

tions sur les trois regnes de la nature, par-tout où cet officier devoit le conduire. Il est resté depuis à l'Isle-de-France, où il est mort. En partant, il avoit laissé à M. Vachier, médecin, son ami, un testament olographe, daté des 14 & 15 décembre 1766, qui a été ouvert & qui fait bruit par les dispositions originales, curieuses & bienfaisantes, qu'il contient. Il y est dit :

« Au cas où je viendrois à décéder dans une
» ville où il y eût des écoles de médecine ou
» de chirurgie, je destine mon cadavre à être
» porté au plus prochain amphithéatre d'anato-
» mie, pour y être disséqué pour l'instruction
» publique, priant M. le démonstrateur d'ana-
» tomie y préposé d'en faire un squelette ar-
» tificiel, qui puisse déposer perpétuellement
» au public du desir ardent que j'ai eu toute
» ma vie de lui être utile. »

Il y fonde à perpétuité un prix de morale pratique, qui sera appellé *Prix de vertu*, & qui consistera dans une médaille de 200 livres, portant pour légende : *Virtuti practica præmium*; laquelle sera délivrée tous les ans à quiconque aura fait la meilleure action connue dans l'ordre moral & politique. Il supplie le parlement d'être le protecteur & l'exécuteur de cette fondation, &c.

Il legue au cabinet des estampes du roi toutes ses collections botaniques, consistant en plus de 200 volumes in-folio, qui contiennent les herbiers & les recherches de plusieurs botanistes de nom, &c.

12 *Mars* 1774. Le wauxhall de la foire Saint-Germain continue à être fort à la mode cet

hiver. Le spectacle du sieur Jonas qui y donne publiquement des leçons d'escamotage, excite l'avidité de quantité d'enfants de famille perdus de débauche, & qui dans ce malheureux temps où le gros jeu est poussé à un point excessif, voudroient bien appendre le secret de réparer leurs pertes.

13 *Mars* 1774. Le sieur Durosoy, dont la vaste ambition littéraire semble vouloir suffire aux projets les plus vastes, a formé celui de rétablir le *Journal des Dames*, mort, déjà plusieurs fois. C'est madame la baronne de Prinzen qui en est le prête-nom. Il est dédié depuis sa résurrection à madame la dauphine, & le sieur Durosoy tient la plume.

14 *Mars* 1774. Un prêtre a été assez hardi pour oser déclamer en chaire contre le bref d'abolition des jésuites, & contre le pape qui l'a accordé à la prière du roi. C'est chez MM. des missions étrangeres, que cet excès a été commis le jour de saint François-Xavier, patron des missions. Le sieur Corion, prêchant le panégyrique de ce saint, s'emporta contre le souverain pontife au point de s'écrier, *Exoriare aliquis nostris ex ossibus ultor!* & de s'appuyer ainsi dans un discours chrétien d'un vers tiré de l'imprécation d'un poëte païen. On avoit d'abord dit que sur les plaintes de M. le nonce, ce furieux avoit été relégué dans une forteresse du Gevaudan; mais il paroît plus certain qu'il a été simplement enfermé à St. Lazare la veille de noël, & remis en liberté la veille du premier jour de l'an.

17 *Mars* 1774. On ne doute pas que ce ne soit un des deux candidats exclus par ordre du roi du

sein de l'académie Françoise, où ils devoient être admis, qui sera nommé à la place de M. de la Condamine, S. M. ayant levé son exclusion peu après, ainsi qu'on l'a dit dans le temps. On croit que ce sera l'abbé de Lille qui passera le premier, quoique le plus jeune, ayant plus de titres littéraires.

18 *Mars* 1774. L'église de Lyon est une des plus anciennes & la plus célèbre de toutes celles des Gaules. Outre la prérogative qu'elle a de compter le roi pour le premier de ses chanoines, elle se glorifie d'avoir élevé dans son sein plusieurs enfants de souverain, d'avoir donné à l'église trois papes, quatorze cardinaux, une foule de prélats ; enfin d'être composée de membres choisis parmi les noms les plus illustres. Elle est sur-tout recommandable par son attachement à ses rits, à ses cérémonies. Tandis que la lithurgie des autres chapitres a éprouvé tant de révolutions, & qu'il s'y est introduit tant de nouveaux usages dans le culte extérieur, celui-ci content dans sa discipline & dans sa lithurgie, retrace encore à nos yeux le modele peut-être unique de cette sainte simplicité, qui caractériseroit l'église naissante. Il est singuliérement attaché à l'usage du chant par cœur, au point d'avoir un séminaire commun, pour y former habituellement 80 ou 100 ecclésiastiques, qui composent les divers ordres de sa hiérarchie.

Ce chapitre, en outre, ne reconnoît point la jurisdiction de M. l'archevêque, & c'est vraisemblablement ce qui a produit les tentatives de ce prélat, qui veut en réformer la discipline, & sur-tout abolir l'usage du chant par cœur. Pour y parvenir, il a voulu changer deux fois le bréviaire en 12 ans; il a cherché à introduire aussi un nouveau missel, ce qui excite une guerre fort vive entre le chapitre de Lyon & M. de Montazet : il y a apparence qu'elle durera encore lors de la prochaine assemblée du clergé, & peut-être celle-ci terminera-t-elle ces disputes indécentes & puériles, dont les profanes rient.

19 *Mars* 1774. Mlle. Raucoux, qui excitoit une grande sensation dans ce pays-ci, n'en excite plus aucune. Elle a même été huée hier dans le rôle d'*Hermione*, qu'elle faisoit dans la tragédie d'*Andromaque*, donnée pour la clôture. En général, cette piece a été si mal jouée, qu'au sieur le Kain près, tous les autres acteurs ne s'écoutoient pas, & l'on causoit dans les loges comme dans un cercle, sans faire aucune attention à la scene.

Cette Dlle. Raucoux, dont les plus illustres personnages briguoient aussi les faveurs, & qu'on disoit inaccessible à tous les amants, est enfin entretenue publiquement par le marquis de Bievre, mousquetaire, qui lui a donné 40,000 livres, pour payer ses dettes, 6,000 livres de rentes viageres, & lui fournit en outre 1,500 livres par mois pour le courant de la maison. Ce mousquetaire est fort renommé pour les pointes : il est auteur du livre de la *Contestation*, & ne parle jamais qu'à double sens. On jugera de son genre par un de ses quolibets à sa maîtresse : celle-ci étoit à la chasse & vouloit tuer une corneille ; elle se trouva embarrassée dans des broussailles, & ne put suivre l'oiseau : « vous » comptiez prendre *Corneille*, lui dit son ingé- » nieux amant, mais vous avez pris *Racine*. »

Tome VII. G

22 *Mars* 1774. La comédie Italienne vient de perdre un jeune sujet en la personne de mademoiselle de la Buffiere, actrice à la pension. Elle n'annonçoit pas encore de grands talents, mais elle avoit de la voix, & auroit pu se former. Elle étoit jolie & entretenue d'abord par monsieur le duc de Fronsac, qui l'avoit fait recevoir, puis par monsieur de Saint-Foix, dont elle étoit grosse.

23 *Mars* 1774. Il court une *Epître à Ninon de Lenclos*, qui est certainement de monsieur de Voltaire : quoiqu'on y reconnût aisément sa touche, on ne pouvoit la croire de lui, à raison de son portrait qui s'y trouve, agréablement fait, mais on ne peut plus flatté. Qui se seroit persuadé qu'il eût pu se louer aussi impudiquement lui-même ? Cependant il n'est plus permis d'en douter, depuis qu'il en a fait l'aveu à madame d'Argental, dans une lettre où il convient de sa foiblesse, qu'il prie de pardonner à un vieillard. Au reste, elle est intitulée par monsieur le comte *de Schowalow*, chambellan de l'impératrice des Russies, & cela devient nécessaire, relativement à ce qu'on lui fait dire. Cette idée très-bizarre amene des choses peu neuves, mais rapprochées d'une façon intéressante. Différents traits historiques enrichissent cette production, pleine de poésie, de graces & de philosophie satirique : en sorte qu'elle est extrêmement courue, comme tout ce qui sort de la plume de cet auteur célebre.

24 *Mars* 1774. *Lettre d'un Ecclésiastique de Province, sur le prétendu rétablissement des jésuites dans Paris, 20 mars 1774*. Dans ce pamphlet, attribué à monsieur de Voltaire, & marqué au coin de sa touche satirique, l'auteur semble avoir eu moins en vue de raisonner que

de plaifanter. Après avoir parlé affez férieufement fur le premier objet, il tombe fur tous les moines en général, & donne l'effor à fa bile. Au refte, tout en riant il releve des abus fenfibles & fournit des avis judicieux au miniftere. Ce petit écrit fe fait lire avec beaucoup d'intérêt & de plaifir: on y voudroit feulement plus de faits, & plus de développement du prétendu projet de réintégrer les jéfuites.

14 *Mars* 1774. C'eft le marquis du Rollet, qui a amené de Vienne en France le Sr. Gluck, & qui a fait la coupe de la tragédie de Racine d'une maniere propre à être mife en mufique. On commence à fuivre les répétitions de cet opéra d'*Iphigénie* avec une fureur, préfage de celle qu'on aura à courir aux repréfentations. Cet étranger au furplus eft enchanté de nos acteurs & fur-tout de notre orcheftre, qui exécute fon ouvrage avec la plus grande précifion.

Le Sr. Gluck eft un Allemand, éleve de l'école de Naples, d'où font fortis les grands muficiens de l'Italie, les Pergoleze, les Orlandini. Il débuta à Rome, il y a environ 18 ans, par deux opéra très-accueillis du peuple de cette ville, dont l'oreille fuperbe eft réputée la plus délicate, la plus fine de ces contrées. On adopte fans examen fur les autres théatres toute mufique honorée des fuffrages de cette nation. Le fieur Gluck a paffé depuis à Vienne, d'où il arrive.

15 *Mars* 1774. Verfoy eft fitué à peu près au centre du lac de Geneve, bordé d'une part par la Suiffe, & de l'autre par la Savoie. Geneve eft à l'embouchure d'où découle le Rhône, mais qui n'eft navigable qu'à plufieurs lieues de là, à l'endroit qu'on appelle Seyffel. Il eft queftion de

former par l'intérieur des terres un canal qui conduiroit de Verfoy à Seyffel. Par ce moyen nous nous rendrions maîtres de toute la navigation du lac, & ouvririons une communication par le Rhône avec les deux mers. Il eft fâcheux que M. Laurent foit mort, car le canal en queftion souffriroit des difficultés auffi confidérables que celui de Picardie.

25 *Mars* 1774. L'abbé de Lille a paffé le premier, ainfi qu'on l'avoit annoncé ; il a été élu à la place vacante à l'académie Françoife.

26 *Mars* 1774. Dans le quatrieme mémoire du fieur de Beaumarchais, on lit le portrait fuivant du fieur Marin, dont il décrit l'enfance, pendant laquelle il étoit gagifte à la Ciotat en Provence, & touchoit de l'orgue. « Il quitte la
» jaquette & les galoches, & ne fait qu'un faut
» de l'orgue au préceptorat, à la cenfure, au
» fecretariat ; enfin à la gazette ; & voilà mon
» Marin les bras retrouffés jufques au coude, &
» pêchant le mal en eau trouble. Il en dit hautement
» tant qu'il veut, il en fait fourdement
» tant qu'il peut : il arrête d'un côté les réputations
» qu'il déchire de l'autre. Cenfure, gazettes
» étrangeres, nouvelles à la main, à la
» bouche, à la preffe, journaux, petites feuilles,
» lettres courantes, fabriquées, fuppofées,
» diftribuées, &c. tout eft à fon ufage : écrivain
» éloquent, cenfeur habile, gazetier
» véridique, journalier de pamphlets ; s'il marche,
» il rampe comme un ferpent, s'il s'éleve,
» il tombe comme un crapaud : enfin fe traînant,
» graviffant, & par fauts & par bonds, toujours
» le ventre à terre, il a tant fait par fes
» journées, que nous avons vu de nos jours le

» corfaire allant à Verfailles, tiré à quatre che-
» vaux fur la route, portant pour armoiries aux
» panneaux de fon carroffe, dans un cartel en
» forme de buffet d'orgues, une renommée en
» champ de gueule, les ailes coupées, la tête
» en bas, raclant de la trompette marine, &
» pour fupport une figure dégoûtée, repréfen-
» tant l'Europe; le tout embraffé d'une foura-
» nelle doublée de gazettes, & furmonté d'un
» bonnet quarré, avec cette légende à la houpe:
» *Ques-à co, Marin?* »

Ce dicton provençal, qui veut dire qu'eft-ce
que cela? a plu fi fort à madame la dauphine,
lorfqu'elle a lu ce mémoire, qu'elle l'a adopté,
le répete fouvent, & qu'il eft devenu un quolibet
de cour. Une marchande de modes a imaginé
de profiter de la circonftance; elle a inventé une
coëffure, qu'elle a appelé un *quefaco* : c'eft une
panache en plume, que les jeunes femmes, les
élégantes portent fur le derriere de la tête, &
qui ayant été goûtée par les princeffes & fur-tout
par madame la comteffe Dubarri, acquiert une
faveur finguliere, & perpétue l'opprobre du Marin
baffoué jufqu'aux toilettes.

27 *Mars* 1774. Le bruit que commence à
faire M. le baron de Pirch, excite la curiofité
publique fur fon compte, & fur-tout celle des
militaires, qui en raifonnent fuivant leurs affections particulieres. Voici ce qu'en raconte un de
fes amis. Il prétend que dès fa plus tendre enfance ce gentilhomme a été attaché au roi de
Pruffe en qualité de page; qu'il a fuivi ce monarque dans toutes fes campagnes, & a faifi la
tactique de ce prince, que des folides réflexions

ont encore perfectionnée dans cette jeune tête. Qu'il étoit capitaine, lorsque son attachement trop grand au prince *Henri* avoit déplu au monarque, qui par punition l'avoit fait retrograder, & l'avoit envoyé caporal à Magdebourg. Que ce jeune officier, craignant les suites de cette espece de jalousie, avoit pris le parti violent de contrefaire le malade, de se faire saigner vingt-deux fois, & dans cet état de demander à sa majesté un congé pour aller aux eaux de Spa; que l'ayant obtenu, il en avoit profité pour remplir son projet de désertion, & venir chercher du service en France, où il espéroit faire valoir ses talents.

29 Mars 1774. Mademoiselle Jude étoit une danseuse surnuméraire de l'opéra, qui, à la faveur de ce titre, à l'abri des persécutions de ses parents, & des recherches de la police, se livroit au métier de courtisanne avec tant d'ardeur, d'intelligence & d'économie, que, quoique très-jeune encore, elle avoit déja des rentes, de l'argent comptant & un mobilier fort honnête. Malheureusement les suites du libertinage viennent de la conduire au tombeau. Durant sa maladie douloureuse, M. le curé de St. Eustache, averti du danger, a envoyé un prêtre de sa paroisse pour pourvoir au salut de l'ame de cette actrice. Celui-ci n'ayant pas été bien accueilli, le pasteur s'y est transporté lui-même, & sa charité insinuante lui a fait trouver l'accès qu'il desiroit. Il s'est si adroitement conduit auprès de la malade, qu'il l'a ramenée vers Dieu, & qu'elle vouloit lui donner tout son bien pour les pauvres de sa paroisse. Mais ce digne curé lui a représenté qu'elle avoit des parents mal à l'aise & dans le besoin, qu'il falloit secourir d'abord : il n'a accepté qu'une légere somme pour le premier objet. Ce trait cité avec éloge dans les coulisses & dans les foyers, fait infiniment d'honneur au zele éclairé & judicieux de M. de St. Eustache.

30 *Mars* 1774. La translation de l'Hôtel-Dieu, vient de donner lieu à un projet pour l'embellissement de la ville. Ce seroit de combler le bras de la riviere de Seine dans la partie du Pont-Neuf, du côté de la rue Dauphine, jusqu'au lieu connu sous le nom de *terrein* ; de sorte que l'on réuniroit l'isle du Palais, & celle de Notre Dame au continent, & l'on formeroit un espace considérable propre aux édifices publics, & si l'on vouloit même à une promenade pour l'intérieur de Paris, où il en manque. On assure que la suppression de ce canal n'occasionneroit aucun inconvénient sur l'abondance d'eau, qui prendroit son cours par l'autre : celui-ci seroit en conséquence plus rempli en tout temps & plus utile pour son objet. On se rappelle même que M. de Parcieu avoit proposé quelque chose de semblable, quant au desséchement du bras, relativement aux inconvénients des glaces dans l'hiver. Au surplus, le projet en question, très détaillé, offre des avantages qu'il faudra bien balancer avec les désavantages, avant que de s'y livrer.

31 *Mars* 1774. M. Marin étant entré ces jours derniers à la foire dans une boutique voisine d'une loge, où un marchand d'animaux rares & étrangers a des crieurs pour avertir le public ; un malin qui avoit vu le gazetier de France, donna un écu à l'aboyeur pour qu'il dît

c'est ici que l'on voit le monstre marin, cet animal sans pareil, né à la Ciotat. Les clameurs furent telles & attirerent tant de monde, que monsieur Marin étant venu à sortir, s'arrêta pour voir ce que c'étoit, & ne perdit pas un mot de l'annonce, dont il sentit aisément la méchanceté. Il fait arrêter l'homme, le fait conduire au corps-de-garde ; mais par l'ingénuité de la narration & de ses réponses, il fut aisé de juger qu'il étoit dupe de son avidité à gagner un écu. Il désigna le quidam, qui s'étoit enfui, comme on l'imagine aisément : en sorte que l'humanité de M. Marin ne lui permit pas de faire châtier autrement cet aboyeur.

2 *Avril* 1774. Une caricature sur M. de Voltaire attiroit depuis quelque temps l'indignation de son parti : elle avoit été faite relativement au projet de lui ériger une statue. On l'y représentoit sur un piédestal : la Religion paroît au dessus de lui dans une gloire, la foudre lui brise l'avant-bras droit ; il se détache, une plume est encore dans sa main : la Sottise, à la tête des philosophes, semble consternée de cet événement, & recueillir avec avidité ce triste attribut de l'écrivain. Un cadavre renversé est au bas, une harpe à côté de lui ; allégorie froide & puérile, qui sembleroit désigner M. de la Harpe. De l'autre côté est le parti des dévots, des prêtres, des jésuites, des jansénistes, qui triomphent ensemble d'une telle vengeance. Au bas du piédestal, sont les ouvrages les plus impies de cet auteur, que dévorent les flammes. Cette estampe est intitulée : *la Vengeance divine*.

L'autre gravure, plus simple, plus sagement composée, est le pendant de celle-là, & a été faite pour le venger ; elle a pour titre : *la Vengeance humaine*. M. de Voltaire est dans la même attitude que la précédente, mais c'est l'Imagination qui tient lieu de la Religion, & au lieu de le foudroyer, elle lui présente le flambeau du génie. Au bas & comme plongées dans la fange, se montrent deux figures emblématiques, que leurs attributs font reconnoître pour la Sottise & l'Envie, qui insultent, chacune à leur maniere, la gloire dont il jouit. Dans les deux, la figure est peu ressemblante.

3 *Avril* 1774. Les partisans de madame la comtesse Dubarri lui ont fait entendre qu'elle ne pouvoit mieux s'illustrer que par une protection éclatante envers les arts : ils l'ont excitée à se piquer de rivalité à cet égard envers madame la dauphine ; & comme cette princesse protege hautement le sieur Gluck & a favorisé son arrivée en France, ils l'ont engagée à opposer un émule à ce dernier en la personne du sieur Piccini, qu'elle fait venir d'Italie. On connoît déja un opéra comique de cet auteur, intitulé : *la Buona Figliola*, qui a eu beaucoup de succès à Paris.

4 *Avril* 1774. Le sieur Dorat, qui veut lutter de fécondité avec M. de Voltaire, a fait repondre *Ninon*; du moins on attribue à ce poëte une épître, qui paroît au nom de la courtisanne. Il y a de jolies choses, mais baucoup de longueurs.

4 *Avril* 1774. On s'imaginoit que M. l'abbé de Beauvais ayant réussi au-delà de ses espérances dans la station de l'année derniere à Versailles, puisqu'elle l'a conduit à être évêque de Senez, deviendroit courtisan. Depuis qu'il est parvenu

à cette dignité, il a bien trompé ceux qui l'avoient ainsi jugé : il a prêché le jeudi-saint pour la cene, devant le roi, un sermon extraordinaire, & il a tonné avec une éloquence toujours foudroyante ; il a dit des vérités que le lieu seul pouvoit autoriser & faire passer. On parle beaucoup de ce discours.

4 Avril 1774. Un spectacle curieux a réjoui les amateurs à Longchamp, & indigné les gens austeres. On avoit vu précédemment la Dlle. *Du Thé* briller dans un pompeux équipage à six chevaux : Mlle. *Cléophile* s'est piquée d'émulation, & s'y est rendue le vendredi-saint de la même maniere pour faire assaut de magnificence avec sa rivale. On est resté indécis, non sur la figure, mais sur le luxe & la richesse des habillements, des diamants, du cortege, sur la beauté des chevaux, l'élégance des voitures, &c.

Mlle. *Cléophile*, quoique beaucoup plus jeune, n'a qu'un minois de fantaisie, & ne peut lutter avec l'autre beauté réguliere, mais fade. La premiere appartient aujourd'hui au comte d'*Aranda*, qui lui donne, dit-on, trois cents louis de fixe par mois : ce qui la met dans le cas de représenter convenablement à cette dignité. C'est une petite fille qui sort de chez Audinot, & est aujourd'hui danseuse en double à l'opéra.

4 Avril. Par le calcul fait de ce que coûte l'hôtel de Condé, acheté par le roi 3,000,000 livres, de ce que coûteront les maisons qu'on veut acheter pour augmenter l'emplacement de la nouvelle comédie, de ce que coûtera l'édifice & l'intérieur de la salle, &c.; il est prouvé que le tout reviendra à 7,500,000 livres ; tandis que marchés & soumissions faits avec tous les entrepreneurs d'ouvrages, & contrats de vente arrêtés avec les divers propriétaires des terreins, la falle à conftruire aux jeux de boule de Mamus, les clefs à la main, au bout des 3 ans convenus, ne coûteroit que 2,100,000 livres. On ne conçoit pas comment on a préféré le premier projet, dont il réfulte d'ailleurs des inconvénients pour le local, dont on a déja parlé plufieurs fois; tout cela s'explique cependant, en fongeant que le bien public eft toujours facrifié ici aux intrigues particulieres.

5 Avril 1774. Le fieur Pelerin eft un vieux amateur de médailles, qui en a une collection des plus rares & des plus completes. L'impératrice de Ruffie, inftruite de ce cabinet par fes émiffaires qu'elle a en quête de toutes les belles chofes, a fait offrir à cet antiquaire 500,000 livres de fon cabinet, en en conservant la jouiffance jufqu'à fa mort. On affure que monfieur Pelerin, peu touché de ces offres, s'eft refufé à vendre fon cabinet.

5 Avril. Depuis quelques jours on a recommencé les expériences des fanaux du fieur Bourgeois de Château-Blanc ; on en a allumé un nouveau fur le Mont-Calvaire, auquel il a donné une perfection qui paroît ne plus laiffer rien à defirer pour remplir fon objet. On l'apperçoit à huit lieues, & il en réfulte un foyer de lumiere très confidérable. Il ne faut pas confondre ce nouveau phare avec ceux qui ont été expofés fur l'obfervatoire & fur Montmartre. Celui-ci réunit plufieurs avantages que les autres n'ont pas, & porte à une étendue beaucoup plus confidérable.

6 Avril 1774. La *Réponfe de Ninon* à M. de

Schowalow, de M. Dorat, n'est point indigne de faire le pendant de l'épître de M. de Voltaire : à quelques longueurs près, & en supprimant des tournures, des pensées d'un persiflage trop puérile, c'est une pièce charmante, pleine de graces & de philosophie. On y trouve des images piquantes & vraies, des portraits de la vieille cour frappés de main de maître; c'est une des meilleures choses qu'ait fait l'auteur.

6 Avril 1774. On commence à indiquer par des affiches la vente de la bibliotheque de feu M. Flomel, qui ne commencera pourtant qu'au deux mai prochain. Ce savant, mort depuis quelques mois avocat au parlement, censeur royal, ancien secretaire d'état de la principauté de monsieur, & ancien premier commis des affaires étrangeres, étoit membre de 24 académies d'Italie. Il avoit un cabinet qu'il avoit formé lui même, & qu'il augmentoit tous les jours depuis 1723. Il étoit composé de plus de 15,000 volumes Italiens : il se faisoit un plaisir de l'ouvrir à tous les amateurs de cette littérature. On commence à distribuer le catalogue en deux volumes in-8°. Ce livre deviendra très-précieux comme une nomenclature générale de tous les livres écrits en la langue qu'il possédoit si bien, & qu'il avoit enrichis de notes de sa main, utiles & précieuses à coup sûr.

10 Avril. On ne peut exprimer la quantité d'amateurs qui s'étoit rendue hier à la répétition générale de l'*Iphigénie* du Sr. Gluck. Il y avoit plus du monde qu'à la premiere représentation d'un ouvrage très-attendu. C'est décidément mardi que celle de l'opéra en question aura lieu. Il est réduit en trois actes. On attend ce jour-là avec la plus grande impatience. On ne doute pas qu'il ne fasse époque dans notre musique. Celui-ci, au gré de tous les connoisseurs, est remarquable par une grande expression; l'auteur donne à chaque passion son langage & son accent. Il est si pénétré lui-même de son ouvrage, qu'il ne voit, n'entend rien sur la scene que ses personnages, qu'il s'agite & se démene avec des accès, indices certains du démon dont il est obsédé. Au surplus, l'exécution a été admirable, & les acteurs emportés eux-mêmes par le génie du musicien, jouent merveilleusement bien, même le Sr. le Gros, qui jusqu'ici n'avoit jamais été acteur.

11 *Avril* 1774. On sait de quelle protection éclatante madame la comtesse Dubarri couvre le Sr. Dauberval. On a excité les regrets de cette dame sur la perte d'un tel danseur, abymé de dettes & obligé de passer en Russie, pour remettre ordre à ses affaires, & profiter de la fortune considérable que lui fait promettre la souveraine de ces contrées éloignées. En effet la comtesse s'est mis en tête de ne point perdre un tel sujet : elle a fait calculer la somme dont il avoit besoin pour faire face à ses affaires : on a trouvé qu'elle se montoit à 50,000 livres. En conséquence elle a fait dresser un autre état de cotisation de la cour; elle a fait elle-même la quête proportionnément aux facultés de chacun : on ne pouvoit donner moins de cinq louis : mais elle en exigeoit quelquefois dix, quinze, vingt, vingt-cinq, &c. Au moyen de cette tournure, la somme a été bientôt complete, & les regrets des amateurs commencent à se calmer.

11 *Avril* 1774. M. de Pezay est un auteur dans le genre de M. Dorat, son ami, & qui en cette qualité a cru avoir son talent, & s'est efforcé de le singer. Quoiqu'il ait fait de jolies choses, il n'en approche pas; il n'a ni chaleur ni nerf. Ce bel esprit petit-maître, d'une naissance ordinaire, a en outre des prétentions à la qualité, & porte des talons rouges : il se fait appeler marquis, & se donne les airs d'un homme de distinction. Il est rare dans ce pays-ci que le ridicule reste impuni; on a fait à cette occasion l'épigramme suivante sur M. de Pezay.

Ce jeune homme a beaucoup acquis,

Beaucoup acquis, je vous assure,

En deux ans, malgré la nature,

Il s'est fait poëte & marquis.

14 *Avril* 1774. Une ordonnance du roi du 5 de ce mois, affichée à toutes les portes de l'opéra & dans l'intérieur de ce spectacle, afflige fort les amateurs & les paillards. On entroit ci-devant librement aux foyers des actrices avant & pendant les représentations; on les voyoit s'habiller, on jouissoit de tout le coup d'œil séduisant que pouvoit présenter leur toilette, & les gens propres à l'impromptu y pouvoient faire des coups fourrés très-agréables. Cette communication devient interdite aujourd'hui. Il est défendu aux directeurs de laisser subsister un usage aussi contraire au bon ordre du service qu'à la décence & aux mœurs, & ces demoiselles seront désormais obligées de réserver le spectacle de leurs charmes secrets pour le tête-à-tête de leurs amants. Les prôneurs du mi-

niſtere font valoir ce réglement comme une preuve qu'il s'occupe de tout ce qui peut contribuer à une adminiſtration ſage & à maintenir la vertu.

14 *Avril* 1774. On parle beaucoup d'un nouveau livre intitulé : *Eléments de la Politique*, ou *Recherche des vrais Principes de l'Economie ſociale*. On attribue ce livre, en ſix volumes in-8°., à l'abbé Raynal, l'auteur de *l'Hiſtoire Philoſophique & Politique des deux Indes*.

15 *Avril* 1774. Comme le docteur Commerſon, dont on a vu le teſtament, avoit le génie un peu romaneſque, ainſi qu'on l'en a jugé, il ſe trouve dans ſa vie des traits qui y ſont fort analogues. *Jeanne de Baret*, dite de Bonne-foi ſa gouvernante, dont il parle avec affection, en fournit un qui mérite d'être rapporté. Ce médecin, en partant, l'avoit laiſſée à Paris, où elle devoit attendre ſon retour. Celle-ci, fort attachée à ſon maître, & qui connoiſſoit mieux ſon lit que ſa cuiſine, prend le parti de ſe déguiſer en homme, de ſe rendre à Rochefort où il devoit s'embarquer avec monſieur de Bougainville, de s'y préſenter comme matelot volontaire, de ſe faire recevoir ſur le même bâtiment & de partir avec lui, à ſon inſu : bien plus, craignant à chaque inſtant qu'il ne l'enviſageât, elle ſe barbouilloit de goudron le mieux qu'elle pouvoit ; elle évitoit ſa préſence & avoit eu le courage de reſter ainſi avec lui pluſieurs mois ſans ſe faire reconnoître ; enfin débarquée, & n'ayant plus à craindre d'être renvoyée, elle s'eſt montrée au docteur, qui n'a pu qu'être enchanté d'une telle marque de fidélité & d'attachement.

16 *Avril* 1774. M. l'abbé de la Ville, sacré évêque dimanche, est mort le jeudi suivant. Sa perte devient nulle relativement aux affaires étrangeres, dont il est retiré; car il est décidé aujourd'hui que la place de directeur-général des affaires étrangeres qu'on avoit créée pour lui, n'étoit qu'un vain titre, dont on avoit décoré sa vanité, afin de l'éconduire plus agréablement. Quoique ce ne fût pas un génie, *il avoit fait son chemin*, comme l'observe M. de Voltaire, *par beaucoup de circonspection*. Sa mort laisse une place vacante à l'académie Françoise dont il étoit, on ne sait trop pourquoi. Il succombe aux suites de plusieurs attaques d'apoplexie, qu'il avoit eues successivement, & le fruit d'une grande intempérance. Sa table étoit renommée dans Versailles, comme très-délicate. Il laisse une riche dépouille en pensions & en bénéfices.

17 *Avril.* Le sermon de M. l'abbé de Beauvais, le nouvel évêque de Senez, prêché le jeudi-saint, a fait la plus forte impression. Il rouloit sur une opposition entre la vie oisive & inutile des riches, & la vie active & utile des pauvres. L'orateur entroit à cette occasion dans une peinture pathétique des miseres du peuple, & par un tour oratoire annonçoit pouvoir la faire mieux que personne, puisque lui-même, sortoit de cette classe. Il rappelloit au roi l'époque de sa maladie de Metz, circonstance la plus glorieuse de sa vie, puisque c'est celle où l'amour de son peuple pour sa personne sacrée s'est manifesté à son plus haut degré. Il ne lui a pas dissimulé que cet amour s'affoiblissoit que le peuple accablé de subsides ne pouvoit

plus que gémir sur ses propres maux : il a fait sentir au monarque que, quoique sur le trône, il avoit des amis sans doute, & étoit digne d'en avoir; mais que son meilleur ami devoit être son peuple : enfin il l'a exhorté à ne point s'en fier aveuglément pour l'administration de son royaume aux conseils de ses ministres, trop souvent intéressés à le tromper, mais à ne s'en rapporter qu'à lui-même, à son cœur, à l'expérience d'un regne de plus d'un demi-siecle.

Le roi n'a point été mécontent de cette hardiesse évangélique, il a très-bien accueilli le prédicateur, & lui a rappellé l'engagement qu'il avoit pris de prêcher devant S. M. le carême de 1776; qu'il le sommoit de remplir, a ajouté S. M. en riant, quoiqu'évêque.

Ce prélat, fils d'un chapelier, & neveu, comme on a dit, du garde des archives du clergé, s'acquiert la plus grande considération, en remplissant ainsi son ministere avec le zele intrépide de nos premiers apôtres. En général, il est vu de mauvais œil de nos évêques, qui prétendent qu'on ne doit agréger à leur corps que des gens de qualité. C'est l'archevêque de Paris, l'évêque de Noyon & l'évêque de Beauvais, qui ont porté fortement cet abbé & ont forcé la main à l'archevêque de Rheims, aussi imbu des mêmes préjugés. Ils ont été obligés d'employer l'autorité de la famille royale.

19 *Avril* 1774. Tout se dispose aujourd'hui pour la premiere représentation de l'opéra d'*Iphigénie*, ce qui attire un monde prodigieux, sur-tout depuis la certitude où l'on est que madame la dauphine doit y venir. Dès onze heu-

res du matin les grilles de diſtribution ont été aſſiégées, & il a fallu multiplier de beaucoup la garde, pour contenir la foule & empêcher le déſordre.

Dans un avertiſſement qui eſt à la tête des paroles, le bailli du Rollet annonce qu'on ſera ſans doute étonné qu'en tranſportant à notre théatre lyrique, l'un des chef-d'œuvres immortels de Racine, on n'en ait pas emprunté un plus grand nombre de beautés, & ſur-tout qu'en conſervant quelques-unes des penſées & des images de ce grand poëte, on ſe ſoit ſervi d'autres expreſſions que les ſiennes : mais on lui en a fait une loi ; il a fallu s'y ſoumettre, ou renoncer à faire connoître en France un genre de muſique nouveau, & qu'on n'y avoit point encore entendu.

Ce poëme lyrique eſt fort long, il y a beaucoup de récitatif, & l'on eſt fâché que le poëte, en tranſportant cette tragédie au théatre lyrique, n'en ait pas changé le dénouement, & profité de la magie de ce ſpectacle pour amener plus d'action & de machines dans cette partie. Il a ſupprimé entiérement le rôle d'Eryphile.

21 *Avril* 1774. Le ſpectacle hier a été auſſi brillant qu'il eſt poſſible de le voir. M. le dauphin, madame la dauphine, monſieur le comte & madame la comteſſe de Provence, ſont arrivés à 5 heures & demie : madame la ducheſſe de Chartres, madame la ducheſſe de Bourbon, madame la princeſſe de Lamballe étoient déja en place : les princes, les miniſtres, toute la cour s'y étoient rendus, & cette époque a paru mériter l'attention générale.

Le chevalier Gluck n'a pas eu un ſuccès auſſi

complet que ses partisans l'avoient annoncé. On peut même attribuer en grande partie les applaudissements qui lui ont été prodigués, à l'envie du public de plaire à madame la dauphine. Cette princesse sembloit avoir fait cabale & ne cessoit de battre des mains ; ce qui obligeoit madame la comtesse de Provence, les princes & toutes les loges d'en faire autant. En convenant qu'il y a de belles choses dans l'opéra d'*Iphigénie*, des morceaux sublimes, on trouve qu'il y en a de très-médiocres, & d'autres très-plates. Les airs de ballet sont absolument négligés, & l'on sait que cette partie est essentielle à Paris. Les décorations sont pitoyables ; en un mot, tout l'accessoire est manqué.

22 *Avril* 1774. Un particulier de Lyon venu en cette capitale pour y déployer son talent singulier, fait grand bruit, & excite la curiosité des amateurs : on dit qu'il a l'art de déclamer ou de lire une piece de théatre entiere, en variant tellement ses inflexions de voix qu'il fait illusion & qu'on croit l'entendre jouer par autant d'acteurs différents. C'est à qui aura à souper ce provincial, qui en outre exige un auditoire très-nombreux : il se nomme *Texier*.

23 *Avril* 1773. L'affluence n'a pas été moins grande le vendredi pour *Iphigénie*, & les billets de parterre & autres deviennent une affaire de spéculation ; des particuliers en accaparent & les revendent six, douze, quinze francs, &c. ; il a fallu des gardes à l'entrée du parterre, pour contenir la multitude, & empêcher qu'on n'y fût écrasé. Au reste, l'opéra a paru prendre beaucoup mieux. L'oreille, non encore faite à ce genre de déclamation chantée, commence à

s'y habituer & à en sentir les beautés. Ce qui fait un éloge incontestable du musicien, c'est que, quoique les scenes soient quelquefois très-longues, on ne s'ennuie point au récitatif, parce que l'ame y est toujours émue des passions qui tourmentent les acteurs ; & au rebours des autres opéra du même genre, ce sont les danses & les divertissements qui en deviennent la partie fatigante, parce qu'ils sont très-négligés, qu'ils n'ont aucun caractere relatif à l'action, & qu'ils n'expriment rien. Une autre innovation, qui n'est peut-être pas ce qu'il y a de mieux, c'est le silence de l'orchestre entre les actes. Ce qui n'avoit pas eu lieu jusques-là, & laisseroit l'auditeur se refroidir s'il n'étoit fortement ému par ce qui a précédé.

24 *Avril* 1774. Vendredi on a demandé l'auteur à l'opéra avec une constance qui a duré près d'un demi-quart d'heure. Heureusement on est venu avertir qu'il étoit malade & dans son lit.

M. Rousseau de Geneve s'est réconcilié avec les directeurs de l'opéra, par l'entremise du chevalier Gluck. Celui-ci leur a fait sentir leurs torts vis-à-vis de ce grand homme ; il lui a fait rendre justice sur divers sujets d'intérèt. Il a assisté aux deux représentations d'*Iphigénie*, & convient qu'il est obligé de se dédire, qu'on peut faire de bonne musique étrangere sur des paroles Françoises. Celle-ci n'est point une musique Italienne, mais une musique Allemande, c'est-à-dire, de l'école dominante. Il n'y a dans tout l'opéra aucune cadence, aucun fredon, &c.

25 *Avril* 1774. Le public est affligé d'une perte qu'on a fait faire à l'opéra, c'est-à-dire,

du renvoi de Mlle. Allard, que les directeurs ont jugé à propos de congédier, quoiqu'elle continuât de plaire & à ne paroître qu'avec les plus grands applaudissements. Ils ont prétendu qu'elle étoit devenue trop épaisse & que d'ailleurs elle faisoit continuellement des enfants, qui la rendoient impropre au service pendant plusieurs mois. Ce dernier motif intéresse toutes les demoiselles de ce spectable, elles ne veulent point qu'on leur interdise une liberté qui tient à leurs plaisirs & plus encore à leur fortune : elles ont fait cabale, & il y a une grande fermentation, qui est heureusement appaisée.

16 Avril 1774. Le pouff au sentiment est une coëffure qui a succédé au *quesaco*, & qui lui est infiniment supérieure par la multitude de choses qui entrent dans sa composition, & par le génie qu'elle exige pour la varier avec art. On l'appelle *pouff*, à raison de la confusion d'objets qu'elle peut contenir, & *au sentiment*, parce qu'ils doivent être relatifs à ce qu'on aime le plus. La description de celui de madame la duchesse de Chartres rendra plus sensible cette définition, fort compliquée. Dans celui de S. A. S., au fond est une femme assise sur un fauteuil & tenant un nourrisson : ce qui désigne M. le duc de Valois & sa nourrisse. A la droite est un perroquet becquétant une cerise, oiseau précieux à la princesse. A gauche est un petit negre, image de celui qu'elle aime beaucoup. Le surplus est garni de touffes de cheveux de M. le duc de Chartres, son mari, de M. le duc de Penthievre, son pere, de M. le duc d'Orléans, son beau-pere, &c. Toutes les femmes veulent avoir un pouff & en raffolent.

28 *Avril* 1774. La singuliere & ridicule contestation mue entre l'archevêque de Lyon d'une part, & le chapitre de l'autre part, à l'occasion de l'impression du nouveau bréviaire, ne finit pas, & continue à bouleverser cette ville. Le prélat répand aujourd'hui un gros factum sous le titre de *mémoire pour le Syndic du diocese de Lyon contre les Doyens, Chanoines & Chapitre de l'Eglise, Comtes de Lyon*, &c. où il établit en bref que la cause du chapitre est également incontestable & dans le fonds & dans la forme, & que tout ce que contient son mémoire en maximes, en faits & en imputations, est ou contradictoire, ou faux, ou dénaturé.

30 *Avril* 1774. Extrait d'une lettre de Londres, du 15 Avril. Le soi-disant *chevalier de la Morande*, auteur, du *Gazetier Cuirassé*, a pour véritable nom *Thevenot* : il est fils d'un honnête praticien d'Arnay-le-Duc en Bourgogne, qu'il a fait mourir de chagrin. L'argent que lui a valu son infame brochure, lui a fait former le projet de vivre de libelles. Du fond de son repaire il a en effet menacé plusieurs personnes opulentes à Paris d'imprimer des anecdotes secretes & scandaleuses sur leur compte, si elles ne subissoient pas la rançon qu'il leur imposoit: ce qui lui a réussi à l'égard de plusieurs.

Son second libelle a été contre le comte de Lauraguais, qui l'avoit traité de gredin dans un *Factum*, intitulé : *Mémoire pour moi & par moi*, lors de son procès contre son secretaire, &c. Morande n'a point publié ce libelle contre le comte, qu'il désignoit sous le nom de *Bras cassé* [Brancas] , parce qu'ayant eu la mal-adresse, pour en préparer la vente, de répandre des vers calomnieux dans un des papiers publics de cette capitale , le comte lui intenta un procès qui eût dû écraser l'insecte venimeux. Il s'est contenté d'obliger ce *scribler* à brûler toute l'édition de son libelle , & l'a fait signer dans toutes les gazettes Angloises , qu'il se reconnoissoit lui, Morande, pour un imposteur. Il a répandu le prospectus d'un ouvrage en 4 volumes qu'il va publier, sous le titre de *Mémoires Secrets d'une femme Publique* , &c. avec des gravures. C'est une compilation infernale. Le *Gazetier Cuirassé* est à l'eau rose , en comparaison de ce nouveau chef-d'œuvre. Le but de Morande étoit de se faire acheter l'édition par les parties intéressées. Ses demandes étoient fort modérées : il ne vouloit que 500 louis comptant, & 4,000 livres de pension sur sa tête, reversible sur celle de sa femme & de son fils. Ce qu'il y a de plus extraordinaire , c'est que la comtesse Dubarri ait donné là-dedans ; qu'il soit venu des intrigants de Paris, chargés de cette belle négociation , avec une escorte de la sacro-sainte police ; ce qui a fait présumer qu'ils n'y alloient pas de bonne foi , & vouloient enlever le digne auteur, &c. Morande , plus fin qu'eux , a débuté par leur emprunter à chacun une trentaine de louis ; après quoi il a sonné le tocsin de telle maniere, que les négociateurs véhémentement suspectés par le peuple Anglois, se sont cachés & ont repassé l'eau le plutôt qu'ils ont pu. En attendant la confection de son édition, Morande va lisant des copies de lettres qu'il doit avoir écrites à

M. le chancelier, à M. le duc d'Aiguillon, &c. dans lefquelles il les menace & les accable d'injures & de bourrades.

1 *Mai* 1774. Le nommé *Samufeau* vient d'obtenir un privilege du roi, pour une compofition de fon invention, qui préferve de la rouille toutes fortes de métaux. MM. de l'académie des fciences y ont donné une approbation complete. Cette compofition brillante n'eft fufceptible d'aucune odeur & s'adapte tellement à l'objet qui en eft empreint, qu'elle eft à l'épreuve des coups de marteau; elle s'emploie pour les fufils, les piftolets & les garantit des injures de l'air.

3 *Mai* 1774. Le public eft dans l'impatience de voir imprimée la nouvelle requête des Verons par Me. Drou, avocat au confeil; mais on s'oppofe à la publication, & l'auteur follicite vivement qu'il lui foit permis de la répandre, la feule récompenfe qu'il puiffe attendre de fa générofité à défendre ces malheureux, puifque vraifemblablement ils ne feront jamais en état de le payer.

4 *Mai* 1774. La réception de M. l'abbé de Lille à l'académie Françoife, qui devoit avoir lieu demain, eft retardée à caufe de la circonftance de la maladie du roi.

6 *Mai* 1774. Le Sr. d'Hemmery eft un exempt de police chargé de la librairie; en conféquence il a cru devoir avoir une bibliotheque, & il n'a pas eu de peine à s'en compofer une à bon marché, très-précieufe, au moyen des captures qu'il faifoit & qu'il fait journellement. Il a voulu fe donner un air de curieux & de philofophe; il a compofé un cabinet d'hiftoire naturelle,

turelle, de pieces qu'il a escamotées de droite & de gauche, & qui ne lui ont pas coûté beaucoup plus cher que les livres. Il avoit établi tout cela à l'hôtel des ambassadeurs extraordinaires, ci-devent hôtel de Pompadour, où il s'étoit fait colloquer. Mais le sieur Beaujon, banquier de la cour, ayant acheté ce palais, le sieur d'Hemmery a été obligé de déloger : il a voulu tirer parti de cet événement, & il a fait entendre à ce financier qu'un homme comme lui devoit avoir une bibliotheque, un cabinet, &c. que la sienne & sa collection d'histoire naturelle se trouvoient déja placées, qu'il les lui vendroit, s'il vouloit : bref, le Turcaret en a donné 40,000 livres. Cette aquisition en a entraîné une autre, celle d'un bibliothécaire. Il s'est trouvé un homme de lettres assez bas pour accepter cet emploi, par le canal du même suppôt de police ; c'est le sieur *Meunier de Querlon.* Le banquier de la cour lui donne un logement, sa table, 1,200 livres, en forme de pension, reversible sur la tête de sa femme, &c.

8 *Mai* 1774. C'est à trois heures du matin que S. M. a dit au duc de Duras de faire venir l'abbé Maudoux, son confesseur. Sa majesté est restée quinze à seize minutes avec lui ; ensuite elle a eu une conférence particuliere avec monsieur le grand-aumônier ; enfin, elle a reçu ses sacremens. Avant, le cardinal de la Roche-Aymon a fait le discours suivant pour le roi :

« Quoique le roi ne doive compte de sa con-
» duite qu'à Dieu seul, il est fâché d'avoir causé
» du scandale à ses sujets, & déclare qu'il ne
» veut vivre désormais que pour le soutien de

» la foi & de la religion, & pour le bonheur
» de ses peuples.

8 *Mai* 1774. La châsse de Ste Genevieve est découverte pour la maladie du roi.

Du reste, les moines ont fait ce qu'ils ont pu pour piquer davantage la curiosité du public ; ils ont formé une espece de chambre noire dans l'enceinte où est la châsse, afin de faire mieux ressortir l'éclat des pierreries qui enrichissent la relique.

9 *Mai* 1774. M. l'archevêque de Paris n'a contribué en rien à la conversion de S. M. il n'est entré en aucune conférence avec elle, & le clergé est furieux contre lui du peu de zele & de fermeté qu'il a déployés dans cette occasion. Les évêques qui sont à Versailles l'ont très-mal mené, & sur-tout le cardinal de Rohan. Mais les plaisants n'ont point laissé cette occasion de jeter du ridicule sur le prélat. Pour entendre le bon mot, il faut savoir que monsieur de Beaumont a une maladie qu'on nomme la *diurie*, qui fait pisser le sang, & qui a fait dire que cet archevêque *pissoit le sang à Paris, & ne faisoit que de l'eau claire à Versailles.*

10 *Mai* 1774. Dès le commencement de la petite vérole du roi, un médecin Anglois, nommé *Sutton*, de la famille de ce nom célebre par une méthode particuliere d'inoculation, & par un spécifique contre cette maladie, se trouvant à Paris, s'est présenté pour traiter S. M. ; mais nos docteurs François l'ont écarté de bien loin. Depuis que S. M. est désespérée, on a fait chercher cet étranger : monsieur le duc d'Orléans & madame Adélaïde lui ont offert cent mille écus pour donner son secret, & en laisser faire l'analyse

avant d'en faire usage pour le prince. Il a prétendu que c'étoit un secret de sa famille, dont il n'avoit point la clef, & que d'ailleurs il étoit trop tard.

11 *Mai* 1774. *Le Taureau Blanc*, *traduit du syriaque par monsieur Mamaki interprete du roi d'Angleterre pour les langues orientales*. Tel est le titre de ce pamphlet de monsieur de Voltaire, annoncé depuis long-temps, resté manuscrit, peu répandu en conséquence, & qui acquiert aujourd'hui plus de publicité par l'impression.

Le *Taureau blanc* est *Nabuchodonosor*, dont le changement en bête fait le fond de ce roman. Son objet est de tourner en ridicule les évènements extraordinaires dont est remplie l'histoire sainte, en les assimilant à quantité de fables de l'antiquité, dont celles de la bible paroissent dérivées. Mais cette allégorie n'est nullement soutenue. Il y a plusieurs personnages & maintes historiettes dont on ne sent pas l'allusion. Celle-ci ressemble assez aux contes des *Mille & Une Nuits*.

12 *Mai* 1774. Le *Dialogue de Pégase & d'un Vieillard*, est une satire dans laquelle monsieur de Voltaire a enchâssé le nom de tous les écrivains, depuis long-temps l'objet de ses sarcasmes. Il y fait voir aussi celui de monsieur l'abbé Terrai, contre lequel il a toujours une dent. On voit qu'il se ressouvient encore de cent mille écus de rescriptions qu'il avoit dans son porte-feuille, lorsque ce contrôleur-général en suspendit le paiement.

La piece, du reste, est peu saillante, & a besoin du nom de monsieur de Voltaire pour avoir de la vogue.

14 *Mai* 1774. Madame la comtesse Dubarri donne une grande vogue à l'almanach de Liege, devenu très-recherché depuis sa disgrace. Dans ce livre bleu il est fait mention au mois d'avril *d'une grande Dame qui jouoit un rôle dans une cour, & qui cessera de le faire.* Elle avoit la modestie de s'attribuer la prédiction ; & elle disoit : *Je voudrois bien voir passer ce vilain mois d'avril.*

15 *Mai* 1774. *Lettre du roi à M. le comte de Maurepas.*

Choisy, le 11 mai 1774.

Dans la juste douleur qui m'accable & que je partage avec tout le royaume, j'ai de grands devoirs à remplir : je suis roi, & ce nom renferme toutes mes obligations ; mais je n'ai que vingt ans, & je n'ai pas toutes les connoissances qui me sont nécessaires : de plus, je ne puis voir aucun ministre, tous ayant vu le roi dans sa derniere maladie. La certitude que j'ai de votre probité & de votre connoissance profonde des affaires, m'engage à vous prier de m'aider de vos conseils. Venez donc le plutôt qu'il vous sera possible, & vous me ferez grand plaisir.

16 *Mai* 1774. Le sieur Goys est un personnage jovial & plein d'esprit, qui a le talent de la pantomime au suprême degré, qui contrefait surtout l'Anglois & en a contracté la qualité de milord Goys. Il étoit fort lié avec le comte *Jean*, beau-frere de la comtesse Dubarri. Celui-ci, au moment de la mort du roi, lui demanda conseil sur ce qu'il devoit faire ? « *Ma foi, mon cher comte,* lui dit le facétieux milord,

« après s'être frotté le front, *l'écrain & des*
» *chevaux de poste.* Le Dubarri s'indigne d'un
» tel avis : moi ! fuir comme coquin. Le sieur
» Goys se frotte encore le front : *eh bien*,
» lui répond-il, *des chevaux de poste & l'é-*
» *crain.* "

17 *Mai* 1774. Le roi a fait écrire sur le champ après la mort du roi une lettre à monsieur l'archevêque de Paris, en date du 10 mai, pour lui annoncer la mort de Louis XV, & lui recommander de faire faire des prieres publiques pour le repos de son ame.

Le mandement donné en conséquence le 11 mai, est très-bien fait, plein d'onction, écrit avec noblesse & digne du sujet. On y rapporte les faits principaux qui ont caractérisé l'événement, tels que la douleur du roi d'être obligé de se séparer de sa famille par la nature de sa maladie ; l'embarras de sa langue, qui le détermina à demander les sacrements, & qui augmenta au point de ne pouvoir articuler l'amende honorable que le grand-aumônier fit pour lui ; le trait de monsieur le dauphin faisant distribuer des aumônes aux pauvres pour les inviter à demander au ciel la conservation des jours de son grand-pere, &c.

20 *Mai* 1774. C'est monsieur l'évêque de Senez [l'abbé de Beauvais] qui est chargé de faire l'oraison funebre de Louis XV à St. Denis. Cette commission devient délicate pour cet orateur, après son éloquent & terrible discours du jeudi-saint qui a si fort épouvanté le monarque.

M. de la Luzerne, évêque de Langres, est chargé de l'oraison funebre du même monarque à Notre-Dame.

22 *Mai* 1774. Il est d'usage que l'académie Françoise fasse célébrer un service pour le roi & fasse prononcer son oraison funebre : c'est l'abbé de Boismont, l'un de ses membres, qui est chargé du discours. Cet orateur a déja fait preuve de son talent en pareil genre à la mort de M. le dauphin.

23 *Mai* 1774. M. le comte de Maurepas est un seigneur de beaucoup d'esprit, qui né en 1701 fut fait secretaire d'état en 1715, & entra au conseil avant d'être majeur. Il étoit homme de plaisir & de toutes les parties du roi, mais alors ces parties consistoient plus en fêtes de table qu'en galanterie. C'étoit le goût général de la nation. M. de Maurepas fut disgracié pour avoir chansonné madame de Pompadour.

26 *Mai* 1774. Il paroît que la dénomination donnée par le vœu général au roi actuel, est celle de *Louis le Desiré*, satire la plus forte qu'on puisse faire du regne précédent, & qui annonçant au jeune monarque tout ce qu'on en espere, lui trace ses obligations.

27 *Mai* 1774. On a beaucoup de peine à trouver ici des exemplaires du véritable almanach de Liege, par le soin qu'avoit eu madame Dubarri d'en faire retirer tous les exemplaires qu'il a été possible de trouver. La phrase est ainsi : *une dame des plus favorisées, jouera son dernier rôle, &c.*

28 *Mai*. 1774. On répand dans le public le discours suivant, comme émané du trône & tenu par le roi dans son conseil d'état du vendredi 20 mars aux ministres assemblés.

« Ma juste douleur cede au devoir indispensable de la royauté. Je vous ai mandés pour vous inftruire de mes intentions. Indépendamment des confeils où je me propofe d'affifter régulièrement & où j'appellerai les perfonnes qui m'en ont paru dignes par leur zele & leurs lumieres., que chacun de vous fe tienne prêt aux heures que j'indiquerai à me rendre un compte clair & exact de fon département, & à y prendre mes ordres pour la fûreté des opérations qui y font relatives. Comme je ne veux m'occuper que de la gloire de mon royaume & du bonheur de mes peuples, ce n'eft qu'en vous conformant à ces principes que votre travail aura mon approbation.

29 *Mai* 1774. On parle d'un ouvrage Anglois en fix dialogues, concernant le *partage de la Pologne*, où Louis XV eft fort maltraité. On mande de Hollande qu'il y en a une traduction fous preffe, & l'on attend avec impatience cet ouvrage important dans les circonftances.

30 *Mai* 1774. M. Suard a été élu de l'académie Françoife le 26 de ce mois.

31 *Mai* 1774. Mademoifelle Arnoux, chanteufe de l'opéra, une des courtifannes les plus renommées pour fes bons mots, dit en parlant de la mort du roi & de l'exil de madame Dubarri, en déplorant le fort de fes femblables : *nous voilà orphelines de pere & de mere !*

3 *Juin* 1774. A la mort des rois il femble que le peuple regarde ce moment comme celui de fe venger de toutes les calamités qu'il a fouffertes, comme c'eft dans ce fens qu'a été faite l'épitaphe fuivante de Louis XV, où l'on fuppofe qu'il eft puni en enfer des malheurs de fon regne; elle eft remarquable par fon naïf, fa gaieté, & fon laconifme.

Ci gît le bien aimé Bourbon,
Monarque d'assez bonne mine,
Et qui paie sur le charbon
Ce qu'il gagnoit sur la farine.

4 Juin 1774. On est si disposé à regarder déja monsieur le duc de la Vrilliere comme retiré, & même comme mort, qu'on lui a fait l'épitaphe suivante :

Ci gît dans ce petit tombeau,
Le petit monsieur Phelippeau,
Qui fut, malgré sa taille ronde,
Compté parmi les grands du monde ;
Parce qu'il étoit, ce dit-on,
Petit génie & grand fripon.

5 Juin 1774. M. Collé l'amphigouriste, ainsi nommé à cause des chansons de ce genre dans lequel il excelle, vient d'en faire une sur le nouveau roi. Quoiqu'en général tout ce qui est éloge soit assez fade, comme à l'occasion de celui-ci il fait une satire vive de la cour & de nos mœurs, elle est très-piquante : elle est sur l'air *des pendus*.

6 Juin 1774. Madame la duchesse de Chartres & madame la princesse de Lamballe avoient fait ces jours passés la partie d'aller chez madame la duchesse de Bourbon, qui les devoit recevoir dans sa petite maison de Vanvres. M. le duc de Chartres a voulu en être. Les princesses ont refusé de l'admettre, sous le prétexte qu'elles ne vouloient point d'homme. M. le duc de Chartres a beaucoup insisté, & s'est enfin rendu à leur refus. Il a donné le mot à M. de Fitz-James & à M. de Thiers. Il s'est déguisé en ours, le second seigneur en tigre, & le dernier a joué le rôle du conducteur. Ils se sont ainsi transportés à Vanvres, comme si les princesses avoient voulu s'amuser à voir l'ours, &c. Elles n'avoient donné aucun ordre à cet égard : cela les a d'abord surpris ; enfin elles ont consenti à les voir. Ces animaux ont commencé par des gentillesses qui leur ont plu : ils ont paru fort apprivoisés, & peu après ils sont devenus plus méchants, & ont fait une peur terrible à leurs altesses : ils ont bientôt brisé leur chaîne, & sont montés au château. Tout le monde avoit le mot : c'étoit l'heure du dîner. On est venu avertir les princesses épouvantées, d'arriver, que les animaux féroces mangeoient tout le repas, & après beaucoup de singeries, le mystère s'est éclairci, & l'on a ri en toute liberté.

9 Juin 1774. Chanson de M. Collé sur le nouveau regne : sur l'air *des pendus*.

Or écoutez, petits & grands,
L'histoire d'un roi de vingt ans,
Qui va nous ramener en France
Les bonnes mœurs & l'abondance.
D'après ce plan que deviendront
Et les catins & les fripons ?

S'il veut de l'honneur & des mœurs,
Que deviendront nos grands seigneurs ?
S'il aime les honnêtes femmes,
Que feront tant de belles dames ?
S'il bannit les gens déréglés,
Que feront nos riches abbés ?

S'il dédaigne un frivole encens,
Que deviendront les courtisans ?
Que feront les amis du prince,
Autrement nommés en province ?
Que deviendront les partisans,
Si ses sujets sont ses enfants !

S'il veut qu'un prélat soit chrétien,
Un magistrat homme de bien,
Combien de juges mercenaires,
D'évêques & de grands-vicaires
Vont changer de conduite ! *Amen.*
Domine, salvum fac regem.

10 *Juin* 1774. C'est mercredi que les spectacles doivent recommencer, jour où l'on quitte pour la premiere fois les grandes pleureuses.

11 *Juin* 1774. Extrait d'une lettre de Nantes, du 6 juin. Ce qui paroît le plus occuper cette ville, c'est l'inoculation qui s'y est introduite depuis quelque temps par le ministere d'un *Suttonien*, qui a eu de grands succès, & qui a, comme ailleurs, ses partisans & ses adversaires.

13 *Juin* 1774. *Eloge de Louis XV, prononcé dans une académie le* 15 *mai* 1774. Tel est le titre de la petite brochure de monsieur de Voltaire, qui pour louer, comme pour injurier, aime toujours à dépayser son lecteur, afin de lui donner le plaisir & la liberté de *l'incognito.*

Suivant l'orateur, Louis XV fit imprimer dans sa premiere jeunesse au Louvre un petit livre, intitulé : *de la Géographie par le cours des fleuves*, qu'il composa en partie, & sans doute en très-petite partie, sur les leçons de M. de L'Isle

& dont on tira 50 exemplaires. Ce goût le conduisit à quelques connoissances de l'astronomie, & à un peu d'histoire naturelle. Son jugement étoit juste, mais l'apathie qui faisoit l'essence de son caractere, & que monsieur de Voltaire qualifie de *facilité*, le porta toujours à préférer l'opinion des autres à la sienne. C'est ainsi qu'il fit la guerre de 1741 & celle de 1756. Il cite l'époque de 1744, comme la plus flatteuse du regne de ce monarque, comment on lui donna par acclamation le surnom de *Bien-aimé*, que le silence des peuples semble lui avoir ôté depuis dans des temps orageux, & que l'usage seul lui a conservé. Il fait sa cour à la reine, par transition; il blâme la guerre contre son auguste mere *Marie-Therese*, & la trouve injuste; ce que Louis XV, qui faisoit cette guerre, pensoit aussi. Il convient que douze années de travaux & d'industrie n'ont encore pu que réparer en partie les malheurs de la seconde guerre. Mais rien n'ébranloit l'ame imperturbable de Louis XV; elle ne se démentit pas même lors de son assassinat; elle l'a été jusques dans l'affreuse maladie qui a enlevé le roi à la France. Elle le faisoit paroître dur envers ses sujets, & le panégyriste prétend qu'il ne l'étoit réellement pas, puisqu'aucun de ceux qui le servoient n'a eu sujet de s'en appercevoir. Il lui reproche trop de susceptibilité dans sa vie privée, de n'avoir pas assez souvent oublié dans le sein de l'amitié qu'il n'étoit plus roi. C'est ainsi qu'en palliant les défauts du monarque, l'ingénieux écrivain les indique, & rend compte de toutes les calamités de ce regne désastreux. Il n'oublie pas l'époque de la révolution de 1770, dont il saisit

H 6

adroitement le côté le plus favorable : il loue la suppression de la vénalité de la magistrature, & la justice rendue plus à portée des sujets éloignés de la capitale.

L'orateur s'interrompt par la nouvelle de la maladie des trois filles du roi : il convient que la patrone de Paris a été invoquée en peu de temps pour les jours du premier dauphin, pour son épouse, pour sa mere, enfin pour le feu roi & toujours inutilement.

De la mort de Louis XV, & de la fatalité. Suivant monsieur de Voltaire, le roi avoit rencontré un enterrement à la chasse : il demanda ce que c'étoit ? On lui dit que c'étoit une jeune fille morte de la petite vérole ; il ne fit paroître aucune émotion ; mais dès-lors son teint changea. Il veut que son dentiste Bourdet, en lui visitant la bouche, ait reconnu aux gencives les approches d'une maladie grave, & l'ai dit à un ministre d'état. Personne ne savoit ici cette anecdote, & il est plaisant que le philosophe de Ferney nous l'apprenne du fond de sa solitude. Il y a apparence que n'osant compter le fait comme il s'est passé, il a substitué celui-ci au véritable. Quoi qu'il en soit, il part de-là pour prêcher en faveur de la méthode de l'inoculation ; il cite l'exemple de quantité de souverains actuels, & peut-être que la brochure qu'aura lue le jeune roi, n'a pas peu contribué à déterminer S. M. au parti qu'elle a pris.

15 Juin 1774. Les comédiens Italiens ont affecté de choisir pour donner aujourd'hui une piece qui puisse fournir occasion à l'enthousiasme public de s'exhaler en faveur du nouveau monarque : ils doivent jouer le *Déserteur*, où l'on crie *vive le roi*.

Les comédiens François ont auffi voulu jouer une piece fufceptible d'allufions heureufes, ils ont affiché *Héraclius* ; ils fe flattent que cet endroit : *Montrons Héraclius au peuple qui l'attend*, &c. fera la plus grande fenfation & fera faifi avec avidité.

16 *Juin* 1774. Les poëtes ont donné l'effor à leur imagination : MM. Dorat, le Mierre, Durofoy, &c. fe font fignalés ; mais on ne trouve encore rien digne du monarque.

Un M. Perfon, dit chevalier de Berainville, a compofé une médaille allégorique fur le nouveau regne, il y a joint des vers ; il a préfenté le tout à M. le duc d'Aumont, premier gentilhomme de la chambre, pour qu'il voulût bien faire agréer cet hommage à S. M. Le feigneur lui a répondu que le roi n'aimoit point les lettres, qu'il prendroit ces vers avec indifférence, les mettroit dans fa poche, & les y laifferoit fans les lire & fans en faire aucun cas.

18 *Juin* 1774. Un étranger connu fous le nom de *chevalier de Lorge*, a fait un portrait en pied de la reine, qu'il a expofé, pendant quelque temps, aux Tuileries, & où l'on l'alloit voir à des heures indiquées, fous le titre du *tableau d'un amateur*. Il paroît que les artiftes le critiquent beaucoup, & n'en font pas contents.

19 *Juin* 1774. Quoiqu'on ne parle plus guere de madame *Dubarri*, un plaifant s'eft avifé de mettre en vers *l'Hiftoire des Ponts*, il a inti-

tûlé fa piece : *Les cinq Ponts*, complainte de madame Dubarri.

Les *Ponts* ont fait époque dans ma vie,
Dit l'Ange (1) en pleurs dans fa cellule en Brie ;
Fille d'un moine & de dame Giroux,
J'ai pris naiffance au fein du *Pont-aux-choux*.
A peine a lui l'aurore de mes charmes
Que le *Pont-neuf* vit mes premieres armes.
Au *Pont-au-change* à plaifir je fêtois
Le tiers, le quart, foit noble, foit bourgeois.
L'art libertin de rallumer les flammes
Au *Pont-Royal* me mit le fceptre en main.
Un fi haut fait me loge au *Pont-aux-Dames* (2),
Où j'ai bien peur de finir mon deftin.

22 *Juin* 1774. On avoit trouvé à la ftatue de *Henri* IV, fur le Pont-neuf, écrit en gros caracteres le mot *Refurrexit*. On en a depuis attaché un autre tout-à-fait naïf, & qui rappellant le fameux propos de ce bon roi, pere de fon peuple, prefcrit à fon fucceffeur ce qu'il doit faire pour imiter parfaitement ce modele. Voici le diftique :

Refurrexit ! J'approuve fort ce mot,
Mais pour y croire il faut la poule au pot.

23 *Juin* 1774. On raconte que monfieur l'abbé de Sainte Genevieve fe trouvant à dîner dans une maifon où il y avoit beaucoup de monde, de

---

(1) Nom qu'elle portoit étant fille.
(2) Le Pont-aux-Dames en Brie.

jeunes gens l'entreprirent & le turlupinerent sur sa sainte, dont la puissance paroissoit bien nulle aujourd'hui, dont la châsse avoit été découverte & descendue si inutilement. Il les laissa dire, & quand ils eurent fait tous leurs reproches : « eh bien ! Messieurs, qu'avez-vous » à reprocher au ciel, répondit-il ! est-ce qu'il » n'est pas mort ? »

6 *Juin* 1774. *Perrin & Lucette*, espece de pastorale qu'ont jouée hier les Italiens, ne doit pas son foible succès au musicien, qui est le sieur Ciaforelli. La musique en est petite & médiocre, même dans cette espece. Le poëme est très-peu de chose aussi : il est même bizarre par le mélange de mœurs très-simples, avec un dénouement magnifique & romanesque. C'est cependant celui-ci qui a été fort applaudi à raison d'une action noble & généreuse, sur laquelle le parterre s'est enthousiasmé, & est sorti de la langueur où il étoit. Il a demandé l'auteur, & le musicien a profité de ce mot générique pour se produire de bonne grace aux yeux des spectateurs.

16 *Juin* 1774. La célébrité du chevalier d'Eon de Beaumont rend intéressante une collection de ses œuvres qu'il vient de donner au public, sous le titre de *ses Loisirs*. Ils sont immenses, car ils contiennent 13 volumes in-8°.

27 *Juin* 1774. Les comédiens le Kain & Préville viennent d'obtenir un privilege pour une école de déclamation, dont ils seront les professeurs : le premier pour le tragique, & le second pour le comique. Cette institution, qui pourroit être bonne, a besoin d'être développée

& perfectionnée, pour en tirer tout le parti possible,

28 *Juin* 1774. M. de Boynes n'a pas été épargné dans les vaudevilles, épigrammes & bons mots qui courent sur les ministres. Voici la chanson sur lui.

> On rit d'un ministre bourgeois (1)
> Que chacun abandonne,
> Pour n'avoir dans tous ses emplois
> Fait plaisir à personne :
> Je crois que c'est injustement
> Que si fort on le fronde,
> Car il va faire, en s'en allant,
> Plaisir à tout le monde.

29 *Juin* 1774. Outre les spectacles du colysée & du wauxhall de Torré, un autre du même genre attire les amateurs. C'est au lieu où étoit autrefois celui des freres Ruggieri qui donnoient des feux d'artifice. On y voit des courses de chevaux Anglois très-curieuses. Le sieur Hyam, la demoiselle Mazon & un enfant montent ces coursiers, au nombre de huit, dans tous les sens possibles, & font des exercices qui exigent alternativement la plus grande force & la plus grande adresse. Le sieur Hyam offre cent louis de pari contre celui qui exécutera quatre de ses plus beaux tours.

30 Juin 1774. Copie d'une lettre de M. le comte Dubarri, écrite de Lausanne à M. de Saint-R ****** son ami.

Voilà mon rêve fini, mon cher ami, &

---

(1) Son nom de famille est Bourgeois.

après m'être endormi en France, je suis tout étonné de me réveiller en Suisse; je me vois dans la capitale du pays de Vaud & dans une ville où l'industrie qui m'est propre trouvera difficilement à s'exercer. Les mœurs y sont simples, les femmes y sont sages. Les hommes y sont francs & les filles y sont observées. Les loix y sont séveres. Que voulez-vous que je devienne ? Ce n'est pas là mon élément. Le jeu & la galanterie y sont peu recherchés : & si l'on vouloit trafiquer des Suissiennes, il faudroit les vendre à la livre. L'art ne contribue pas à les rafiner, & leurs goûts sont plus matériels que délicats. Tout ce qui m'environne me paroît étranger. Je vois de la simplicité, de la bonne foi, de la continence, de l'amitié, de la réserve, & toutes les vertus me parlent Suisse & je n'en connois pas une seule.

J'étois à Paris à la tête d'une milice brillante, & les filles n'oublieront jamais combien mon crédit a fait fleurir leur empire. La saison étoit favorable pour faire fructifier mes talents, & leur reconnoissance devroit m'élever des trophées dans la place du Palais-Royal : j'avois établi dans ma famille le canal des graces & des richesses; c'étoit une source dont le débordement & le limon engraissoient mes domaines. Par quelle fatalité la jeunesse détruit-elle un cours que la vieillesse fortifioit de plus en plus ? L'on m'a à peine laissé le temps d'emporter une partie du produit de mes travaux, & je me vois réduit à boire & à rêver à la Suisse, sans éprouver les marques de considération que les ames nobles me prodiguoient à la cour : mon plus grand embarras est de savoir où je pourrai faire agréer mon ministere. Ma réputatioh est généralement établie. Mais les potentats de l'Europe s'observent ou sont observés ; ainsi, n'ayant point d'aptitude au service militaire, je crains qu'ils ne me trouvent trop dévorant pour m'employer à celui de leurs chambres. J'apprends avec douleur que mes meilleurs amis, que j'ai cent fois reçus chez moi, pour qui j'ai sollicité des graces, à qui j'ai souvent prêté de l'argent, me désavouent hautement aujourd'hui, & sont les premiers à me déchirer. Je rougis de leur ingratitude : mais s'ils me méprisent, je leurs rends bien le change. J'ai laissé deux ménages à Paris, que je vous prie d'alimenter. Je vous ferai passer des fonds en une pacotille de fromages ou de vulnéraires, car l'inaction m'est mortelle. Je m'attendris sur le sort de ma pauvre belle-sœur, qui n'avoit pas fait son noviciat dans des couvents si austeres que celui dans lequel on la tient renfermée. Si l'on ne m'eût pas séparé d'elle, j'en aurois encore tiré parti, mais c'est une mauvaise tête qui n'a pas voulu me croire ni me prendre pour son dépositaire. Mon frere n'est pas mieux traité, mais c'est un sot, & il sera encore trop heureux de glaner dans un champ qu'il n'a point cultivé. Quand on est dans la disgrace, tout concourt à nous accabler : ma noblesse sera hardiment contestée, & les Barys Anglois seront morts pour moi. J'avois projeté de passer en Turquie & de me faire marchand d'esclaves ; mais l'on m'a assuré que le grand-seigneur me feroit ôter le pouvoir d'essayer ma marchandise. Je ne sais donc plus quel parti prendre : lorsque je serai décidé je vous donnerai de mes nouvelles. J'ai été obligé de changer de nom, l'on m'appelle ici monsieur *de Vau-dernon*. Ecrivez-moi sous ce nom, au marché au poisson. La vertu & les talents ont des moments brillants, mais ils sont souvent persécutés. Plaignez votre ancien ami, qui dans les temps sereins ou orageux ne cessera d'être, &c.

1 *Juillet* 1774. M. de Salis, jeune officier aux gardes-Suisses, avoit perdu il y a peu de temps une jeune femme très-aimable, morte en couche ; il en a été si vivement affecté qu'on a craint pendant quelques jours qu'il n'attentât à sa vie, & qu'il a été deux jours sans vouloir prendre de nourriture. Il s'est rendu depuis à la raison, ou du moins il a paru s'y rendre; mais le coup mortel étoit frappé, & l'on assure qu'il est péri de douleur : exemple bien rare, surtout dans ce siecle pervers, d'un amour conjugal exalté à son plus haut période.

6 *Juillet* 1774. La réception de l'abbé de Lille est enfin arrêtée pour lundi 11 de ce mois : on ne croit pas que celle de monsieur Suard ait lieu ce jour-là, parce que le récipiendaire desire avoir le temps de lire quelque ouvrage de sa composition. On dit que c'est un *Poëme sur les plaisirs de la Campagne.*

8 *Juillet* 1774. Le nombre des auteurs dramatiques s'accroît journellement : depuis que les comédiens ont repris leurs séances, ils ont reçu 40 pieces différentes, dont 20 sont déja admises à la lecture.

8 *Juillet*. On parle beaucoup d'un mandement de l'évêque d'Alais, à l'occasion de la mort de Louis XV ; il est très-étendu, il contient des choses fortes, des peintures énergiques des événements du dernier regne, de la

révolution arrivée dans la magistrature, & l'on prétend qu'il a tellement déplu au gouvernement, qu'il est arrêté & qu'on en empêche la distribution dans la capitale.

10 *Juillet* 1774. A la naissance de M. le duc de Berry, aujourd'hui Louis XVI, on fit une gravure relative au retour du parlement, arrivé à la même époque. On la reproduit aujourd'hui & l'on voudroit bien en pouvoir frapper une pareille dans le moment actuel.

10 *Juillet*. On construit au jardin de l'infante, au bas de la galerie du Louvre un petit bâtiment pour faire de nouvelles expériences sur la fusion & l'évaporation du diamant. Ce sont messieurs Cadet & Lavoisier, commissaires de l'académie des sciences, qui continueront à y présider. On doit se servir du fameux miroir ardent de M. le régent.

11 *Juillet* 1774. Le vice des *Tribades* devient fort à la mode parmi nos demoiselles d'opéra: elles n'en font point mystere & traitent de gentillesse cette peccadille. La demoiselle Arnoux, quoiqu'ayant fait des preuves dans un autre genre, puisqu'elle a plusieurs enfants, sur le retour, donne dans ce plaisir ; elle avoit une autre fille nommée *Virginie*, dont elle se servoit à cet usage. Celle-ci a changé de condition & est passée à mademoiselle de Raucoux de la comédie Françoise, qui raffole de son sexe & a renoncé au marquis de Bièvre, pour s'y livrer plus à son aise. Derniérement au Palais-Royal, dans la nuit, le sieur Ventes, ayant turlupiné la demoiselle Virginie sur sa rupture avec Mlle. Arnoux, qu'on nomme *Sophie* dans ces parties de débauche, celle-ci, témoin des propos, a donné au cavalier

un foufflet très-bien conditionné, dont il a été obligé de rire en demandant des excufes à l'aimable tribade.

11 *Juillet* 1774. Une commiffion de médecine, établie fous le feu roi pendant la vacance de la place de premier médecin, exerçoit une autorité defpotique fur tous les *Arcaniftes* du royaume, c'eft-à-dire, gens à fecret ; elle s'étoit auffi attribuée la connoiffance des eaux minérales. dans les provifions de premier médecin au fieur Lieutaud ; il a remarqué qu'on avoit omis de l'intituler : *Infpecteur-général des eaux minérales du royaume* ; il eft allé trouver le roi, & lui a demandé s'il étoit moins grand que fes prédéceffeurs ? Cette tournure gafconne a excité l'attention de S. M., & le fieur Lieutaud en a profité pour lui faire connoître que fon premier médecin devoit avoir les mêmes prérogatives que les précédents. Il a fallu réformer lefdites lettres-patentes, & y inférer la fufdite qualité que l'on avoit omife : ce qui eft une premiere hoftilité contre la commiffion.

12 *Juillet* 1774. Il paroît que le jeune Salis dont on a parlé, victime de l'amour conjugal, a non-feulement fuccombé à fa douleur, mais qu'il a hâté fes jours en s'étranglant avec fes cheveux fort beaux, & dont il avoit la bouche & la gorge pleines.

14 *Juillet*. 1774. Dans l'édifice qu'on conftruit au jardin de l'infante pour les nouvelles expériences que fe propofe de faire l'académie des fciences, il eft queftion d'y faire l'effai d'une lentille immenfe remplie d'eau, dont on efpete

que le foyer fera fupérieur à tous les miroirs ardents connus, ou du moins égal : c'eſt monſieur Trudaine de Montigny qui avance les frais de ce bâtiment, dont on préſume qu'il ſera rembourſé par le roi. On gémit beaucoup à cette occaſion ſur le ſort d'un pareil protecteur, dont la ſanté eſt en fort mauvais état, au point qu'on doute qu'il puiſſe vivre long-temps.

16 Juillet 1774. Le chevalier de Lorge eſt un bâtard de la maiſon de Lorge, qui ſe livre à la peinture & en fait ſon état ; juſqu'ici il n'avoit point été connu. Son portrait en pied de la reine [madame la dauphine lorſqu'il a été fait] ne laiſſe pas que de lui attirer des curieux. On commence même à ſe réunir contre un jugement trop légérement porté par les artiſtes, jaloux apparemment de celui-ci. On trouve de la nobleſſe dans ce portrait. La princeſſe eſt en Diane : elle revient de la chaſſe, elle donne ſes ordres ; elle a une eſpece de robe à la polonoiſe. Le coloris en eſt bon, les chairs en ſont vivantes : on n'y trouve que de la maniere & point aſſez de large dans les draperies. On préſume que ſa majeſté ne le prendra qu'après qu'il aura été honoré des ſuffrages du public.

16 Juillet 1774. On s'impatiente de ne pas voir dans le miniſtere les changements dont on ſe flattoit. Depuis la démiſſion du duc d'Aiguillon tout eſt au même état. Voici des eſpeces d'épigrammes ou couplets qui courent en attendant & caractériſent le vœu public, s'ils n'annoncent pas un grand génie dans le ſatirique.

Sur le duc de la Vrilliere.

Miniſtre ſans talent, & ſujet ſans vertu,

Homme plus avili qu'un mortel né peut être ;
Pour te retirer, dis, réponds donc, qu'attends-tu !
Je le vois, qu'on te jette enfin par la fenêtre.

Sur M. Bourgeois de Boynes.

Pour toi, Bourgeois, fameux par cent traits de démence.
Qui fais rire l'Anglois, & fais gémir la France,
Pour te mettre en la place où tu peux être bon,
Il convient que tu fois ministre à Charenton,

Sur M. l'abbé Terrai.

Pour vous, monsieur l'abbé, digne de plus d'éclat,
Entre tous ces messieurs si chers à la patrie,
Vous fûtes le moins sot & le plus scélerat :
Montfaucon doit payer votre rare génie.

17 Juillet 1774. Les comédiens Italiens annoncent pour aujourd'hui une piece nouvelle, intitulée : *la fausse Peur*, comédie en un acte mêlée d'ariettes. On attribue les paroles à l'abbé de Voisenon ; quant à la musique, on l'a dit du petit d'Arcy, jeune éleve de Gretry, qui a déja fait pour les Italiens la musique d'une piece intitulée : le *Bal Masqué*, dont la chûte dut moins s'attribuer à celle-ci qu'aux paroles.

18 Juillet 1774. On parle beaucoup de la croix de St. Louis que le sieur Bouret d'Erigny, fermier-général, a obtenue de monsieur le duc d'Aiguillon. On a fait à cette occasion l'épigramme suivante :

D'un ordre militaire on décore un traitant :
À quel titre obtient-il ce ruban éclatant !
Quels sont donc les exploits de sa valeur insigne !

De la Croix par quel sang versé
Aujourd'hui s'est-il rendu digne ?
Eh ! comptez-vous pour rien celui qu'il a sucé ?

23 *Juillet* 1774. M. le marquis de Caraman est un amateur du jardinage, qui se pique d'avoir beaucoup de goût en cette partie, & s'est proposé à la reine pour arranger son jardin du petit Trianon, ou du petit Vienne. Cette princesse a accepté le seigneur en question ; elle est venue voir l'autre jour son jardin de Paris & en a été extrêmement satisfaite. Le feu roi qui aimoit la botanique, avoit fait au milieu une collection de plantes & de simples considérable, qui sera transportée au jardin du roi.

25 *Juillet* 1774. On prétend que M. l'abbé de Beauvais, évêque de Senez, a fait en Sorbonne une répétition de son oraison funebre du roi, qu'il doit prononcer après demain à St. Denis, & qu'en admirant l'éloquence forte & pathétique de cet orateur, on avoit voulu qu'il en supprimât certains morceaux comme trop forts, trop injurieux à la mémoire du monarque ; mais qu'il avoit répondu ne pouvoir les ôter, & qu'il aimeroit mieux ne pas prononcer son discours.

28 *Juillet* 1774. La cérémonie de St. Denis a été remplie hier avec toute la pompe usitée: rien n'a été omis ; elle a duré depuis midi & demi jusqu'à cinq heures & demie. Les princes qu'on avoit déja désignés pour y représenter le deuil s'y sont rendus en effet ; savoir, les deux freres du roi, monsieur & monsieur le comte d'Artois, & le prince de Condé : M. le duc de Bourbon y a rempli les fonctions de grand-maître

maître. Les révérences ont été faites avec beaucoup de grace de la part de monsieur, dont on a admiré la bonne mine; il n'en a pas été de même de M. le comte d'Artois.

Le discours de monsieur de Senez a fait une grande sensation par des morceaux très-hardis: il a pris pour division les bonnes qualités & les défauts du roi. On a cru remarquer qu'il improuvoit la destruction des jésuites & approuvoit la destruction de la magistrature. On ne peut rendre compte de l'ouvrage, débité à la hâte, fort long & très-mal saisi par la plupart des spectateurs.

Les prélats qui sont à Paris, au nombre de 60, avoient été avertis qu'ils ne pouvoient s'y rendre qu'au nombre de 40. C'est M. le cardinal de la Roche-Aymon qui a officié, malgré son grand âge: la superbe de ce prélat aimant le faste & la représentation, a soutenu sa caducité durant cette longue & fatigante cérémonie.

29 *Juillet* 1774. Le pere Neuville, ce jésuite si renommé pour la prédication, vient de mourir à St. Germain-en-Laye, dans un âge avancé: il s'y étoit retiré sous un habit d'abbé.

30 *Juillet* 1774. On peut se rappeller une demoiselle Granville de l'opéra, entretenue par un M. Jonville, maître des requêtes. Elle fit grand bruit, il y a deux ans, à l'occasion de mauvais traitements qu'elle avoit éprouvés d'un amant en sous-ordre qu'elle avoit, & que ces impures appellent un *guerluchon*: elle fut horriblement défigurée & l'on répandit un bulletin plaisant sur son état. Le sieur Jonville n'a pu se détacher de sa passion, & la Dlle. ne lui

Tome VII. I

n'est pas restée plus fidelle. Au guerluchon ingrat elle en a substitué un autre, officier aux gardes. Ce qui a enfin excité la jalousie du maître des des requêtes. On assure qu'il l'a poussée au point de gagner une maladie vénérienne, pour la donner à la courtisanne, afin qu'elle la rendît au guerluchon. Il en est résulté une rupture éclatante. Le sieur Joinville, ruiné en grande partie pour cette demoiselle, a voulu ravoir 25,000 livres environ de lettres de change qu'il lui avoit faites. Celle-ci n'a point voulu les rendre. La contestation a été portée devant M. le lieutenant-général de police. Monsieur de Sartines n'a osé prendre sur lui d'ordonner la restitution du bien acquis; il a envoyé le plaignant au duc de la Vrilliere, très-expert en pareil cas. Le secretaire d'état a eu la même délicatesse, il a soumis l'affaire à la décision du roi. S. M. a rendu un jugement digne de Salomon. Le sieur Joinville a été débouté de sa demande en restitution. Le jeune monarque a décidé qu'il devoit être puni de son intempérance, & sur-tout de sa vengeance criminelle; mais en même-temps, pour la réparation du scandale public & pour l'honneur des mœurs outragées par le luxe insolent de la demoiselle Granville, elle a été condamnée à être rasée & enfermée au couvent de Ste. Pélagie, maison de correction pour ses semblables.

31 *Juillet* 1774. Il se répandoit depuis quelques jours le bruit que Me. Drou, l'avocat des Verons, étoit interdit pour trois mois. Cette nouvelle se confirme, & l'on assure que la peine est prononcée par un arrêt du conseil. On veut que ce soit pour avoir parlé indécemment

des magistrats. Sur quoi l'on observe que s'il les a calomniés, il doit être puni sévérement; s'il a dit vrai, ils ne méritent aucune considération, mais au contraire, d'être eux-mêmes mulctés pour leurs prévarications. En sorte que le public impartial est plus que jamais convaincu de l'iniquité criante avec laquelle on a conduit toute l'affaire.

31 *Juillet* 1774. L'assemblée qui s'est rendue à la chapelle du Louvre pour entendre l'oraison funebre de Louis XV par M. l'abbé de Boismont, étoit très-brillante & très-nombreuse. Messieurs les quarante y étoient en aussi grande quantité qu'ils pouvoient y être : ils avoient repris le crêpe & les pleureuses. L'orateur a produit une grande sensation, qu'on attribue principalement à son débit, à son talent de comédien, poussé au plus haut degré, talent d'autant plus marqué, qu'il a un organe très-ingrat, & que dans les inflexions basses & douloureuses, sa voix se perd absolument. Tout est artifice chez lui, & son ouvrage est un chef-d'œuvre d'adresse qu'on ne pourra point apprécier qu'à la lecture. Les connoisseurs sont partagés : il en est qui le préferent à celui de l'évêque de Senez : d'autres trouvent le prélat infiniment plus éloquent.

31 *Juillet* L'abbé de Neuville, avant de mourir, a renouvellé une espece de protestation semblable à celle qu'on a déja lue dans sa lettre insérée dans les gazettes : il a déclaré qu'il étoit très-soumis au pape & au roi, mais qu'il devoit à la vérité, de jurer qu'il n'avoit jamais vu ni connu dans la société dont il avoit l'honneur d'être membre, rien qui méritât les

imputations dont on l'avoit chargée. Il n'a point voulu faire de teſtament ſuivant la regle, qui ne permet point aux religieux de teſter. Ce qui annonce ſa réſolution & ſon idée d'être toujours jéſuite. Il a ſeulement légué ſes manuſcrits à un autre ex-jéſuite, qui eſt venu s'emparer incontinent de ce tréſor précieux. Il avoit 82 ans.

31 Juillet 1774. On a déja fait deux grandes répétitions d'*Orphée & Euridice*, drame héroïque en trois actes du chevalier Gluck, quant à la muſique. L'enthouſiaſme ne s'eſt point éteint ſur le talent de ce grand compoſiteur ; on a été généralement tranſporté, & l'on ſe flatte que ce nouvel ouvrage réunira d'autant mieux les ſuffrages qu'il réunit lui-même la vérité, l'expreſſion du récitatif, à tout l'agrément des acceſſoires. La troiſieme répétition aura lieu demain, & mardi 2 août on donnera la premiere repréſentation.

1 Août 1774. La ville fait auſſi célébrer un ſervice pour le feu roi, & c'eſt M. l'abbé Rouſſeau qui a prêché le carême dernier à Verſailles, qui eſt chargé de l'oraiſon funebre.

2 Août 1774. *Orphée & Euridice* eſt un poëme originairement Italien, de la compoſition de M. Calzabigi. Voici ſon argument, fondé ſur ces deux vers de Virgile.

Te dulcis conjux, te ſolo in littore ſecuſſo,

Te veniente die, te diſcendente canebat.

La fable nous apprend qu'*Euridice* mourut dans les campagnes de Thrace, de la morſure d'un ſerpent, quelques jours après ſon mariage avec Orphée,

Pour conferver l'unité de lieu dans ce poëme, on fuppofe que fon tombeau eft placé dans une campagne voifine du lac d'Averne, qui conduit à l'entrée des enfers. Les dieux touchés du défefpoir d'*Orphée*, lui permettent de pénétrer dans les champs élyfées pour en retirer *Euridice*, à condition qu'il ne la regardera point qu'il ne foit de retour fur la terre. *Orphée*, avant de fortir des enfers, preffé par la violence de fon amour, oublie la loi qui lui eft impofée & donne la mort à *Euridice*, en ofant la regarder. Pour adapter cette fable à notre fcene, on a été obligé de changer la cataftrophe, & d'y ajouter l'épifode de l'amour qui réunit ces époux.

Il réfulte de cet expofé une tragédie très-fimple, à la maniere des Grecs, qui fe divife naturellement en trois actes, & ne comporte que trois acteurs, *Orphée*, *Euridice* & l'*Amour*.

6 *Août* 1774. Le difcours prononcé par l'abbé Rouffeau à St. Jean-en-Greve fait encore plus de bruit que celui de l'évêque de Senez. Sans être auffi éloquent, il eft plein de hardieffe, qui ont fort déplu à beaucoup de gens, par l'improbation de l'expulfion des jéfuites, & une fortie audacieufe contre l'ancienne magiftrature. On regarde cet éclat général dans toutes les chaires, comme une efpece de confédération de la puiffance eccléfiaftique pour manifefter fon vœu dans une auffi belle occafion.

7 *Août*. On difpute aujourd'hui plus férieufement à M. l'abbé Sabbatier l'honneur d'avoir fait le *dictionnaire des trois fiecles* : on veut qu'il foit d'un certain abbé Martin, vicaire de

la paroisse de St. André-des-Arts, chez lequel le premier alloit tous les matins se styler & s'instruire. Cette assertion est avancée hautement dans une nouvelle brochure intitulée : *Réflexions sur le dictionaire des trois siecles, adressées à l'auteur même par M. Duparc, ci-devant jésuite.*

8 *Août* 1774. Plusieurs confreres de M. Gresset, c'est-à-dire, les académiciens encyclopédistes, sont furieux de son dernier discours à la réception de M. Suard, auquel il a répondu comme directeur. On assure que ce dernier, qui n'étoit point venu à Paris depuis long-temps, a été fort scandalisé de cette multitude de mots nouveaux formant la langue de grand nombre de sociétés, connue sous le nom de persiflage : ce qui a allumé sa bile, & a donné lieu à la sortie qu'il a faite contre le siecle. D'ailleurs, on sait qu'il est aujourd'hui dans la plus haute dévotion, & l'on veut que sa tête s'en ressente. En conséquence ces messieurs traitent de radotage tout ce qu'il a dit, & il faut convenir que son ouvrage, malgré les bonnes choses qu'il y avoit, méritoit un peu ce titre. Ils doivent se réunir pour engager M. Gresset à ne pas le publier.

8 *Août*. La musique d'*Orphée & d'Euridice* étoit depuis huit à dix ans imprimée à Paris, mais elle faisoit si peu de sensation que l'imprimeur au bout de ce temps n'en avoit pas débité 12 exemplaires. Il paroît cependant que tout le monde n'ignoroit pas cette mine d'harmonie : on a été très-surpris de retrouver à la représentation que messieurs Philidor, Gossec, Floquet, &c. y avoient puisé à leur aise, & que

des morceaux entiers de leurs ouvrages s'y retrouvoient ; ce qui les rend un peu confus.

10 *Août* 1774. La grande senfation qu'a faite l'oraison funebre par M. l'abbé Rouffeau, a produit différents effets, fuivant les affections de ceux qui l'ont entendu. Il paroît que le clergé en a été enchanté, puifque trois évêques ont déja retenu cet orateur pour prononcer fucceffivement ce difcours dans leurs diocefes. Il doit commencer par Meaux ; puis il ira à Chartres, dont il est chanoine, enfin il fe tranfportera en provence, pour y monter dans la chaire de la cathédrale d'Aix.

11 *Août* 1774. *L'oraifon funebre de Louis XV, par M. l'évêque de Senez*, eft imprimée : elle eft écrite avec beaucoup plus de force, de fimplicité, de clarté, de nobleffe, que celle de l'abbé de Boifmont ; elle contient plus d'hiftorique & eft enrichie de plus d'anecdotes ; mais on n'y remarque aucun de ces morceaux faillants capables d'exciter la fermentation qui régnoit & d'empêcher l'apparition de cette piece d'éloquence. Il ne parle de l'expulfion des jéfuites & de la diffolution du parlement que rapidement & d'une maniere très-décente, en manifeftant cependant fon opinion fur l'un & l'autre de ces événements, qui eft l'opinion générale du clergé, & s'il n'a rien changé à ces endroits, comme on l'a dit, c'auroit été mal à propos qu'on fe fût tant oppofé à la publicité de l'ouvrage. D'ailleurs il s'eft foumis à la cenfure du fyndic Riballier, fimple docteur de Sorbonne.

11 *Août*. L'exemple du roi & des princes fes freres a tellement mis en vogue l'ino-

culation, que les inoculateurs ne peuvent suffire au nombre de ceux qui requierent leur ministere.

12 *Août*. Une prise qu'a eue le chevalier Gluck avec le prince de Henin chez Mlle. Arnoux, fait beaucoup de bruit. On raconte que ce compositeur étoit chez elle à lui faire répéter quelques morceaux avec d'autres musiciens, lorsque le prince arriva. Depuis la consultation plaisante du comte de Lauraguais qu'on peut se rappeller, on sait que ce prince est l'amant de Mlle. Arnoux; il trouva mauvais de voir tant de monde, il témoigna son humeur, & la fit réjaillir jusques sur la musique & sur le musicien. Ce qui piqua vivement l'amour-propre de celui-ci, au point que bouillant de colere il resta sur sa chaise, & ne fit aucune attention au seigneur en question. Celui-ci remarquant l'impertinence, dit : « mais il me » semble que l'usage en France, lorsque quel- » qu'un, & sur-tout un homme de considéra- » tion, entre, est qu'on se leve. » Alors Gluck n'y tenant plus, se leve, & venant au prince : « l'usage en Allemagne, Monsieur, lui répon- » dit-il, est de ne se lever que pour les gens » qu'on estime. » Et pendant que le prince balbutioit quelqu'injure, le chevalier se retournant vers Mlle. Arnoux : " puisque vous n'êtes » pas maîtresse chez vous, continue-t-il, je vous » quitte & je n'y reviens plus. »

13 *Août* 1774. L'académie des sciences avoit autrefois choisi pour son ingénieur en instruments de mathématiques, le Sr. Langlois, comme l'artiste le plus habile en ce genre. A la mort de celui-ci, elle avoit nommé le sieur

Canivet, fon neveu : elle l'a perdu, & elle fe propofe de le remplacer par un concours qui, en excluant la faveur, laiffe lieu au feul mérite de fe diftinguer. En conféquence elle propofe un prix de 2,400 livres, dont S. M. a bien voulu faire les fonds, qui fervira comme de dédommagement des frais dans lefquels le vainqueur fe fera conftitué.

Le fujet du prix eft un quart de cercle de trois pieds de rayon, garni de toutes les pieces qui peuvent fervir à le rendre d'un ufage fûr & commode, & accompagné d'un mémoire contenant les détails des moyens qui auront été employés pour le conftruire.

Les inftruments & mémoires feront reçus jufqu'au premier mai 1777, & le prix fera adjugé à la féance de la St. Martin fuivante.

13 *Août* 1774. M. Suard, dans fon difcours de réception à l'académie, en vantant les avantages de la philofophie, la fait influer jufques fur les fouverains de nos jours, & lui attribue l'abolition du *droit d'aubaine*, qui effectivement s'étend beaucoup. On vient de publier plufieurs lettres-patentes qui en font la preuve.

14 *Août* 1774. *Adelaïde de Hongrie*, nouvelle tragédie de M. Dorat, n'eft autre chofe que fes *deux Reines*, drame en profe non repréfenté & imprimé en 1770. Il l'a mis en vers & en cinq actes, & l'a expofé ainfi au grand jour du théatre. L'abfurdité de la fable de cette piece détruit toute l'illufion que pourroient produire quelques belles fcenes nées de fes invraifemblances romanefques. La premiere fcene feule a été fort applaudie, relativement à quelques vers

dont on a faifi l'allufion anx circonftances préfentées, entr'autres celui-ci :

Je rends aux tribunaux leur augufte exercice.

On ne fait trop comment le cenfeur a laiffé paffer ces endroits, qui reviennent peu au fujet, & femblent n'avoir été mis là que comme vers de rapport, propres à donner un véhicule à la tragédie.

15 *Août* 1774. Il paroît que M. Greffet n'a pas eu égard aux repréfentations que fes confreres vouloient lui faire pour l'empêcher de publier fon difcours, qu'ils appelloient un rabachage. Il eft imprimé à peu près tel qu'il l'a prononcé, & il faut convenir qu'il eft abfolument indigne de fon auteur.

16 *Août* 1774. On plaifantoit, après la mort du roi, l'abbé de Ste Genevieve fur le peu de vertu de la châffe en cette occafion ; on a cité la réponfe qu'il avoit faite : quelqu'un l'a tournée en épigramme. La voici :

    Sur Genevieve que l'on vante,
    Sur fa châffe dont autrefois
    La découverte ou la defcente
    Du ciel, en faveur ne nos rois,
    Sufpendoient les fatales loix,
    On faifoit mainte raillerie ;
    A la Sainte on donnoit le tort,
    Quand le chef de fa léthargie
    N'y peut tenir, fe leve & crie :
    „ Incrédules ! n'eft-il pas mort ?

16 *Août* 1774. Le colyfée eft plus fuivi cette

année que les précédentes, au moyen de diverses ressources qu'emploient les directeurs. Hier ils ont fait venir le Sr. Hyam, qui s'appelle *le héros Anglois*, renommé par ses exercices sans pareils, dont voici les principaux, qui s'exécutent effectivement avec beaucoup de dextérité & d'agilité.

D'abord une fille âgée de cinq ans fait à che-cheval des choses surprenantes pour cet âge.

Ensuite Mlle. Mazon, associée du héros Anglois, court au grand galop sur un cheval, se tenant debout, un pied sur la selle & l'autre pied entre les deux oreilles du cheval; ensuite prend le bout de son pied dans sa main & court dans cette attitude; ce qu'elle prétend n'avoir jamais été fait par aucune femme d'Europe. Elle court encore sur deux chevaux en pleine course, se tenant debout, un pied sur chaque selle: enfin elle monte sur deux chevaux & saute par dessus la barriere.

Le Sr. Hyam court sur un cheval au grand galop, se tenant debout sur un pied sur la selle tire un coup de pistolet & fait plusieurs sauts en avant & en arriere. Il saute en bas de son cheval dans la course, tire un coup de pistolet & saute dessus la selle. Il fait plusieurs sauts de dessus la selle à terre, & de la terre sur la selle en pleine course. Il saute en pleine course par dessus son cheval. Etant en pleine course sur son cheval, il amasse quelque chose à terre. Il s'engage de balayer la terre avec la main étant sur son cheval, la longueur d'un quart de lieue. A son commandement il fait tomber son cheval par terre, comme s'il étoit mort, & étant dessous, à son commandement il le fait relever. Il court sur deux chevaux en pleine courſe, ſe tenant debout, un pied ſur chaque ſelle, fait pluſieurs ſauts de deſſus les ſelles, tourne le dos du côté de la tête des chevaux, tire un coup de piſtolet, & au même inſtant ſe remet dans ſa premiere poſition. Il ſe laiſſe tomber entre deux chevaux en pleine courſe, & ſaute de terre deſſus la ſelle. Il monte deux chevaux en pleine courſe, & portant un enfant ſur ſa tête, fait pluſieurs ſauts deſſus la ſelle & tire un coup de piſtolet. Il court ſur deux chevaux en pleine courſe, droit ſur la ſelle, ſans retenir les rênes, allant de même que la cavalerie, lorſqu'elle va au combat, chargeant, amorçant ſon fuſil pluſieurs fois, & y mettant la bayonnette, & la remet enſuite dans ſon fourreau. Il court ſur deux chevaux en pleine courſe, avec un pied dans chaque étrier, ayant ſes genoux ployés juſqu'à terre, ſaute des étriers à terre, & de la terre ſur la ſelle. Il court ſur deux chevaux en pleine courſe, ſaute par-deſſus un des deux chevaux, & tombe ſur la ſelle de l'autre cheval, & après ſaute une ſeconde fois par deſſus les deux chevaux. Il court ſur deux chevaux en pleine courſe, tourne le dos du côté de la tête aux deux chevaux, & tire un coup de piſtolet lorſqu'ils ſautent par deſſus la barriere. Il court ſur deux chevaux en pleine courſe, une jambe par deſſus chaque ſelle, & en cette attitude ſaute par deſſus la barriere; au même moment, met ſa tête ſur un cheval, & ſes jambes ſur l'autre, & fait un autre ſaut par deſſus la barriere. Il court ſur deux chevaux en pleine courſe, & offre de prendre deux chevaux de chaſſe qu'il n'aura jamais vus, & de les faire fauter par deſſus quelle hauteur ils ſoient capables de ſauter, en ſe tenant debout avec un pied ſur chaque ſelle. Il finit par repréſenter un tailleur à cheval, qui vient de Londres à Paris pour y apprendre les modes.

Un enfant de huit ans ſur un cheval, court ſa tête ſur la ſelle, & les jambes en l'air.

Enfin il a un cheval très-extraordinaire, qui imite un chien en ſe tenant droit, étant alors aſſis ſur ſon derriere; & y étant, l'exercice ſe fait avec tant d'adreſſe, que le maître ſe trouve ſur ſon cheval, qui commence à courir.

Tous ces divers exercices, au nombre de 23, on ſinguliérement amuſé l'aſſemblée & très-bien rempli la ſéance.

18 *Août* 1774. La police a forcé le Sr. Dorat de retrancher du premier acte de ſa tragédie différents endroits qui prêtoient à l'alluſion & avoient fait beaucoup de ſenſation, entr'autres ces deux vers prononcés par Pepin à ſon couronnement :

J'enchaîne la Diſcorde aux pieds de la Juſtice, Et rends aux Tribunaux leur auguſte exercice.

On a fait ſubſtituer & *laiſſe aux tribunaux*, &c. Quoi qu'il en ſoit, la piece, ſuivant la coutume, eſt montée aux nues. La cabale de l'auteur y eſt accourue de beaucoup renforcée. On a vu au milieu du parterre le Sr. Freron, donnant le ton à ſes ſuppôts & s'épuiſant à battre des mains. Au ſurplus, il y a quelques changements qui rendent la piece moins mauvaiſe, mais non moins abſurde. Tous les gens de lettres impartiaux conſeillent au Sr. Dorat de ne plus faire de tragédie, ce genre étant absolument au-dessus de ses forces.

18 *Août* 1774. Le parti de M. de la Harpe dans l'académie Françoise ne pouvant cette année lui faire adjuger le prix, qui, comme l'observe plaisamment Freron, semble avoir été fondé pour lui, à cause d'autres pieces dont ils ne pouvoient méconnoître la supériorité, a cabalé pour empêcher du moins qu'il ne fût adjugé, & il est décidé qu'il n'y en aura pas.

19 *Août* 1774. L'avocat Falconet, qui n'avoit point fait parler de lui depuis le procès des Verons, répand aujourd'hui un mémoire fort singulier. Il est pour le Sr. Thaïr Muphta, de Tetouan, au royaume de Maroc.

20 *Août* 1774. Le fond d'un mémoire de Me. de Ligny, avocat, est excellent : on admire surtout son adresse à relever l'indignité de la conduite de M. le procureur du roi dans toute son affaire, en paroissant le combler de louanges, en vantant ses merveilleuses qualités & ses vertus; mais le style est du plus parfait ridicule, on en pourra juger par cet échantillon.

„ On n'entendra ici ni la voix du bruyant
„ exorde, ni les accents plaintifs de la touchante
„ péroraison : c'est une plume, & non pas un
„ pinceau dont je veux faire usage. Mes phrases
„ ne seront point émaillées du coloris de la
„ rhétorique, que le sage doit regarder comme
„ une vieille coquette, toujours parée de fleurs,
„ le plus souvent fanées. Ses adorateurs les
„ plus chéris, qui parviennent à la rajeunir, ne
„ sont couronnés que de feuilles : le fruit est
„ réservé à la noble simplicité. D'ailleurs, il est
„ difficile de donner à son encre une teinte de

,, rofe, quand on écrit en marchant fur des
,, épines. ,,

,, Je ne cherche point à amufer le public; je
,, veux l'intéreffer dans ma propre caufe, & l'inf-
,, truire par un récit fidele & fans recherches.
,, Le fard & les parures de l'éloquence plaifent
,, à l'efprit, mais laiffent le cœur oifif & la
,, caufe dans une brillante ftérilité. Je com-
,, mence. ,,

23 *Août* 1774. Madame la princeffe de Henin eft une jeune & jolie femme, qui a eu depuis peu la petite vérole : ce qui a effarouché tous fes adorateurs en grand nombre, même le chevalier de Coigny. M. de Lifle, capitaine de dragons, a profité de cette défertion pour pouffer fa pointe, & voici comme il a ingénieufement fait fa déclaration fous le voile de l'allégorie fuivante :

La Rofe & l'Etourneau : fable.

L'aimable fille du printemps,
La Rofe, à qui tout rend hommage,
Vit au nombre de fes amants
Un Etourneau du voifinage :
Sans regret il avoit quitté
De fes freres la troupe errante,
Pour ranger fon ame inconftante
Sous l'empire de la beauté.
Perché fous un buiffon d'épine
Où la Rofe tenoit fa cour,
Il ne ceffoit à la voifine
De jurer un fidele amour;

Mille autres amants, lui dit-elle,
Chaque jour m'en jurent autant ;
Mais, si je cessois d'être belle,
Aucun d'eux ne seroit constant.
Ah ! dit l'oiseau, vous verriez naître
En moi des feux toujours nouveaux ;
J'ose en prendre à témoin le maître
Des Roses & des Etourneaux.
Le petit Dieu dans sa volée
Entendit faire ce serment,
Il retint son souffle un moment
Et la nature fut glacée :
La Rose en perdit ses appas ;
Son éclat, sa fraîcheur passerent ;
Zéphyrs, Papillons délogerent ;
L'Etourneau ne délogea pas :
Calmez, lui dit-il, vos alarmes,
Si mon cœur suffit à vos vœux,
Il vous reste bien plus de charmes
Qu'il n'en faut pour me rendre heureux.
Sans faire une épreuve nouvelle
L'Amour étonné du succès,
A la fleur rendit ses attraits
Et l'oiseau seul fut aimé d'elle.

De la Rose facilement
On devine la ressemblance,
C'est moi qui suit l'oiseau constant ;
Mais je n'ai pas sa récompense.

25 *Août* 1774. Le sieur Torré annonce pour

son Wauxhall, des Tournois qui doivent avoir lieu aujourd'hui en l'honneur de la St. Louis, fête du roi. On doute que ce spectacle désigné sous un titre pompeux, y réponde; il exigeroit un local, des dépenses, une magnificence, que ne comportent point l'emplacement & la direction du Sr. Torré.

25 Août. 1774. Le public est allé aujourd'hui voir en foule l'exposition des divers ouvrages qui, en peinture, en sculpture, en architecture, ont paru dignes de concourir pour le prix respectif accordé par chacune de ces académies. Le sujet de celui de peinture est *Stratonice*. Tout le monde sait que Démétrius vouloit épouser cette princesse, mais qu'instruit par un médecin qu'Antiochus son fils malade, périssoit d'amour pour elle, il la lui céda. On sent combien ces détails prêtent à la composition de l'artiste.

Le sacrifice d'Iphigénie étoit le sujet du prix de sculpture. La difficulté de rendre ce sujet sans copier les grands maîtres qui l'ont traité, & sur-tout le fameux trait de Timante, semble exiger un génie auquel ne peuvent atteindre des élèves.

Enfin un *projet de bains publics*, avec des données convenues, a exercé les élèves d'architecture.

On a trouvé de bonnes choses dans ces divers ouvrages; la peinture est la partie la plus foible.

27 Août. Le chevalier Gluck ne partira point, comme ses partisans le craignoient. La reine a enfin déployé sa protection envers lui; elle lui a fait avoir 6,000 livres de pension.

annuelle, & à chaque opéra qu'il fera jouer, on lui en donnera autant.

2 *Septembre* 1774. Depuis quelques jours on avoit répandu le bruit que le sieur Marin n'avoit plus la gazette de France, qu'il étoit remplacé par l'abbé Aubert. Celui-ci a effectivement parole de M. de Vergennes de remplacer le sieur Marin, s'il quitte ou est renvoyé.

3 *Septembre* 1774. Il court dans les rues une chanson, telles que la police en permet souvent pour amuser le peuple. Le renvoi de M. le chancelier a donné lieu d'en faire une sur le même air, qu'on appelle *l'air de l'amitié*, & que la populace chante aussi à la sourdine :

Sur la route de Chatou
Le peuple s'achemine
Pour voir la f.... mine
du chancelier Maupeou,
Sur la rou.... sur la rou.... sur la route de
   Chatou, &c.

On voit que tout le sel de cette plaisanterie grossiere consiste dans l'équivoque auquel l'air donne lieu, & qui exprime le desir d'une canaille effrénée qui se déchaîne avec fureur contre les ministres que la disgrace laisse exposés à son indignation.

4 *Septembre* 1774. L'académie de St. Luc est une sœur cadette de la grande académie de peinture, de sculpture, &c. Ceux qui ne peuvent se faire recevoir de cette derniere, se repoussent dans l'autre, & s'efforcent, en perfectionnant leurs talents, d'exciter la jalousie

des maîtres qui les ont dédaignés. C'est pour entretenir une émulation utile que la premiere fait de temps en temps des expositions, dans les années où la grande académie n'expose pas. Il n'y en avoit pas eu depuis 1762. M. le marquis de Voyer d'Argenson étoit alors vice-protecteur de cette compagnie. M. de Paulmy, protecteur en titre, a favorisé l'exposition, qui se fait aujourd'hui à l'hôtel *Jabach*; car le lieu de la scene n'est point fixe. Elle est nombreuse & présente 258 numéros; ce qui fait environ 100 de plus quen 1762, puisque la collection de ce temps-là n'étoit que de 163.

6 Septembre 1774. M. de Vennes, qui remplace M. le Clerc en qualité de premier commis des finances, ne l'imitera vraisemblablement pas dans son luxe. La philosophie dont il est sectateur, le rendra traitable & modeste. Il est connu pour avoir travaillé à des morceaux de l'encyclopédie, ce qui donne une grande idée de ses lumieres & de sa sagesse. M. Turgot est aussi renommé pour son attachement à cette école, ainsi que M. de Langeville, directeur des bâtiments. Tous ces choix annoncent que l'on rend justice à cette secte, qu'on avoit noircie dans l'esprit du feu roi, en la peignant sous les plus affreuses couleurs.

7 Septembre 1774. M. de Pont-de-Vele, frere du comte d'Argental, ministre de Parme en France, vient de mourir. C'étoit un homme de beaucoup d'esprit, auteur de plusieurs ouvrages agréables, mais sur-tout de quelques comédies, presque les dernieres qui nous rappellent le vrai genre. Il étoit extrêmement lié avec M. de Maurepas: ils avoient toujours vécu en semble, ils avoient composé de ces folies de société, où, sous les apparences les plus frivoles, regne une philosophie aimable, ornée de graces & pleine de gaieté. Ils ne passoient presque pas un jour sans se voir, & l'on peut juger combien cette séparation a dû être douloureuse pour le ministre.

8 Septembre 1774. Le service de Notre-Dame a eu lieu hier. Pendant l'oraison funebre le feu a pris à une gloire de l'autel ; mais les précautions étoient si bien prises, qu'à l'istant il a été éteint ; & l'orateur s'étant arrêté un moment, a continué avec la même présence d'esprit.

Suivant un usage qui n'a lieu que pour les rois, l'extérieur de l'église étoit précédé d'un péristile en décoration très-noble, composé de six colonnes d'ordre corinthien. On y voyoit en bas-reliefs la représentation des événements les plus glorieux du regne de Louis XV, & le fond étoit chargé d'inscriptions tirées de l'écriture sainte & relatives, soit à la vie, soit à la mort du roi. L'entrée étoit pratiquée de façon qu'elle ressembloit à l'ouverture d'un antre funéraire. Cette architecture est de la composition du Sr. Chalier. On doit laisser le tout en place pendant quelques jours, pour que tout le peuple puisse se repaître successivement de ce lugubre spectacle.

9 Septembre 1774. M. de Vergennes vient de prévenir par une lettre le sieur Marin, que la gazette de France alloit désormais être confiée à l'abbé Aubert, connu par des fables & autres petits ouvrages, actuellement chargé des petites affiches, & professeur d'éloquence françoise au collège Royal. Il y a rédigé aussi pendant quelque temps le journal de Trévoux, intitulé aujourd'hui : *Journal des beaux Arts.*

10 *Septembre* 1774. Quoiqu'en général on dise peu de bien de l'oraison funebre prononcée par M. de la Luzerne, évêque de Langres, on en cite pourtant un morceau comme supérieurement fait : celui de la régence. D'autres vantent encore une énumération oratoire, où l'auteur passant en revue les divers regnes de la France, veut prouver que celui de Louis XV est le temps où les peuples ont été les plus heureux.

11 *Septembre* 1774. On parle de l'ordonnance du lieutenant de police, qui renouvellant d'anciens réglements, défend de tirer des fusées & d'en vendre. Ce premier monument de son administration sera remarqué par l'épigramme suivante, qui doit faire anecdote :

   Pour son insigne fausseté,
Le roi de son chancelier vient de faire justice;
Mais du peuple la joie ayant trop éclaté,
Ce prince aime si fort l'austere vérité
Que même à nos plaisirs il défend l'artifice.

12 *Septembre* 1774. Les comédiens François répetent actuellement *les Amants Généreux*, nouvelle comédie en cinq actes, de monsieur Rochon de Chabanne, que cet auteur a composée pendant qu'il étoit à la cour de Dresde, chargé des affaires du roi. Elle roule sur un trait du roi de Prusse, qui ne peut que faire honneur à ce monarque.

15 Septembre 1774. M. de Saint-Foix, l'auteur de *l'Oracle*, *des Graces* & autres comédies agréables, des *Essais historiques sur Paris*, & historiographe de l'ordre du Saint-Esprit, est dans un état de santé déplorable, qui le fait condamner par la médecine : on ne croit pas qu'il passe l'automne.

16 Septembre 1774. Depuis quelques jours on parle d'un pamphlet, où l'oraison funebre de Louis XV, par M. l'évêque de Senez, est fort maltraitée. Il a pour titre : *au Révérend Pere en Dieu, Messire Jean de Beauvais, créé par le feu roi Louis XV évêque de Senez* : il ne contient que 8 pages d'impression. On regarde cette satire comme une gaieté de monsieur de Voltaire, auquel il faut toujours quelqu'un qu'il prenne ainsi à tâche pour servir de plastron à ses plaisanteries, souvent très-mordantes.

18 Septembre 1774. Rien de plus singulier que les changements continuels qu'éprouve le projet de la construction d'une nouvelle salle de comédie Françoise. On croyoit qu'enfin il étoit arrêté irrévocablement. Le sieur Moreau s'en flattoit ; & pour mettre le gouvernement dans le cas de ne pouvoir se dédire, il faisoit presser les ouvrages commencés à l'hôtel de Condé avec vigueur. Il prétend qu'il y a déja pour cent mille écus de dépenses faites. Par une circonstance heureuse pour le sieur Liégeon, le changement de contrôleur-général ranime son espoir, & fait de nouveau concurir son projet avec celui de l'architecte de la ville. Un sieur de la Croix, secretaire de M. Turgot, avoit eu connoissance du projet du sieur Liégeon, l'avoit goûté, lui avoit même écrit à cette occasion. Il a profité du moment favorable pour mettre sous les yeux de monsieur Turgot les projets de dépenses des deux salles, & pour faire voir à ce ministre combien celle du sieur Moreau passeroit celle du sieur Liégeon, au point que les avances déja faites ne pouvoient empêcher de suspendre l'exécution des travaux commencés, puisque le bénéfice seroit encore très-considérable. Monsieur Turgot a senti la vérité du premier coup d'œil de ce parallele ; & provisoirement, afin de se donner le temps d'examiner la chose plus mûrement, il vient de faire arrêter les travaux de l'hôtel de Condé.

20 *Septembre* 1774. On parloit depuis long-temps d'un mandement de l'évêque d'Alais, dont on avoit arrêté le débit dans ce pays-ci ; ce qui, suivant la coutume, a irrité les desirs des curieux. Il en a enfin percé quelques exemplaires. Il paroît que la sainte hardiesse du prélat à occasioné la proscription annoncée. Voici les endroits qui ont pu ne pas plaire au gouvernement. Dans l'un le prélat ne dissimule pas le débordement des mœurs du roi, il dit :

« La destinée de ce prince est couverte à nos
» yeux d'un voile impénétrable ; mais si les
» foiblesses & par conséquent les scandales qui
» se sont succédés sur le trône, ont été trop
» visibles pour être désavoués, leur réputation
» n'a-t-elle pas été assez authentique pour nous
» donner les espérances les plus consolantes ?
» Que de témoins respectables ce prince n'a-
» t-il pas appellés pour en faire les dépositaires
» de ses regrets & les hérauts de sa pénitence !
» Que de voix se font entendre aujourd'hui

» pour répéter l'amende honorable qu'a faite à
» son peuple cet illustre pénitent ! "

Le tableau suivant a paru trop fort aux courtisans......

" Que le monarque aime Dieu, & il aimera
» son peuple & il portera aux pieds du trône
» des regards bienfaisants, jusqu'au fond de ces
» provinces dont les tristes habitants manquent
» quelquefois de pain, ou le trempent souvent
» dans leurs larmes.... & l'on cessera bientôt
» de voir le royaume partagé, pour ainsi dire,
» en deux classes ; dans l'une, les dépouilles
» des provinces servir de trophée au luxe & au
» faste de quelques familles, méprisables autant
» par leur origine que par leurs mœurs, qui ne
» voient jamais de superflu dans leur opulence;
» tandis que dans l'autre des milliers de familles, tirant à peine le nécessaire d'un travail
» pénible, semblent reprocher à la providence
» cette humiliante iniquité. "

Enfin, les allusions suivantes ont paru trop
recherchées, quoique tirées de l'écriture, &
capables d'occasioner de la fermentation dans
un temps où le gouvernement ne paroissoit pas
disposé au retour du parlement.

" Venez avec confiance, & je vous exaucerai.
» J'étendrai ma main pour ôter l'écume & l'é-
» tain qui est en vous : je rétablirai vos juges
» comme ils étoient auparavant ; vos conseillers
» rentreront dans leurs anciens droits. "

Du reste, cet ouvrage est écrit avec une
éloquence noble, vigoureuse & patriotique;
c'est un des meilleurs, faits sur la mort du roi.

22 *Septembre* 1774. Le nouvel ouvrage du
sieur Mercier qui fait bruit par la rareté &

par

par l'impudence de ses assertions, a pour titre: *Du Théatre*, ou *Nouvel Essai sur l'Art Dramatique*. Les chapitres 27 *des soi-disant critiques*, & 29 *des comédiens*, sont très-propres à attirer des ennemis à l'auteur. Dans le total de ce traité il semble regarder le drame comme le chef-d'œuvre du théatre par excellence, & sur-tout quand il est bien romanesque, bien noir, bien atroce. Il ne veut pas qu'on fasse rire dans la comédie. Rien de plus ridicule que cet écrit, par l'air confiant de l'écrivain & par son ton fastidique. A cette occasion on le reconnoît pour l'auteur de *l'An Deux Mille Quatre Cent Quarante*.

13 *Septembre* 1774. Il paroît décidé que le sieur Marin n'a plus la censure de la police qu'on dit accordée au sieur de Crebillon. Il faut qu'on soit réellement très-mécontent de cet homme, puisque pour la place de gazetier, comme pour celle-ci, on lui a refusé la grace qu'il demandoit de paroître se retirer, donner sa démission, & obtenir une pension en conséquence. On assure qu'il n'a aucun traitement. M. le Noir a dit à madame la comtesse de Crussol, qui sollicitoit pour lui: « Madame, j'admire votre » courage, votre générosité ; vous êtes la » seule qui ayez la bonté de me parler pour » cet homme-là. »

24 *Septembre* 1774. On admire au sallon de St. Luc le portrait de mademoiselle Dubois, exposé depuis peu ; il est d'un sieur de Saint-Aubin. Elle est représentée en Melpomene. La vérité de l'expression, la beauté des étoffes, le précieux du coloris, des chairs vives & animées, tout rend cet ouvrage digne de figurer ailleurs qu'au

sallon de l'académie de Saint-Luc. Ce portrait est daté de 1769. On lit au bas le quatrain suivant :

Le myrte, le laurier me parent tour-à-tour,
    De tous côtés ma victoire est certaine,
    Et je soumets à Melpomene
    Les cœurs échappés à l'Amour.

26 *Septembre* 1774. Un plaisant a fait une accolade des quatre ministres disgraciés, dans une épigramme intitulée : *Le Vinaigre des quatre voleurs.*

  Ami, connoissez-vous l'enseigne ridicule
Qu'un peintre de St. Luc fait pour des parfumeurs ?
    Il met en un flacon, en forme de pillule,
Boynes, *Maupeou*, *Terrai*, sous leurs propres couleurs ;
    Il y joint *d'Aiguillon*, & puis il l'intitule :
    Vinaigre des quatre voleurs

27 *Septembre* 1774. Le petit pamphlet de monsieur de Voltaire, intitulé : *de l'Encyclopédie*, est la plus aimable gaieté qui lui ait échappé depuis long-temps. Point d'âcreté, point d'humeur, un persiflage léger & du meilleur ton, le vrai style d'un homme de cour. Aussi est-ce là qu'il place ses interlocuteurs, puisque la scene est à Trianon. Ils sont Louis XV, le duc de la Valiere, le duc de Nivernois, madame de Pompadour, le comte de Coigny. Il s'éleve entr'eux une discussion sur la meilleure poudre à tirer : tous conviennent ne pas savoir un mot de la maniere dont elle se fabrique. On regrette *l'Encyclopédie*, que S. M. a fait arrêter, & qui

contenoit tous ces détails utiles. Le roi, pour se justifier, ordonne qu'on aille chercher ce livre abominable. On l'apporte, on y trouve les meilleures choses du monde & sur toutes les matieres. Le dénouement est un regret du monarque d'avoir méconnu si long-temps l'excellence d'un livre dont les étrangers ont déja fait quatre éditions, qui leur ont valu 1,800,000 écus. C'est sur ce foible canevas que le philosophe appuie sa morale exquise.

28 *Septembre* 1774. On assure que Me. Linguet se plaignant amérement de n'avoir rien reçu de monsieur le duc d'Aiguillon, ni honoraires, ni protection, pour le zele avec lequel il l'a défendu si éloquemment dans son procès si célebre, ne recevant pas même de réponse à ses follicitations, a fait un mémoire manuscrit, pour mettre les lecteurs dans son parti : il rapporte des lettres, qui deviennent piquantes dans les circonstances actuelles. On connoît d'ailleurs l'énergie du style de cet écrivain, & sa fougue lorsqu'il est agité de quelque passion violente.

29 *Septembre* 1774. Le caissier de la comédie Italienne vient de prendre la fuite, & fait aux acteurs une banqueroute d'environ 50,000 livres : un receveur particulier a suivi cet exemple, & emporte 10,000 livres.

30 *Septembre* 1774. On peut se rappeller l'histoire de la poule au pot. Elle a occasioné le quatrain suivant :

Enfin la poule au pot sera donc bientôt mise,
   On doit du moins le présumer,

Car depuis deux cents ans qu'on nous l'avoit promise,
On n'a cessé de la plumer.

1 Octobre 1774. Vers à quelqu'un qui demandoit ce qu'on disoit du roi à Paris.

Ami, notre jeune monarque,
En véritable Télémaque,
A pris le bon sens pour mentor,
Et pour conseil l'expérience,
La probité, la prévoyance :
L'économie est son trésor.
Il a pour femme la tendresse,
Tous ses sujets pour ses enfants,
Et la vérité pour maitresse.
Que deviendront les courtisans ?
S'il est possible, honnêtes gens.

Entre toutes les fadeurs débitées sur le nouveau regne, il faut convenir que celle-ci est sans contredit la meilleure, par la justesse des pensées, la vérité de l'allégorie, & sur-tout par une chûte heureuse & piquante.

6 Octobre 1774. les Amants généreux, cette comédie que devoient jouer les François, sont retardés par l'indisposition d'un acteur. On sait aujourd'hui que le fond de la piece roule sur un trait de la vie du roi de Prusse. Il a fallu que l'auteur eut en conséquence l'agrément du baron de Goltz.

8 Octobre 1774. On parle d'un projet pour empêcher les glaces de venir jusqu'à Paris y causer le ravage des débacles si dangereux. Monsieur Turgot, qui le connoît & le présume très-utile, veut le faire essayer en petit cette année sur la Marne, & l'on va travailler à son exécution.

9 Octobre 1774. Le roi paroît vouloir prendre une inspection particuliere sur la gazette de France, il a ordonné qu'on lui en envoyât régulièrement les épreuves.

12 Octobre 1774. Le projet dont on a parlé & qui devoit paroître beaucoup plutôt, n'a été retardé que par les formalités dont on l'a voulu revêtir, pour lui donner plus d'authenticité. Quoiqu'il ne soit pas d'usage d'accorder un privilege pour ces sortes de pamphlets, celui-ci en a un qui passera au sceau demain, & rien n'empêchera pour lors qu'il ne soit répandu dans le public. On juge par les précautions du gouvernement pour lui donner de la vogue & de la confiance, combien il le favorise déja & le trouve bon. Il a pour titre : *Plan d'opposition économique & d'administration des Finances, présenté à monseigneur Turgot, ministre & contrôleur-général des finances, par M. Richard de Glanieres.* Cet auteur montre une lettre du ministre, en date du 13 septembre, qui prouve le vœu de ce dernier : la voici.

« Lorsque je vous dis, Monsieur, de faire
» imprimer votre projet, c'étoit pour mettre
» le public à portée de le juger. Je suis donc
» bien éloigné de m'opposer à la distribution
» des exemplaires, & vous êtes bien le maître
» de la commencer aussi-tôt que votre ouvrage
» sera imprimé.

» Je suis, Monsieur, entièrement à vous,

[*Signé*] TURGOT.

13 octobre 1774. Le projet pour empêcher la Seine de se glacer dans Paris est de monsieur de Parcieux, & a été lu à l'académie des sciences, il y a quelques années. Il consiste en une quantité de pieces de bois attachées ensemble & amarrées de l'un & de l'autre bord avec des chaînes de fer. Ces poutres traverseront toute la largeur de la riviere, y seront flottantes & seront armées de tranchants, qui rompront l'impétuosité des glaçons & les briseront à leur arrivée. Monsieur Turgot a mandé le prévôt des marchands & la ville pour leur faire part de ce projet, & leur enjoindre de se préparer à en commencer l'exécution sur la Marne, vers l'endroit où elle se jette dans la Seine. Si cette premiere partie du projet réussit, on exécutera la seconde dans la Seine même, vers le port à l'Anglois.

14 octobre 1774. *Les Amants généreux* ont enfin été joués hier avec un succès mérité. Le fond est historique, à ce qu'assure l'auteur. Il est question d'un officier accusé d'exactions auprès du roi de Prusse actuel, qui, sur les premiers indices, cru coupable, avoit été à la veille d'être dégradé, & la religion du monarque mieux instruite, fut trouvé digne par ce souverain des marques de son estime & de sa reconnoissance. C'est sur ce canevas très-simple que monsieur Rochon a bâti sa fable, bien arrangée, pleine de mouvement, où tout se développe avec aisance & clarté. On y trouve la peinture nouvelle des mœurs Allemandes ; & par un art très-difficile, le comique & le pathétique s'y réunissent sans un contraste trop dur. Tous les personnages de la piece sont vertueux, sans qu'il en résulte aucune monotonie insipide. Les caracteres sont extrêmement bien soutenus, & le dénouement un des plus heureux, des plus justes & des plus imprévus qu'il y ait au théatre. Cette comédie fait beaucoup d'honneur au poëte, & lui donne droit de prétendre au premier rang parmi nos jeunes comiques.

15 Octobre 1774. La querelle survenue entre mademoiselle Arnoux & mademoiselle Raucoux a dégénéré en une guerre ouverte. Le Sr. Bellenger, dessinateur des menus & amant de la premiere, a pris fait & cause pour elle contre le marquis de Villette, chevalier de la seconde, & les propos ont été si vifs de la part du premier, que celui-ci a voulu en venir aux voies de fait, & écraser le poliçon qui osoit lui tenir tête. Cette scene s'étant passée en présence de beaucoup de témoins, Bellenger craignant le ressentiment du marquis, a porté plainte contre lui au criminel. Cependant des médiateurs se sont interposés entr'eux, & par un arrangement bien ridicule, on est convenu que les deux rivaux se présenteroient l'un contre l'autre l'épée à la main, & qu'on les sépareroit : ce qui a été fait. C'est à l'occasion de ce raccommodement burlesque, qu'a été écrite la plaisanterie suivante.

Extrait de la gazette de Berne, article de Paris, 6 octobre 1774.

On écrit de Lesbos une nouvelle qui paroît avoir beaucoup de fondement : la souveraine de cette isle (1), qui est, dit-on, *enjointe*

---

(1) Mlle. Raucoux.

avec le prince Lapon, ci-devant Patagon (1) connu par ses arriere-exploits ; fait congratuler ce prince sur ce qu'il vient d'être compris dans le traité de *pets conclu* entre les Turcs & Russes en considération des services postérieurs qu'il a rendus dans les guerres des Pays-Bas & des vœux continuels qu'il a faits pour que les Turcs nous tournassent le derriere. Les parties contractantes sont convenues dans la conférence de Bucharest de concéder audit prince Lapon l'isle de Chio, telle qu'elle se comporte avec son contour, pour en jouir, à l'exception des dépendances, pour lui & ses hoirs en ligne directe, mais masculine. Ladite isle concédée a été érigée en conséquence en comté & vicomté, aux conditions convenues dans la convention, dont suivent les articles les plus considérables.

Primo. La souveraineté du seigneur comte & vicomte de Chio comprendra toutes les conquêtes des Russes dans cette partie de l'Archipel.

Secundo. Il n'y aura dans l'isle que le seul culte des conformistes.

Tertio. La garde du seigneur comte & vicomte sera composée d'habitants d'Ancula, Florence, Rome & autres villes circonvoisines, à l'exclusion seulement de ceux de la Marche d'Ancone, qui ne pourront jamais servir sous ledit seigneur comte & vicomte.

Cuarto. On conferera tous les curés de l'isle ;

―――

(1) Le marquis de Villette. Il est d'une petite taille, & dans une querelle qu'il avoit dernièrement contre un homme plus poltron que lui, il disoit qu'il avoit six pieds contre lui ; de-là les désignations de *Lapon* & de *Patagon*.

on réformera les confesseurs, on ne *cu*sentira jamais à l'établissement d'aucune confrairie; mais on *cu*sentira à la *cu*firmation des constitutions des jésuites.

*Cu*into. Ledit seigneur *cu*te & vi*cu*te sera général né de l'arriere-garde des *cu*fédérés, & elle sera tenue d'y *cu*paroître toutes les fois qu'ils seront *cu*voqués & de *cu*courir en tout au bien *cu*mmun.

*Sex*to. Les revenus du seigneur *cu*te & vi*cu*te de Chio seront *cu*stitués sur tous les particuliers ayant droit de latrines, fosses d'aisance, vuidanges, &c. lesquelles *cu*tributions seront payées *cu*tant à l'hôtel de son *cu*trôle particulier.

*Septi*mo. Enfin le seigneur *cu*te & vi*cu*te, au moyen de ladite érection, & *cu*cession, sera tenu de renoncer à tous les droits sur l'isle Maquerelle; en dédommagement de quoi on lui a *cu*féré la propriété du *Bourget* & de la *Villette*, avec permission d'en porter le nom & les armes.

On peut juger, au surplus, par cette facétie, qui amuse beaucoup de sociétés, du délire qui a tourné les têtes pour une aussi plate querelle.

15 *Octobre* 1774. Monsieur le chevalier Laurès vient d'adresser à monsieur le comte de Maurepas une petite piece de vers, intitulée *le Songe*. C'est une allégorie ingénieuse de l'état où étoit la France & de celui où elle se trouve. Il y a beaucoup de poésie & d'harmonie dans cet ouvrage. Les louanges ainsi enveloppées ne sont point fades, d'autant qu'elles ont pour fondement la vérité.

16 octobre 1774. Tous les financiers font furieux contre le projet de M. *Richard des Glanieres*. Les fermiers-généraux sur-tout ne peuvent digérer une petite puérilité qu'il s'est permise sur leur compte. On sait que l'on les appelle par dérision *les colonnes de l'état*. L'auteur, en soutenant cette allégorie, présente dans son ouvrage deux estampes : l'une est une colonne minée par les fondemens, percée à jour de toutes parts, dégradée & vacillante sur sa base ; l'autre est une colonne bien droite, ferme, solide, n'ayant que l'ouverture nécessaire ; & il joint une explication à l'une & à l'autre figure, par laquelle la premiere désigne l'administration ancienne, dont il énonce les vices principaux ; la seconde, la nouvelle administration, dont il fait voir les qualités essentielles.

Au surplus, ce projet qui présente un tableau de huit cent millions de revenus pour le roi, en divisant les sujets de S. M., qu'il porte à 18 millions en huit classes, depuis 3 livres jusqu'à 500 livres par tête, n'a rien de neuf, & n'est que *la richesse de l'état de M. Roussel, conseiller au parlement*, qui a paru il y a dix ou douze ans, & occasiona tant de fermentation. Celui-ci n'avoit que 8 pages in-4°. & portoit un caractere de simplicité plus séduisant. Celui-là a 35 pages in-4°. & contient beaucoup plus de détails & de calculs, qui annonceroient plus d'érudition s'ils étoient justes.

17 octobre 1774. L'affaire de M. Linguet avec M. le duc d'Aiguillon ne fait pas honneur au premier. Il est constant qu'il avoit reçu mille louis de cet illustre accusé pour le défendre ; que depuis sa disgrace il l'a fait assigner comme s'il n'en avoit pas été payé, & qu'il a produit un mémoire énorme de ses prétentions, montant à plus de soixante mille francs. Que M. le duc d'Aiguillon craignant de reparoître sur la scene, aime mieux payer, & qu'il s'est déja acquitté en partie.

18 *Octobre* 1774. On assure que le projet de M. Richard des Glanieres est arrêté, & qu'il ne se vend plus que clandestinement; ce qui l'a fait renchérir de beaucoup. On s'informe de la personne depuis qu'il en est question, & après plusieurs recherches il se trouve que c'est un homme qui a été dans les emplois, qui en a eu de bons, mais qui a marché en rétrogradant & est mal à l'aise aujourd'hui. Quand on lui conteste quelque point de son projet, il le défend avec chaleur, mais non avec grande force ou étendue de raisonnement. Il ne paroît pas foncé comme il devroit l'être sur une pareille matiere, d'où bien des gens concluent que le projet n'est pas de lui, qu'il n'est qu'un prête-nom.

20 *Octobre* 1774. Les comédiens François viennent de perdre un acteur distingué en la personne du sieur *Feulie*. Il faisoit certains rôles de valets gais, pour lesquels il avoit une aisance, une vérité, un masque unique. Il est mort de la petite vérole, pour avoir été traité à la maniere moderne.

22 *Octobre* 1774. On a fait des *Commandemens du Roi à son Garde-des-Sceaux*. On voit aisément qu'ils sont calqués sur ceux de *Henri IV à son petit fils*. Cependant ils contiennent quelques anecdotes relatives à ce chef actuel de la justice, qui les rendent précieux. Les voici :

Commandement de Louis XVI, à M. de Miroménil, garde-des-sceaux.

Ton seul prince tu serviras,
Après les loix premiérement.

Jamais ne te parjureras
Comme Maupeou vilainement.

Les sceaux de ton mieux garderas,
En les appliquant justement.

Le parlement rétabliras
Pour exister plus longuement.

Charges point ne supprimeras
Qu'en remboursant loyalement.

Toujours la vérité diras,
Sans crainte aucune absolument.

Paillard honteux toujours feras,
Puisque ne peux être autrement.

Mais avec ta femme vivras
Pour bon exemple seulement.

Tous ses travers excuseras,
Pour qu'on l'excuse également.

Ainsi glorieux tu seras
Dans l'histoire éternellement.

Pour l'intelligence de ceci, il faut savoir que M. de Miroménil a été obligé de faire enfermer sa femme pour ses déréglements.

24 *Octobre* 1774. Le mémoire de *monsieur* au roi contre le parlement est très-vrai. Il a été remis à S.¹ M. la veille du départ pour Fontai-

nebleau. C'est le sieur Cromot & le sieur de Fontette, l'un surintendant des finances, bâtiments, arts & jardins, & l'autre chancelier, garde-des-sceaux, chef du conseil de ce prince, qui passent pour auteurs de cet ouvrage. Il est intitulé : *Mes idées*.

25 *Octobre* 1774. M. de Bernieres, ancien contrôleur-général des ponts & chaussées, connu par diverses machines qu'il a imaginées, s'est proposé de faire un miroir ardent, tel que celui qu'on impute à Archimede. Il en a fait l'essai, il y a quelques jours, dans le jardin de l'infante, donnant sur la riviere, & il paroît que ses soins n'ont point été infructueux. Il doit incessamment en réitérer les opérations en présence de MM. de l'académie des sciences, auxquels il fera voir la machine.

26 *Octobre* 1774. On parle d'une estampe intitulée : *la France sauvée*, qui a été arrêtée par la police. On y voyoit Louis XV au tombeau, & le chancelier en fuite, poursuivi par la justice, armée de son glaive. Les peuples, par leurs acclamations, sembloient témoigner leur joie. On conçoit qu'on ne pouvoit tolérer une caricature aussi indécente, quoique portant de grands caracteres de vérité.

27 *Octobre* 1774. *L'oraison funebre de Louis XV*, prononcée dans l'église de Toulouse, le 7 septembre dernier, par l'abbé Vernal, grand-vicaire de M. l'archevêque, & sans contredit un très-beau discours. On admire comment, en présence du parlement même, il a gémi sur les malheurs de la magistrature, & formé des vœux pour le rétablissement de l'ancienne.

28 *Octobre* 1774. Le Sr. Artaud, auteur de la co-

médie intitulée: *la Centenaire*, & bibliothécaire de M. le duc de Duras, vient d'être chassé de chez ce seigneur, pour escroqueries & vols qu'il a faits. On a découvert qu'il avoit vendu plusieurs livres de la bibliotheque.

31 *Octobre* 1774. Le premier cahier du *Journal de Politique & de Littérature* de Me. Linguet, contenant les principaux événements de toutes les cours, les nouvelles de la république des lettres, paroît depuis le 25 de ce mois. On y trouve un long préambule, où cet auteur gonflé de vent, égoïste à son ordinaire & ne parle que de lui. Il prétend qu'il vouloit garder l'incognito, & qu'une méprise singuliere a divulgué son secret, &c. Il ne conte point cette méprise : on peut la mettre au rang de ces suppositions gratuites, de ces mensonges habituels, qu'il se permet en écrivant. Il rassure ses ennemis sur leurs craintes qu'il n'abusât du sceptre de la critique dont il s'empare aujourd'hui, & que, suivant ses expressions, il ne la transformât en poignard; il se compare modestement à Adrien & à Louis XII; & dit à ses prétendus persécuteurs littéraires: *vous voilà sauvés*.

31 *Octobre* 1774. Le pauvre diable de Baculard d'Arnaud reparoît encore sur la scene, par une *requête à monsieur le lieutenant criminel, contre le Cerf Levy, Mérouville & leurs adhérents*. Il y parle au nom de sa femme aussi & du sieur le ***, son ami. C'est la suite de son affaire à l'occasion des lettres de change faites à un juif pour fonds nécessaires à l'impression d'une nouvelle édition de ce poëte, que l'usurier devoit fournir, qu'il n'a point donnés, & qu'il a réclamés cependant. C'est aujourd'hui contre

son mémoire que le sieur d'Arnaud revient, s'y prétendant injurié, calomnié, ainsi que sa femme & son ami.

1 *Novembre* 1774. On dit que le *Journal des Dames* recommence depuis cette année, & que le privilege en avoit été accordé à une certaine baronne de Prinzen, fort entichée de la manie de faire des vers, & remplissant ce journal de ses insipides productions. Cette dame se trouvoit, il y a peu de temps, dans une petite société littéraire, où chacun a la liberté de produire ses ouvrages. Un sieur Gilbert, poëte dans toute la valeur du terme, qui ne manque pas de talent, & sur-tout est doué d'une chaleur singuliere, telle qu'il a l'air d'un énergumene en récitant ses opuscules, lisoit une piece de poésie de sa façon. La baronne, sans égard pour l'amour-propre de l'auteur, causoit & rioit avec une grande indécence pendant cette lecture, au point que le sieur Gilbert s'en appercevant & ne pouvant y tenir de rage, met son papier sur la table, & regardant madame de Prinzen, lui adresse le quatrain suivant:

Ah! Prinzen, par pitié, daignez du moins m'entendre;
Oui, mes vers sont d'un froid & d'un lourd sans égal.
Mais le mal que je fais vous pouvez me le rendre:
Faites-moi quelque jour lire votre journal.

2 *Novembre* 1774. M. l'abbé Baudeau, économiste, dans les mêmes principes que M. Richard des Glacieres, mais qui a plus de tête, plus de méthode, plus de raisonnement & plus de style, vient de lui faire une réponse, dont se prévalent les ennemis du projet, mais qui

au fond, n'en est que la confirmation, plus sage, plus réfléchie & plus développée.

3 *Novembre* 1774. On écrit de Vienne que l'empereur s'est piqué d'émulation envers le chevalier Gluck; qu'il ne veut pas que ce musicien distingué quitte sa cour, & que pour l'y attacher il lui fait aussi deux mille écus de pension; mais en même temps, pour ne pas le priver des avantages qu'il retire en France, il lui permet d'y venir tous les ans faire exécuter quelqu'un de ses ouvrages.

5 *Novembre* 1774. Dans l'estampe satirique dont on a parlé, on voit en outre madame Dubarri frappant à la porte d'un couvent, & Louis XVI rayonnant de gloire.

6 *Novembre* 1774. Le nouvel opéra du Sr. le Monnier, dont la musique est de Floquet, a pour titre : *Alozan*, ou *les Femmes indiscrettes*. Il doit avoir lieu le 15 de ce mois.

9 *Novembre* 1774. Il paroît des *lettres à un ami sur la destruction des jésuites*. Ce qui rend ces lettres précieuses, outre qu'elles sont très-bien faites, c'est qu'elles ont été composées par ordre de M. le duc d'Aiguillon, lorsqu'il étoit ministre des affaires étrangeres. Ce seigneur voyant toutes les puissances, & sur-tout celles de la maison de Bourbon conjurées contre la société, a cru devoir se laver de l'attachement pour elle dont on l'accusoit, & il a jugé ne pouvoir mieux prouver son impartialité qu'en chargeant quelqu'un de tirer au clair les griefs de cette société, & les motifs de la nécessité de sa destruction.

10 *Novembre* 1774. MM. Diderot & Grimm sont revenus de leurs longues courses. Ils sont ar-

rivés chargés des présents de la magnifique souveraine qui les avoit appellés, & de différents princes à la cour desquels ils ont passé.

12 *Novembre* 1774. On a commencé à l'opéra les répétitions d'*Azolan* en trois actes. Le poëme a paru triste, la musique médiocre, quant à la partie charmante, beaucoup de ballets & d'assez belles choses dans cette partie.

13 *Novembre* On cite le bon mot suivant de M. de Maurepas au lit de justice : ce ministre s'étant montré dans la grand'chambre, M. d'Aguesseau, le doyen du conseil, a paru surpris de sa venue, & lui a déclaré qu'il ne pouvoit avoir aucun rang dans ce cérémonial. Le ministre l'a rassuré en lui apprenant qu'il venoit seulement *lanterner*. En effet, il s'est placé comme incognito dans une lanterne.

14 *Novembre*. Par un abus né de la corruption des mœurs de la capitale, lorsqu'une femme vouloit se soustraire à l'empire de son mari, une fille à l'autorité de son pere ou de sa mere, elle se faisoit inscrire sur la liste des filles de l'opéra, & sans avoir aucun talent ni disposition pour le théatre, elle devenoit libre de vivre dans le désordre, sans que la police pût avoir inspection chez elle à cet égard & la faire retourner sous la puissance de ceux de qui elle dépendoit. S. M. instruite de cet abus, & voulant rétablir, autant qu'il est possible, dans une grande ville, le bon ordre & l'honnêteté des mœurs, vient d'abolir ce réglement détestable.

15 *Novembre*. *L'Henri IV*, de Monsieur Durosoy, a été joué lundi à la comédie Italienne. La fable de ce drame lyrique roule sur un in-

cognito de ce prince, genre de plaisir auquel il aimoit à se livrer, mais dont l'auteur n'a pas tiré pour la galanterie tout le parti possible; qui d'ailleurs ne présente rien de neuf, après les situations du *Roi & le Fermier*, & celles de la *partie de Chasse*, de M. Collé. Celui-ci a lieu peu avant la bataille d'Ivry, & n'est motivé de la part de S. M. que sur une disposition militaire qu'il veut faire; en sorte que l'amour ne devient qu'épisodique dans la piece, & n'échauffe que des personnages subalternes. La bienfaisance de *Henri*, son courage, son sang-froid dans les actions périlleuses, sont les principales qualités que l'auteur lui fait déployer ici. Il a saisi quantité de traits, sentences & bons mots de la vie de son héros, qu'il accroche de droite & de gauche, & qu'il place ainsi. Le dialogue est donc excellent, toutes les fois que M. Durosoy fait parler Henri IV d'après lui-même & d'après l'histoire; mais toutes les fois qu'il veut mettre du sien, donner de son esprit à ce monarque, & lui inspirer des madrigaux, rien de plus froid & de plus ridicule. On ne trouve pas moins extravagant de faire chanter à Henri IV son plan de bataille. Le seul moment où l'on eût pu donner au roi ce genre de gaieté, c'étoit à table; car il y a aussi un repas : ce qui devient bien trivial après ceux des deux pièces déja citées, & dont il ne résulte pas d'ailleurs les allusions ingénieuses, les détails piquants & l'aimable enjouement des autres. A bien discuter cette piece, il n'y a donc eu aucun mérite à la composer, & tout le succès est dans le titre.

La musique, du Sr. Martini, est peu analogue au drame, & sembleroit n'être pas faite pour s'y adapter en beaucoup d'endroits. Il y a cependant de jolies choses. Le moment de la bataille, qui se donne entre le second & le troisieme acte, & dont on entendoit le bruit dans le lointain, produit de l'effet. C'est une invention heureuse : c'est l'endroit le mieux senti de la part du musicien, quoiqu'il ne soit pas poussé au point de perfection où il pouvoit aller.

On a semblé généralement assez content du Sr. Clairval, qui jouoit le rôle de Henri IV. Cet acteur qui n'avoit pas reparu depuis long-temps, avoit pensé être enlevé au public par une maladie très-grave, & a été revu avec un nouveau plaisir.

17 *Novembre* 1774. Les comédiens François voyant les Italiens les primer, pour offrir au public *Henri IV*, n'ont point voulu rester en arriere. Ils se sont pressés de se mettre en état de jouer *la partie de Chasse* de M. Collé, & ils l'ont exécutée hier. Quoique cette piece, imprimée depuis long-temps & jouée par-tout, fût très-connue, on ne peut rendre l'empressement du public pour la voir à ce théatre, où pourtant elle n'a pas fait la sensation qu'on attendoit. Beaucoup de monde dans les coulisses, où la foule des spectateurs s'est rendue, ne pouvant se répandre ailleurs ; une nuit qui n'a point été exécutée, quelques défauts dans le costume, des acteurs mal servis par leur mémoire, ont contribué au défaut d'illusion. D'ailleurs Brizard n'a pas rendu le rôle de Henri IV aussi parfaitement qu'on l'eût cru.

18 *Novembre*. *Lettre à un duc & pair.* Dans cette brochure, de plus de 60 pages,

on discute d'une maniere claire & précise tout ce qu'ont osé dire les prêtres depuis plus d'un siecle pour établir leur empire au mépris des loix & des magistrats qui en sont les organes. L'auteur conduit leurs intrigues jusques aux derniers événements, dont il prétend qu'ils ont été les auteurs: il n'hésite point à leur imputer tous les maux que notre auguste monarque vient de réparer. Il rappelle tout ce que leurs partisans ont fait pour empêcher cette glorieuse époque de sa sagesse & de sa bienfaisance. Cette lettre, fort noblement écrite, part sûrement d'un homme très-instruit. Elle est datée du 30 septembre dernier.

18 *Novembre* 1774. M. l'abbé de Voisenon, membre de l'académie Françoise, est malade dangereusement. Il est sujet à des attaques d'asthme qui, quoique très-violentes, se passent promptement, & le laissent ensuite dans l'état de santé le plus parfait. Mais cette fois on craint pour l'hydropisie de poitrine.

19 *Novembre*. *Mes réflexions sur les idées d'un inamovible & compagnie. Octobre* 1774. Tel est le titre d'une réfutation du mémoire intitulé: *Mes idées*, que l'auteur feint d'attribuer à Me. Gin, pour pouvoir le réfuter plus à son aise & plus gaiement. Quoique la discussion ne soit pas en regle & complete, il tombe sur les endroits les plus saillants de l'ouvrage, & tourne le conseiller parfaitement en ridicule; il fait voir aussi l'odieux de ces *idées*. Ce petit pamphlet est assez légérement fait, & sera lu avec d'autant plus de plaisir qu'il est court. Le clergé n'y est point épargné & y reçoit son coup de patte, relativement au zele qu'il a

témoigné pour le soutien des inamovibles ; en voulant les identifier avec la religion qu'il prétend devoir s'écrouler avec eux. L'abbé Terrai y figure aussi, & sa phrase dont messieurs se glorifient, lui attire une épisode où le sarcasme & l'indignation se succedent tour-à-tour. On y joint quelques anecdotes piquantes & propres à réveiller les amateurs.

16 *Novembre* 1774. La premiere *lettre à un ami sur la destruction des jésuites*, datée du 3 novembre 1773, n'embrasse que leur système théologique, & quoique très-importante pour justifier l'ouvrage du saint pere, est peu amusante, peu intéressante conséquemment pour la plupart des lecteurs.

La seconde est un *commentaire du bref de Clément XIV*. Elle embrasse conséquemment sous un coup d'œil plus général cette destruction. Elle discute tous les griefs énoncés dans la bulle, & prouve que la société a justement mérité sa suppression totale.

Par la nature & les caracteres de son régime.

Par son ambition excessive pour tout envahir.

Par une cupidité effrénée pour amasser des richesses.

Par les troubles qu'ont excité dans l'église ses nouveautés en matiere de doctrine.

Par le renversement scandaleux de tous les principes de la morale.

Par la perte de la religion dans les missions.

Par sa révolte persévérante contre toute autorité.

Enfin par ses intrigues, ses cabales dans tous les états.

Tous ces points sont développés ensuite avec

beaucoup d'étendue & soutenus par une multitude de citations historiques & d'anecdotes recueillies par l'auteur dans les différents états d'où les jésuites ont été expulsés. Mais son but essentiel est d'éclairer sur une assertion que ses membres dispersés affectent de répandre en France : savoir, que n'y ayant plus de jésuites en ce royaume, la publication du bref étoit inutile. L'auteur prétend, au contraire, qu'il est essentiel de donner sur ce bref des lettres-patentes qui, légalement enrégistrées, assurent la pleine & entiere exécution de la constitution *Dominus*, parce que l'extinction de la société ne peut être secrete, mais publique; que la connoissance en doit être *légale*, pour la rendre obligatoire & *regle de conduite* ; qu'elle ne peut être regle suivant nos libertés, sans l'avoir rendue notoire, & qu'elle ne peut être notoire sans lettres-patentes. En un mot, qu'il est indispensable d'ôter ainsi aux membres dispersés de l'ordre, la faculté de corrompre encore par l'enseignement public ou la direction secrete.

10 *Novembre* 1774. Pour entendre l'acrostiche suivant, il faut savoir que le nom de baptême de M. de Maupeou est *René*, & que le 12 Novembre, jour où le parlement a été remis dans ses fonctions, est celui où l'on célebre la fête de ce saint.

  Reçois pour ton bouquet ce grand événement ;
  En ce jour solemnel renaît le parlement.
  Non, l'on ne pouvoit pas mieux célébrer ta fête ;
  Et pour la compléter, il y faudroit ta tête.

On voit par cette petite piece de vers que

les esprits ne sont pas encore aussi calmes que le desireroit le gouvernement. La suivante en est une nouvelle preuve.

Louis vouloit être Titus ;
Mais Maupeou vouloir le contraire,
Car il comptoit pour jours perdus ,
Tous ceux qu'il passoit sans mal faire,
Mais le coq... n'en perdoit guere.

23 Novembre 1774. M. Dorat vient de faire imprimer trois épîtres nouvelles : l'une *à Thémis* : elle roule sur le retour du parlement, & l'auteur finit par voir réalisé l'âge d'or, que l'imagination fabuleuse d'Ovide avoit esquissé. Il y a beaucoup de facilité dans cet ouvrage, une marche, un plan, des détails qui annoncent des connoissances de l'histoire & des diverses législations des états de l'Europe, anciens & nouveaux. On ne peut y trouver à redire, qu'un caractère d'adulation trop marqué.

Le second ouvrage est un *dialogue entre Pégase & M. Clément*. L'auteur avertit que son but est de venger M. de Voltaire des attentats de ce critique : c'est le prétexte. Mais M. Dorat a passé aussi sous cette coupelle, & son amour-propre est aussi chatouilleux qu'un autre. Il est fort à craindre que sa facétie ne lui concilie pas le vieillard de Ferney, & ne reveille l'Aristarque, bien propre à donner de nouvelles mortifications à M. Dorat. Du reste, la fable de cette diatribe est absolument calquée sur celle du *dialogue entre Pégase & un vieillard* de M. de Voltaire, & l'on ne voit pas trop comment est amené ce cheval ailé, dont la brusque incartade est mal motivée ; il y a quelque défaut de sens commun dans le plan & la marche de ce petit poëme.

La troisieme épître est adressée à monsieur de Chamfort, après la lecture de son *Eloge de la Fontaine*. Elle est foible de choses & de coloris, ne porte sur rien. On juge que M. Dorat a pris la plume avant d'avoir bien conçu ce qu'il avoit à dire.

23 Novembre 1774. L'académie royale de musique a donné hier la premiere représentation d'*Azolan*, ballet héroïque en trois actes, ou *le serment indiscret*. On a remarqué dans le parterre visiblement deux partis ; ce qui empêche de fixer encore une opinion certaine sur cet ouvrage. La pantomime de *Bacchus & d'Ariane* n'a point souffert d'indécision, & a été généralement applaudie.

24 Novembre 1774. Il se répand une nouvelle brochure, intitulée : *Les dernies Soupirs du soi-disant parlement*. C'est une réfutation de l'arrêté du 19 octobre, dont on disseque chaque phrase & qu'on décompose en 11 articles. Au bas de chacun est la réfutation. On ne peut qu'applaudir aux bons principes de l'auteur & à la solidité de ces raisonnements ; mais on désireroit qu'il ne les eût pas entrelardés de mauvaise plaisanterie, toujours déplacée dans un ouvrage de discussion sérieuse, & plus indécente vis-à-vis de gens qui ne peuvent plus répondre.

A la suite est une réponse aux *Questions du tripot*, au nombre de 10. Ce sont celles répandues avec l'arrêté susdit & qui y étoient jointes. Même logique & point de turlupinades, ce qui n'est que mieux.

A

A la tête du pamphlet, on voit en ordre symétrique une multitude de petites têtes figurant l'assemblée du tripot. Elles sont autour d'un quarré vuide. Au milieu est celle du chancelier, & autour cette épigraphe : *Quid nobis superest sinon suspiria Maupeou.*

27 *Novembre* 1774. Une *lettre de monsieur l'archevêque d'Utrecht & de MM. les évêques de Harlem & de Deventer, ses suffragants, à monsieur l'archevêque de Toulouse*, fait grand bruit ici dans un certain monde, & sur-tout parmi les jansénistes. Elle est écrite au sujet du rapport de monsieur de Brienne contre le concile d'Utrecht de 1703, fait dans l'assemblée générale du clergé de France de 1765, & de la censure qui en a été la suite. Elle est bien écrite & encore mieux raisonnée.

28 *Novembre* 1774. Il paroît qu'on n'a pas été content de la nouvelle expédition de monsieur de Kerguelin pour les Terres Australes : qu'on l'accuse de mauvaise foi, de cupidité, & qu'il a été mis au conseil de guerre, dont ses amis craignent le résultat pour lui.

29 *Novembre* 1774. La *lettre de monsieur l'archevêque d'Utrecht, &c.* contient d'abord une plainte de ce prélat & de ses confreres au sujet de l'entreprise de l'assemblée du clergé de France, dont on démontre l'irrégularité & l'injustice. On prouve que les faits historiques énoncés dans le décret sont altérés ou controuvés : on releve les méprises grossieres sur les membres du concile, les faux reproches sur les articles de doctrine adoptés par le concile. On fait voir qu'il n'y a ni omissions essentielles, ni réticences affectées, ni nouveautés de langage,

Tome VII. L

encore moins des erreurs. On réfute les vaines déclamations uniquement fondées sur le décret de Rome contre ledit concile, décret manifestement obreptice & subreptice. On y oppose l'applaudissement universel que ces actes ont reçu dans toutes les parties de l'église catholique. On rétorque l'accusation de l'esprit de parti qui regne tout entier dans la censure de l'assemblée du clergé de France. On finit par des réflexions sur le prononcé, où la vérité, la justice, la sincérité, sont si cruellement offensées.

Il seroit difficile de trouver un ouvrage de controverse mieux fait que cette lettre, datée d'Utrecht le 10 mars 1774. Elle est écrite avec une modération rare dans les disputes théologiques. On y trouve, qui plus est, une politesse, une urbanité de mœurs & de style, qui doit faire regretter à nos prélats de recevoir une pareille leçon des prélats Hollandois, à qui notre langue & notre aménité littéraire devroient être étrangeres. M. l'archevêque de Toulouse y est spécialement convaincu de l'ignorance la plus crasse ou de la mauvaise foi la plus décidée, & ce petit écrit sera à jamais l'opprobre du clergé de France.

30 *Novembre* 1774. Le parlement est rentré lundi dernier 28 novembre. Il y a eu ce qu'on appelle *les harangues*, c'est à dire, un discours du premier président qui a roulé sur *l'amour du devoir*; un du premier avocat-général Seguier, *sur la gloire*; & enfin une réponse des avocats qu'a fait Me. *Target*.

De tous ces discours prononcés devant une assemblée très-brillante & très-nombreuse, céui de M. Séguier a fait le plus de bruit par son affectation à ramener sur la scene le chancelier Maupeou, dont il fait le portrait à plusieurs fois, & toujours avec beaucoup de variété, d'énergie & de vérité. Il paroît que l'endroit le plus frappant & le plus remarqué du public est celui où il a comparé ce chef suprême de la magistrature à un rocher, qui, frappé des rayons du soleil, en impose de loin, par l'éclat, l'immensité de sa masse, par le prestige qu'il occasione aux yeux, mais qui, dès que l'astre se retire, n'offre plus qu'un spectacle hideux & effrayant.

1 *Décembre* 1774. L'opéra d'*Azolan*, que les mauvais plaisants appellent *désolant*, excite une guerre vive entre les partisans de Floquet & ceux de Gluck. Ces derniers intriguent tellement, que l'orchestre fait de son mieux pour faire tomber l'ouvrage du compositeur François, par son exécution gauche & capable de désorienter les chanteurs & même les danseurs. C'est au point que le mardi, jour de la quatrieme représentation, les directeurs n'ont pas eu cent louis de rétribution. Le pauvre Floquet a été obligé de faire des bassesses auprès de ces ménétriers, pour les solliciter en sa faveur, & leur faire oublier les choses dures qu'il leur avoit dites dans ses moments d'humeur. Les défenseurs de ce musicien, en convenant de la supériorité des talents de l'Allemand, ajoutent qu'il y a de très-jolis morceaux dans *Azolan*, & qu'enfin on doit encourager un jeune homme qui n'a que 24 ans, & ne pas le comparer à un compositeur consommé de 60 ans.

2 *Décembre* 1774. *M. Dupré de St. Maur*, maître des comptes, & l'un des 40 de l'académie Françoise, vient de mourir à près de 80 ans. On ne connoissoit de lui qu'une *traduction de Milton*, encore qu'on lui conteste. Son *Essai sur les monnoies de France* n'est point un titre littéraire, & en général il passoit pour un homme très-médiocre. Sa femme a beaucoup plus de prétentions au bel esprit. C'est une des virtuoses renommées de cette capitale

3 *Décembre* 1774. Il paroît un *Précis historique de la vie de madame la comtesse Dubarri*. Cet ouvrage, que les colporteurs n'auroient pas osé débiter plutôt, perce ici, mais ne répond pas à l'empressement des curieux. Très-peu de faits, presque tous faux ou défigurés, se trouvent noyés dans un amas de réflexions & de dissertations morales, qui font de cet écrit galant un très-ennuyeux sermon. De pareils mémoires ne peuvent être bien composés que par quelqu'un de la cour, à portée de connoître toutes les anecdotes de la vie de cette *courtisanne*, comme la qualifie assez malignement l'auteur, qui a quelquefois, mais rarement, de bonnes plaisanteries. Du reste, un style incorrect, lourd, des phrases d'une longueur à perte d'haleine, fatiguent le lecteur & l'obligent à quitter souvent cette brochure, d'un volume assez mince, puisqu'elle n'a pas 90 pages. On voit à la tête un portrait de madame Dubarri, aussi défiguré que son histoire.

Suivant quelques passages du livre, tirés de l'anglois, dont on cite le texte, il y auroit dans cette langue un écrit de la même nature, mais dont le rédacteur ne seroit pas mieux instruit, puisqu'il ne fournit rien de bon à son copiste. Il est à espérer qu'un jour on aura la vie de la comtesse en question, rendue d'une façon plus intéressante & plus détaillée pour le fond & pour la forme.

4 *Décembre* 1774. *Azolan*, malgré la forte cabale contraire, & les mauvaises intentions des acteurs & de l'orchestre, se soutient & acquiert même des partisans. Il paroît nécessaire d'en faire un plus grand détail.

L'épigraphe du poëme, composé par le sieur le Monnier, tiré du conte de monsieur de Voltaire intitulé, *Azolan*, caractérise à merveille en deux vers tout le sujet :

> Tant d'honneurs & tant d'opulence
> N'étoient rien sans un peu d'amour.

En effet, *Azolan* comblé de tous ces biens, à condition de renoncer au dernier, se trouve le plus malheureux des mortels, n'y peut tenir, & se livre à une passion irrésistible. Il en est puni par le génie qui lui avoit imposé la fatale loi, & l'Amour, auteur de son parjure, le dédommage & le soustrait au supplice du tyran.

Tel est le cadre heureux de ce ballet héroïque, dont les paroles malheureusement ne répondent pas au sujet, & sont médiocres, presque toujours, & souvent détestables.

Le morceau vraiment intéressant de l'opéra, & qui attire les spectateurs, est la pantomime du second acte. L'Amour pour faire voir à *Azolan* qu'il n'est pas aussi effrayant qu'on le lui a dépeint, par une illusion soudaine fait retracer à ses yeux les amours de *Bacchus &*

d'*Ariane*. Ce poëme pittoresque en quatre actes, est exécuté principalement par le sieur Vestris & la demoiselle Guimard. Rien de plus majestueux que le premier, rien de plus séduisant que la seconde, & le développement de cet épisode s'exécute avec une pompe & une précision auxquelles on ne peut rien ajouter.

5 *Décembre* 1774. Entre toutes les plaisanteries qui éclosent journellement sur les événements du moment, on distingue deux chansons; l'une, du grand faiseur, le sieur Collé, intitulée: *les Revenants*, sur l'air, *chansons, chansons*. Il faut savoir pour l'intelligence de cette facétie, que monsieur le chancelier se servoit de cette expression en parlant du parlement exilé; & quand il vouloit enrôler quelqu'un dans sa nouvelle milice, il lui disoit: *N'ayez pas peur des Revenants*.

L'autre est sur l'air: *Vous m'entendez bien*, & roule sur la transformation de messieurs du nouveau parlement en grand-conseil, sur les honneurs du mortier, du manteau herminé, de la robe rouge, &c. qui leur tiennent au cœur, & auxquels ils ont peine à renoncer.

7 *Décembre*. La ville de Rouen, pour témoigner à M. le garde-des-sceaux sa vive reconnoissance du rétablissement du parlement, a arrêté qu'il seroit placé dans le sanctuaire de la justice l'effigie en marbre de M. de Miroménil, représenté en pied. Les principaux habitants se sont cotisés sur le champ pour contribuer aux frais de ce monument, & par cet empressement ont ôté au plus grand nombre la liberté & le plaisir de le faire.

9. *Décembre* 1774. Les partisans du Sr. Flo-

quet se cotisent pour lui faire faire un voyage d'Italie, dans l'espoir que ce jeune musicien se perfectionnera par la comparaison.

10 *Décembre* 1774. Extrait d'une lettre d'Amiens, du 3 décembre. Vous voulez un détail circonstancié du projet du canal qui se construit en Picardie, & des avantages qu'il doit procurer à la province : le voici.

La *Somme*, qui prend sa source dans la *Picardie*, & la traverse pour se perdre dans la mer qui baigne ses côtes, se refusoit à la navigation jusques à *Amiens*, par l'épanchement de ses eaux dans les campagnes, dans un cours de 20 lieues. Là commence une navigation difficile jusques à *Abbeville*, où les flots de la mer viennent chercher les bateaux qui descendent & apportent ceux des ports de *Saint-Valeri* & du *Crotoi*.

On avoit anciennement formé le projet d'une navigation soutenue dans la partie supérieure de la *Somme*, & perfectionnée dans ses parties inférieures, pour réunir les deux extrêmités par un commerce général, communiquant avec la mer.

Monsieur Laurent a perfectionné ce projet. Il a été commencé sous sa direction, & est déja exécuté en partie par la construction d'un canal sur la rive gauche de la *Somme*, qui se réunit avec elle dans ses parties navigables, & produira une navigation de 34 lieues sur cette riviere, & une communication directe avec la mer.

Mais cette navigation particuliere à la *Picardie*, devient, par l'entreprise la plus hardie de l'industrie humaine, un point nouveau de réunion des principaux fleuves du royaume & de tous les canaux qui s'y joignent. La *Somme*, placée entre l'*Oise* & l'*Escaut*, communique avec ce premier fleuve par l'ancien canal de *Picardie*, connu sous le nom de *Canal de la Fere*. Sa jonction avec l'*Escaut* ne pouvoit se faire que par un canal de 14 lieues de longueur, au moins, en prenant la *Somme* dans l'endroit où elle est navigable, près de *Saint-Quentin*, & en perçant ce canal en ligne droite, pour réunir les deux fleuves au dessus de *Cambrai*. Mais la nature sembloit avoir mis à ce projet des obstacles insurmontables par des chaînes de montagnes ou d'élévations, que l'on ne pouvoit éviter que par un détour de huit à neuf lieues, qui auroit entraîné des travaux immenses, enlevé à l'agriculture beaucoup de terres précieuses, & qui auroit exigé la construction & l'entretien d'un grand nombre d'écluses pour former un niveau de communication entre les deux rivieres, dont les hauteurs ont 60 pieds de différence.

M. Laurent, après avoir sondé les profondeurs, reconnu la qualité du terrain, mesuré les pentes des deux rivieres, calculé les difficultés, a démontré la possibilité de percer ces élévations en ligne droite, par un canal souterrain propre à la navigation. Sa longueur doit être de 7,000 toises, sous des masses de plus de 200 pieds dans quelques endroits. L'exécution heureuse de cet ouvrage confirme la sagesse de ses combinaisons, & en assure le succès.

Le canal entre sous terre près de *Hesdin*, à une lieue au nord de *Saint-Quentin*. Il reçoit l'air & la lumiere par des puits creusés de 100 toises en cent toises, qui servent en même temps à l'extraction du débris des fouilles. La voûte est taillée en plein ceintre dans les couches pierreuses à travers lesquelles on pénetre. Elles ont toute la solidité nécessaire dans la plus grande partie des terrains où les excavations sont faites. Mais dans ceux où l'on craindroit les éboulements, la voûte sera soutenue par des arcs de maçonnerie. Sa hauteur est de 20 pieds & sa largeur de 16, indépendamment des banquettes ou trotoirs ménagés au dessus du niveau de l'eau, pour servir de chemins aux *haleurs* ou tireurs de bateaux.

L'entrée & la sortie de ce canal souterrain sont décorées de deux portes triomphales, élevées à la gloire du roi. Déja l'on a percé plus de 5,000 toises, dont une partie, conduite à sa perfection, est l'objet de la curiosité des voyageurs.

L'utilité de cet ouvrage consiste à former la jonction de l'*Escaut*, & des canaux par lesquels ce fleuve prend sa navigation dans toute la *Flandre*, la *Hollande* & les *Pays-Bas*, avec la *Somme*, l'*Oise*, la *Seine*, la *Loire* & l'*Yonne*, qui communiquent à ce grand nombre de riches provinces qu'elles parcourent, tous les avantages d'un commerce si général & de leur débouché dans la mer.

13 *Décembre* 1774. Un conseiller au parlement de Rouen, ancien confrere de monsieur de Miroménil, a excité sa verve en une aussi belle occasion, & lui a adressé une épître en vers, où, à travers beaucoup d'incorrections dues en grande partie sans doute à l'infidélité des copistes, on trouve de très-beaux vers, des

images fort poétiques & deux portraits de monsieur le comte de Maurepas & le chancelier, qui contrastent à merveille par leur vérité. Il seroit à souhaiter que cet ouvrage, purgé à l'impression de toutes ses fautes, parût dans son véritable éclat. Il ne peut que faire beaucoup d'honneur au talent du poëte.

14 Décembre 1774. On a parlé de la chanson des *Revenants* de M. Collé. L'abbé de Lattaignant a ranimé sa muse décrépite à cette occasion, & a adressé à l'auteur le couplet suivant, très-galant. Il est du même maître que ceux de la chanson en question & sur le même air.

> Est-ce Anacréon, est-ce Horace,
> Qui chantoit ces vers pleins de grace
>   Dans son printemps !
> Collé, recevez-en la gloire,
> Ou vous nous forcerez à croire
>   Aux Revenants !

15 Décembre 1774. Le roi est venu hier poser la première pierre des écoles de chirurgie. Ce monument est presque fini, & doit faire honneur à son architecte, le sieur Gondouin, quoiqu'il y ait deux grands défauts. Le premier, que le péristile immense & qui annonce un vaste édifice, est suivi d'une cour trop petite, & conduit à un corps de logis qui ne répond pas à cette magnificence. Le second, c'est qu'il manque de point de vue. On espere remédier à ce dernier inconvénient, en faisant devant ce bâtiment une place, au moyen de l'église des cordeliers qu'on abattra en partie.

S. M. s'est rendue à Paris par les nouveaux

boulevards. Elle a traversé au milieu des acclamations d'un peuple immense. En s'en allant elle a passé par devant l'hôtel de la monnoie, bâtiment d'un autre genre, & qui a des beautés plus mâles & plus solides.

17 Décembre 1774. On écrit de Genève qu'on y voit un *Journal historique de la Révolution opérée dans la Constitution de la Monarchie Françoise, par monsieur de Maupeou, Chancelier de France.* Cet ouvrage a plusieurs volumes, & va jusqu'à la réunion des princes à la cour, en décembre 1773. Il est en forme de tablettes, jour par jour, & contient des anecdotes très-piquantes. On ajoute que ce n'est qu'une contrefaction de l'original, imprimé vraisemblablement en Angleterre, dans des temps plus critiques.

18 Décembre 1774. On a parlé de *la Poule au pot*, bon mot occasioné par le *Resurrexit* trouvé à la statue de Henri IV. Il a donné lieu à une épigramme qui n'est pas fine, mais énergique :

> Grace au bon roi qui regne en France,
> Nous allons voir la poule au pot !
> Cette poule c'est la finance,
> Que plumera le bon Turgot.
> Pour cuire cette chair maudite,
> Il faut la Greve pour marmite,
> Et l'abbé Terrai pour fagot

19 Décembre 1774. Les spectacles ont recommencé à la cour sur le petit théâtre, le jeudi 15, lendemain du deuil quitté. Les bals com-

mencent chez la reine aujourd'hui lundi 19, & auront lieu à pareil jour chaque semaine. L'uniforme est pour les dames un domino de taffetas blanc, garni de gaze. Les hommes doivent avoir un habit de velours bleu, une veste blanche, brodée en bleu.

20 *Décembre* 1774. On peut se rappeller certains *Dialogues* de l'abbé *Galliani*, *sur le commerce des grains*, où il plaisantoit très-lestement les économistes. Deux coryphées de ce parti lui vouloient répondre ; l'abbé *Baudeau*, dont l'ouvrage fut arrêté à la seconde feuille d'impression, & l'abbé *Morellet*, dont l'ouvrage imprimé fut enfermé à la Bastille. Le ministere favorisoit alors le premier ouvrage, composé par ses ordres, à ce que prétendent les adversaires de l'Italien ; & pour la composition duquel ils veulent qu'il ait reçu cent louis. Les principes du gouvernement ayant changé, l'ouvrage de monsieur l'abbé Morellet est sorti de la Bastille, & est aujourd'hui en vente.

21 *Décembre* 1774. Monsieur le chevalier de Chatellux, auteur de *la Félicité publique*, de comédies jouées en société, & l'un des coryphées du parti encyclopédique, briguoit fortement pour avoir la place vacante à l'académie Françoise par la mort de M. Dupré de St. Maur ; mais ayant su que monsieur de Malesherbes se mettoit sur les rangs, il s'est désisté de ses prétentions, & tous les suffrages doivent se réunir sur ce magistrat, non moins recommandable par l'éloquence de ses discours que par la fermeté de sa conduite. On attend avec impatience l'expiration des six semaines nécessaires avant de procéder à l'élection.

22 *Décembre* 1774. Extrait d'une lettre de Ferney, du 8 décembre 1774.... M. de Voltaire est un homme si illustre que tout en est intéressant. Je vais donc entrer dans des détails qui paroîtroient minutieux en tout autre cas. Sa vie ordinaire est de rester dans son lit jusqu'à midi. Il se leve & reçoit du monde jusqu'à deux heures, ou travaille. Il va se promener en carrosse jusqu'à quatre, dans ses bois ou à la campagne, avec son secretaire, & presque toujours sans autre compagnie. Il ne dîne point, prend du café ou du chocolat. Il travaille jusqu'à huit, & se montre alors pour souper, quand sa santé le lui permet. On remarque depuis cet automne qu'elle est bien chancelante, qu'elle varie d'un jour à l'autre ; qu'il est si foible à certains jours, qu'il est hors d'état de paroître, & que le lendemain on ne s'en apperçoit plus. Il est d'une gaieté charmante. J'ai visité & compté sa bibliotheque : elle est de 6,210 volumes. Il y en a beaucoup de médiocres, sur-tout en fait d'histoire. Il n'y a pas 30 volumes de romans : mais presque tous ces livres sont précieux par les notes dont M. de Voltaire les a chargés. Il a 150,000 livres de rentes, dont une grande partie gagnée sur les vaisseaux. La dépense de sa maison se monte à 40,000 livres environ : on en met 20,000 livres pour le gaspillage, les incidents, &c. Restent 90,000 livres, qu'il amasse ou place. Il fait bâtir beaucoup de maisons, qu'il loue à deux & demi pour cent. Il commande une maison à son maçon, comme un autre commanderoit une paire de souliers à son cordonnier. Il a grande envie que Ferney devienne consi-

détable : il secourt les habitants & leur fait tout le bien possible. En général c'est lui qui se mêle de toute l'administration extérieure & intérieure de son bien. Madame Denis n'y a rien à voir & ne s'en mêle aucunement. J'ai visité l'église, & le tombeau de ce philosophe, qui est dans le cimetiere attenant l'église, de pierre de taille, & simple.

13 *Décembre* 1773. Extrait d'une autre lettre de Ferney, du 10 décembre......Nous avons reçu le procès-verbal du lit de justice. On a lu devant M. de Voltaire les édits ; il a tout admiré, & sur-tout celui concernant le rétablissement du parlement de Paris, dont les articles lui ont paru très-propres à brider cette compagnie. Il fait un grand éloge de monsieur le comte de Maurepas. Quant à M. Turgot, il est payé pour cela ; c'est son ancien ami & partisan. Il en a reçu ces jours-ci une lettre de 4 pages, qui l'a comblé de joie. Mais ce qui l'a plus affecté encore, c'est une réponse qu'il a reçue de M. de Buffon, auquel il avoit écrit. Je suis bien aise de vous apprendre que ces deux grands hommes se sont réconciliés. On en fait l'honneur à madame de Florian, mais la gloire en est due à M. Guénaut de Montbeillard.

Pour revenir aux détails intérieurs, vous seriez surpris comment le sieur Vaniere, qui de postillon du philosophe de Ferney est devenu son secretaire & son ami, peut suffire seul aux écritures immenses qu'il a.

Une des choses qui font le plus d'honneur à M. de Voltaire, c'est le soin qu'il prend de faire fleurir son village. Il y établit une manufacture de montres, qu'il protege par son crédit

& par son argent. En 1773 il est sorti de ce lieu 4,000 montres, faisant un commerce d'environ 400,000 livres. Il y a 12 maîtres horlogers. Il y a entr'autres un M. Delfin, beaufrere du fameux l'Epine, auteur d'une pendule curieuse qu'il a présentée au feu roi, comme de lui, & qui est réellement l'ouvrage de l'autre.

P. S. M. de Voltaire a reçu ces jours-ci de Suisse un mouchoir, sur lequel est représentée l'histoire des jésuites.

24 *Décembre* 1774. Le *Henri IV* de M. Durosoy, joué devant le roi la semaine derniere, n'a pas reçu l'approbation de ce monarque. Il a été scandalisé de la façon peu digne dont l'auteur fait figurer ce prince en plusieurs endroits, & S. M. a déclaré que si les représentations n'en étoient pas aussi avancées, elle feroit arrêter ce drame lyrique.

Ces jours derniers un provincial dans le parterre, émerveillé de la piece, demandoit quel en étoit l'auteur ? Quelqu'un lui répondit : « C'est » Henri IV. — Oui, le héros de la piece, » mais l'auteur ? — Henri IV, vous dis-je. » Il ne put en tirer autre chose, & ce bon mot seul indique combien est nul le mérite du poëte.

25 *Décembre* 1774. Les bals de la reine ont commencé le lundi 19. Jusqu'à présent il n'y avoit été admis que des femmes. S. M. ayant eu envie d'y admettre des demoiselles, on a compulsé les registres pour savoir si cela seroit conforme à l'étiquette ; on en a trouvé des exemples, & en conséquence six demoiselles ont eu entrée dans l'assemblée.

26 *Décembre 1774. Lettre du chancelier Maupeou à monsieur de Miroménil, garde-des-sceaux.* Ce pamphlet manuscrit est daté de Thuy le 10 octobre, terre qu'a nouvellement acquise le chef de la magistrature, & où il a choisi le domicile principal de son exil. C'est un des ouvrages les plus adroitement faits en sa faveur. On y a parfaitement pris la tournure de son génie & de son style. Il cherche a y prouver que tout ce qui se fait aujourd'hui, n'est que le résultat de ses dispositions éloignées ; & que si l'autorité du roi est consolidée, malgré le retour du parlement, c'est à lui qu'est dû cet heureux accord. Il se disculpe sur les maux passagers qu'il a été obligé de faire, toujours inévitables dans les révolutions promptes & nécessaires. Il fait un portrait du feu roi, malheureusement trop ressemblant à celui qu'en tracera l'histoire. Il rend justice aux excellentes qualités du jeune monarque. Il traite un peu lestement monsieur le comte de Maurepas, & rabaisse tant qu'il peut la gloire de monsieur de Miroménil, qu'il appelle plaisamment, & avec ce ton de familiarité qui lui est ordinaire, *son vicaire*. On trouve beaucoup de finesse, de légéreté, de vérité, dans cet ouvrage, où les deux partis sont presqu'également maltraités. On ne doute pas qu'il ne soit imprimé incessamment, vu la multitude de copies & la curiosité générale du public pour cette facétie intéressante & amusante.

26 *Décembre* 1774. On déplore le sort d'un jeune peintre en miniature, qui touché des rigueurs de sa maîtresse, s'est blessé à ses yeux & en est mort.

16 *Décembre* 1774. M. la Grange de Checieux, censeur royal, vient de mourir. C'étoit un homme de lettres très-obscur, remarquable seulement par sa bizarrerie de mettre en vers *l'Ecossaise* de monsieur de Voltaire, & de la faire jouer aux Italiens.

16 *Décembre*. Monsieur de Malesherbes ne s'est pas mis sur les rangs : c'est par une admiration extraordinaire des hautes qualités de ce magistrat, que l'académie, s'élevant au dessus des regles, a arrêté de le recevoir, & de l'inviter à venir prendre place dans son sein.

27 *Décembre* 1774. On a parlé de la chanson des *Revenants*, de monsieur Collé. On parle d'une *Réponse* beaucoup mieux faite pour la partie technique, où il y a plus de causticité.

27 *Décembre*. M. Quesnay, docteur en médecine, mais plus connu par ses écrits sur les matieres d'agriculture & d'administration, le chef de la secte des économistes, celui qu'ils appelloient par excellence le *Maître*, est mort il y a quelque temps, & laisse une dignité à remplir, à laquelle ces messieurs n'ont point encore nommé.

28 *Décembre* 1774. On vient de faire un vaudeville sur l'air : *Chansons, chansons*, &c. On seroit d'abord tenté de le croire fabriqué par quelque financier enragé contre monsieur Turgot, & qui voudroit donner une opinion défavorable de ses projets pour l'amélioration des revenus de l'état & le rétablissement du crédit public, en faisant regarder comme des contes tout ce qu'on dit de consolant à cet égard ; mais comme il y a beaucoup de gaieté, au fait cette chanson est plus maligne que méchante.

29 Décembre 1774. On a fait depuis peu l'expérience qu'on avoit proposé de commencer sur la Marne pour arrêter les glaces & les empêcher de parvenir jusques dans Paris ; mais le seul effort de l'eau a fait briser une des poutres. On se propose de recommencer incessamment. Les commissaires de l'académie préposés à l'examen de la machine, ont estimé que cet accident ne provenoit que parce qu'on avoit choisi des bois d'un trop foible échantillon.

30 Décembre 1774. On sait que plusieurs quartiers de Paris sont placés au-dessus de souterrains formés par des carrieres qui, malgré les précautions prises pour assurer le sol, menacent d'une ruine, plus ou moins reculée, tous les édifices bâtis dessus. Une excavation considérable, formée à la barriere de la rue d'Enfer, par un éboulement subit, ne peut que confirmer ces craintes. Heureusement elle s'est formée dans un lieu isolé ; une seule maison voisine en a souffert. On est occupé à réparer ce désordre & à prendre les précautions que la prudence & l'art pourront fournir.

31 Décembre 1774. Il paroît que M. Turgot, mécontent de la maniere dont Me. Linguet, toujours vif & ardent dans la dispute, a traité les économistes & leur systême dans sa derniere lettre à M. l'abbé Roubaud, a saisi ce prétexte pour l'empêcher d'écrire sur ces matieres, en paroissant improuver seulement ses invectives & ses calomnies.

ANNÉE M. DCC. LXXV.

1 Janvier. ON attribue la parodie de la chanson des *Revenants* à l'aumônier de l'archevêque de Paris. Elle n'est point aussi bien faite qu'on l'avoit dit, & n'est remarquable que par une méchanceté, pas toujours bien appliquée.

2 Janvier 1775. M. Imbert, jeune auteur distingué par le talent d'une poésie riche, harmonieuse & correcte, vient de s'essayer dans l'art dramatique. On doit jouer après-demain une petite piece de lui, intitulée : *Monsieur Pétau, ou le Roi de la feve*, comédie en un acte & en vers libres, précédée d'un prologue.

5 Janvier 1775. Me. Joly, avocat, auteur de la traduction des *ouvrages de Marc-Aurele*, vient de mourir.

6 Janvier 1775. On a réitéré l'expérience de l'espece d'estacade flottante sur la Marne, déja tentée une fois sans succès. Cette seconde fois, quoique le même accident arrivé d'abord n'ait pas eu lieu, on a reconnu aisément des inconvénients encore plus grands à cette machine imaginée par monsieur de Parcieux, que tous ceux occasionés par les glaces ; & le rapport des commissaires de l'académie doit faire proscrire absolument une pareille invention.

7 Janvier 1775. Voici la chanson dont on a parlé, qu'on croit avoir été faite au souper de quelque financier.

Air : *Chanson, Chanson.*

Le digne ministre de France,
Doué d'esprit, d'intelligence
    Et de raison ;
En réformant notre finance,
Répandra par-tout l'abondance.
    Chanson, chanson.

Turgot, par son économie,
Fera pleuvoir sur la patrie
    L'or à foison.
Il est assuré de son thême,
Et nous vivrons par son systême.
    Chanson, chanson.

Tout va prendre nouvelle forme ;
On ne parle que de réforme
    De mœurs, de ton :
Ce n'est plus le siecle des belles ;
On va déserter les ruelles.
    Chanson, chanson.

Du luxe on va faire défense,
Et l'on va borner la dépense,
    Nous promet-on.
Par-tout où régnoit la licence
Nous verrons régner l'abondance.
    Chanson, chanson.

Quand du sénat de mince allure,
On apprit la déconfiture,
    Chacun dit bon !

Les Revenants vont, sans épice,
Noblement rendre la justice.
Chanson, chanson.

Vous, qui languissez sans paroître,
Et qui cherchez auprès du maître
Un bon patron,
Nommez seulement qui vous êtes,
Et l'on va vous payer vos dettes.
Chanson, chanson.

8 Janvier 1775. La secte des *Economistes* trouvant les circonstances favorables pour sa propagation sous un ministre qui fait gloire d'en être membre, vient de recommencer son journal, sous le titre de *Nouvelles éphémérides économiques, ou Bibliotheque raisonnée de l'Histoire, de la Morale & de la Politique*. On annonce que M. l'abbé *Baudeau* en sera le rédacteur, & que monsieur de *Saint-Leu*, colonel au service du roi & de la république de Pologne, se charge de traduire ou analyser les écrits en langue étrangere.

On donne pour essai un petit volume extraordinaire gratuitement. Il ne contient rien de bien neuf, de bien piquant. Il revient même sur des choses rebattues, telles que les *Maximes générales du gouvernement économique d'un royaume agricole*, de monsieur *Quesnay*, publiées en 1768. On y lit, au surplus, avec plaisir, *le Discours économique au roi de Suede & à son académie des sciences, sur le bonheur des peuples & les loix fondamentales des états*, par monsieur le comte de Scheffer, sé-

nateur & chancelier des ordres. Cet ouvrage traduit par M. Baër, secretaire & aumônier de l'ambassade Suédoise à Paris, est merveilleusement bien écrit, & porte, quant au fond, un grand intérêt avec lui.

9 *Janvier* 1775. Les comédiens François ont joué le 6 de ce mois *monsieur Pétau*, ou *le Roi de la feve*, sous le titre nouveau de *Gâteau des Rois*. Le prologue, composé des acteurs ne jouant pas dans la piece, & se félicitant de n'y pas jouer, assez gai, assez bien écrit, & contenant d'avance une critique de l'ouvrage plus juste que l'auteur ne la présumoit faire, lui avoit concilié le public. Mais il n'y a pas eu moyen de rester dans ces mêmes sentiments. Qu'on s'imagine un souper de la rue St. Denis, non chez quelque gros marchand, trop civilisé aujourd'hui, mais chez quelque ouvrier renforcé : souper dont on seroit bien fâché d'être, & qu'on trouveroit fort ennuyeux, même en chambre. Qu'on le transporte sur le théatre, & l'on aura toute l'idée de la piece, qui, dans ce temps d'indulgence, n'a pourtant pu aller jusques à deux représentations. Quelques louanges pour le roi, tant bien que mal amenées, soit dans le courant du dialogue, soit dans des couplets, auront fait illusion au poëte & aux comédiens sur la nullité du drame, ainsi qu'à la police, sur une critique assez indécente de la vieillesse du feu roi, & l'on est surpris qu'elle ait passé ces endroits.

10 *Janvier* 1775. On parle beaucoup de l'aventure singuliere arrivée à un bal de la reine. Deux seigneurs ont trouvé à terre une lettre qu'ils ont ouverte. Ils ont lu une déclaration

très-amoureuse & très-emportée qu'une dame faisoit à un cavalier : elle finissoit par dire que ses sentiments étoient si vrais qu'elle ne craignoit point de les signer de son sang. Et en effet la signature étoit tracée en caracteres de cette liqueur. Ces étourdis ont lu la lettre tout haut en se réservant cependant la signature. Toutes les femmes du bal ont été furieuses, parce qu'un tel soupçon peut tomber sur chacune d'elle.

11 *Janvier* 1775. On a remis hier à l'opéra l'*Iphigénie* du chevalier Gluck. Le principal changement consiste dans le dénouement, plus analogue à ce genre de spectacle, par l'intervention même de Diane. Cette décoration est belle, produit un très-bon effet, & l'action se termine à merveille par l'embarquement des Grecs pour l'expédition qu'ils ont projetée.

Dans le second acte, il y a des danses caractérisées, où sont figurés les jeux divers de la Grece : ce qui donne un appareil plus militaire à la fête, & plus d'expression à cette chorégraphie.

En général, l'*Iphigénie*, applaudie avec transport à quelques endroits sublimes, n'a pas produit cet excès d'enthousiasme continu, que les spectateurs avoient témoigné la premiere fois.

12 *Janvier* 1775. Le *sieur de Belloy*, réchappé d'un premier état de langueur où il étoit tombé, il y a quelques années, se trouve aujourd'hui plus gravement attaqué : il est réduit à un point de phthisie qui ne lui permet pas d'aller loin.

13 *Janvier* 1775. L'aventure du bal de Ver-

failles, arrivée lundi 2 janvier, fait toujours beaucoup de bruit, sans qu'on puisse la tirer au clair. On assure que monsieur d'*Houbtot*, officier aux gardes, le fils de la célebre madame d'*Houbtot*, la *Minerve* de monsieur de *St. Lambert*, & tenant bureau de bel esprit, est l'auteur de l'indiscrétion, & est rayé de la liste des seigneurs admis aux bals de sa majesté.

14 *Janvier* 1775. Hier la reine est venue à l'opéra, comme on l'avoit annoncé. Sa majesté n'y étoit que dans une espece d'incognito, puisqu'il n'y a point eu tout l'appareil qu'auroit exigé sa présence en grande loge. Elle s'est mise dans la loge des bâtiments, en face du théatre, aux secondes. On lui a cependant rendu les honneurs indispensables, c'est-à-dire, que monsieur le maréchal duc de Brissac, comme gouverneur de Paris, & monsieur le maréchal duc de Biron, comme commandant la garde du spectacle, se sont trouvé à la portiere du carrosse de sa majesté, ainsi que les directeurs. Ceux-ci avoient des flambeaux, & ont précédé & éclairé la reine jusqu'à sa loge. Sa majesté étoit accompagnée de *madame*, de *monsieur* & de monsieur le comte d'*Artois*. En arrivant, sa majesté a été reçue avec les plus vives & les plus sinceres acclamations de joie de la part du public. Sa majesté y a répondu par trois révérences. *Madame* l'a imitée: les deux princesses se sont ouvertes: alors *monsieur* est venu au milieu d'elles, a fait les trois siennes; & monsieur le comte d'Artois ayant successivement pris sa place, a rempli le même cérémonial. On ne peut peindre à l'imagination la beauté d'un pareil coup d'œil. L'opéra s'est exécuté avec la plus grande perfection

fection. A la scene troisieme du second acte, il y a un chœur où le sieur *le Gros*, faisant le rôle d'*Achille*, dit : *chantez, célébrez votre Reine*, &c. Par une présence d'esprit qui lui fait honneur, il a envisagé sa majesté en ce moment, & a dit : *chantons, célébrons notre Reine, &c.* Tous les yeux à l'instant se sont fixés sur sa majesté, & le chœur fini, on a répété *bis*. La reine émue de sensibilité à la vue de pareils transports, que *monsieur* & monsieur le comte d'Artois excitoient encore par leurs applaudissements, n'a pu contenir sa reconnoissance, & l'on a vu des larmes de joie couler de ses yeux. Quand sa majesté est sortie, l'alegresse du peuple n'a pas moins éclaté, & la foule a suivi la princesse autant qu'elle a pu avec les acclamations ordinaires de *vive la Reine*, &c.

15 *Janvier* 1775. Il paroît une *épitre en vers à M. Turgot*, où l'on décrit d'avance le bien que doit opérer ce ministre. Les talents y sont exaltés au plus haut degré. Il y a de très-beaux vers, & les louanges, quoique fortes, n'y paroissent point basses & serviles. L'ouvrage sembleroit d'un vieillard. Il part de la plume de quelque partisan de la secte des économistes.

17 *Janvier* 1775. Les prêtres & les dévots cabalent sans relâche contre monsieur de Maurepas, contre monsieur de Miroménil, contre monsieur Turgot qu'ils accusent d'irréligion. Le dernier sur-tout est le plus exposé à leur rage, sur ses liaisons connues avec les coryphées du matérialisme & de l'athéisme. C'est ce qui a donné lieu à la facétie suivante.

Tome VII.   M

Dialogue entre le Roi & M. de Maurepas.

LE ROI.

Mon contrôleur Turgot, dites-moi, quel homme est-ce

LE COMTE DE MAUREPAS.

Sire, il a l'esprit juste & le cœur citoyen ;
Il respecte les loix, les mœurs.....

LE ROI.

C'est fort bien,
Mais jamais il n'entend la messe !

LE COMTE DE MAUREPAS.

Sire, je n'en sais rien. On tient tant de discours !
L'abbé Terrai, dit-on, l'entendoit tous les jours !

17 *Janvier* 1775. Extrait d'une lettre de Ferney, du 6 janvier 1775..... Rien de plus vrai que la réconciliation de monsieur de Voltaire avec monsieur de Buffon. C'est ce dernier qui a fait les avances par un billet qu'il remit le 22 octobre à madame de Florian, qui passoit par Montbar. J'ai lu cet écrit, où il fait une espece de réparation à M. de Voltaire de tout ce qu'il a pu écrire contre lui. Cette dame l'envoya sur le champ à ce grand poëte, qui en a été, on ne peut pas plus, content, & qui a répondu au philosophe son confrere par une lettre très-touchante & très-honnête. Celui-ci a riposté par une autre, qui a cimenté la réunion de ces deux grands hommes. M. de Voltaire, enchanté, a fait présent à madame de Florian d'une montre d'or à répétition, d'envi-

ron 60 louis, pour la remercier de cette heureuse négociation. Le vrai est que c'est M. Guénaud, ami de M. de Buffon, qui a seul opéré ce rapatriement. Ce M. Guénaud est un très-habile homme, qui a beaucoup travaillé à l'histoire naturelle. Celle des oiseaux, à l'exception du discours, est entierément de lui. Il a donné aussi beaucoup d'articles pour l'encyclopédie, entr'autres celui d'*étendue*, &c.

Ferney, dont vous me demandez des nouvelles, est un très-beau château, très-solidement bâti. Il a des jardins & des terrasses magnifiques. Il n'y a pas de jour où M. de *Voltaire* ne mette *des enfants en nourrice*. C'est son terme, pour dire qu'il plante des arbres : il y préside lui-même. Il a une quantité prodigieuse de tableaux, de statues, de choses rares, qui doivent valoir un argent immense.

Le village est composé d'environ 80 maisons, toutes très-bien bâties. La plus vilaine en dehors vaut mieux & est plus belle que la plus superbe de nos villages des entours de Paris. Il y a environ 800 habitants, trois ou quatre maisons de bons bourgeois : les autres sont des horlogers, menuisiers, artisans de toute espece. Sur ces 80 maisons, il y en a au moins 60 à M. de Voltaire. Il est certainement le créateur & le pere de ce pays-là ; il y fait des biens immenses.

17 Janvier 1775. M. le prince de Tingri, capitaine des gardes, seigneur austere, ami du feu roi, avoit été indigné, lors de la représentation du *Château des Rois*, des allusions injurieuses & sensibles que l'auteur s'étoit permises contre la mémoire de Louis XV, pour mieux faire contraster les louanges prodiguées au nouveau roi, Il en a instruit mesdames, & ces princesses s'étant plaintes au roi, sa majesté a ordonné que l'auteur des couplets, l'actrice qui les avoit chantés, & le censeur de la police fussent punis. En conséquence le sieur Imbert est au Fort-l'évêque pour trois mois; mademoiselle Luzzi, comme la moins coupable, n'y a été que quelques heures, pour la forme; le censeur [monsieur Crébillon] s'étant justifié, & ayant fait voir que l'auteur n'avoit tenu compte de ses radiations, n'a été suspendu que pour huit jours, au lieu de trois mois que portoit l'ordre de sa majesté.

On trouve que cette punition est mal-adroite, en ce qu'elle donne de la consistance à de mauvais couplets, qui devoient tomber d'eux-mêmes avec la piece, & que la circonstance va rendre précieux. Les amateurs les recherchent comme faisant anecdote, & vont les conserver dans leur porte-feuille.

18 *Janvier* 1775. *Lettre de monsieur Terrai, ex-contrôleur-général, à monsieur Turgot, ministre des finances, pour servir de supplément à la correspondance entre le Sr. Sorhouet & monsieur de Maupeou.* Ce pamphlet est un tableau vrai & terrible de toutes les exactions, vexations, extorsions de ce ministre, dont l'ame atroce est peinte avec les couleurs qui lui sont propres. On y fait intervenir un sieur Destouches, son ame damnée, qu'on suppose l'inventeur de nouvelles formules pour varier les impôts, & les porter à leur comble. On voit que l'écrivain en effet a calqué son ouvrage sur la *Correspondance*, qu'il imite assez bien, mais dont le ton de plaisanterie, bon en quelques en-

droits, n'est pas soutenable, lorsqu'il s'agit de vouer à l'exécration publique l'auteur de tant d'horreurs & de calamités.

19 *Janvier* 1775. M. le président de Malesherbes, déja sur des suffrages, a été élu membre de l'académie le jeudi 12 de ce mois. On attend avec impatience le jour de sa réception, qui sera très-brillante. C'est monsieur l'abbé de Radonvilliers, élu directeur par le sort, qui est chargé de lui répondre, & la façon de penser bien différente de cet ecclésiastique, ne sera pas une des circonstances les moins piquantes de la cérémonie.

M. de Malesherbes a écrit à monsieur de Voltaire, pour avoir son suffrage. Celui-ci lui a répondu. Ces deux lettres sont, dit-on, un chef-d'œuvre d'adresse pour s'épier, s'observer, ne pas se compromettre. La conduite connue du poëte dans les circonstances où l'orateur magistrat s'est couvert de gloire, étoit trop opposée pour que son suffrage soit bien sincere.

21 *Janvier* 1775. Le sieur *Taconet*, auteur de plus de 60 pieces, tant jouées aux foires St. Germain & St. Laurent, qu'aux boulevards, en province, non représentées, imprimées ou manuscrites, vient de mourir au milieu de sa carriere, n'ayant pas 45 ans. Il avoit en outre le talent de jouer, & étoit l'ame du théatre de Nicolet. Tous les boulevards sont en deuil de la perte de ce farceur inépuisable.

23 *Janvier* 1775. C'est samedi prochain qu'*Albert premier*, piece en trois actes & en vers, doit être joué à la comédie Françoise. Il n'y a pas d'apparence que la reine y vienne, puisque

la piece, si elle réussit, doit être jouée à Versailles.

25 *Janvier* 1775. Le Sr. le Kain forme toujours un grand vuide à la comédie Françoise pour les tragédies. Il a ce qu'on appelle une *cauchoise*. C'est ainsi qu'on qualifie une maladie honteuse que cet auteur, très-crasseux, a gagné d'une fille venant du pays de Caux, qu'il trouva dans la rue un jour qu'il revenoit de jouer. Cette même maladie s'appelle à la comédie Italienne, une *Italienne* du Sr. Julien, autre acteur de ce théatre, qui en a infecté beaucoup de femmes.

26 *Janvier*. Le discours de Me. Martin de Marivaux, avocat, prononcé à la rentrée du châtelet, lorsqu'il y a plaidé la premiere cause, a fait tant de bruit que ses ennemis ont voulu le noircir auprès du gouvernement, comme ayant *insulté à la mémoire du feu roi*. Ses envieux, d'un autre côté, lui ont reproché son zele, comme déplacé, comme austere, puisqu'il avoit fait lui-même acte d'avocat, pendant ce qu'il appelle *le sommeil des loix*. Cet orateur, non moins vif que Me. Linguet, a cru devoir se défendre de pareilles imputations. Il répand un *Supplément à son Discours de rentrée du Châtelet*, où il explique sa conduite & défie ses détracteurs sur ces deux points. Il y rend de solemnelles actions de graces à M. de *Ste. Foy*, ministre plénipotentiaire de France à *Deux-Ponts*, dont les bienfaits l'ont soutenu dans sa détresse, & qui le traitoit moins comme son secretaire que comme son ami. Ce petit écrit, aussi chaudement écrit que le premier, n'est pas moins intéressant, &

doit donner une forte de célébrité à ce jeune orateur, qui brûle de s'élancer dans la carriere.

28 *Janvier* 1775. Depuis que M. de Belloy est dans l'état de langueur & de dépérissement dont on a parlé, son *Siege de Calais* a été joué devant le roi. Sa tragédie ne pouvoit manquer de plaire à S. M. sur ce que elle s'est informée de l'auteur, on lui a représenté le regret qu'il avoit de ne pouvoir recueillir par lui-même les éloges de son maître: on a pris occasion de-là pour peindre sa situation misérable & mal à l'aise. Le roi a en conséquence chargé le duc de Duras de lui envoyer cinquante louis, comme un témoignage de la satisfaction de S. M.

28 *Janvier* 1775. Toute la cour a été en l'air pour le bal de la reine, lundi dernier. S. M. ayant desiré qu'on y vînt en habit du costhume suivi dans *la Partie de Chasse de Henri IV*, les seigneurs se sont empressés de s'y mettre; *monsieur*, monsieur le comte d'*Artois*, monsieur le duc de *Chartres*, ils se sont trouvés 37 en pareils habillements. Les femmes étoient en pareil nombre, habillées ainsi que *Marie de Médicis*. Comme cet appareil a fait beaucoup de bruit, & qu'on assuroit que désormais les courtisans seroient vêtus de cette maniere pour paroître devant leurs majestés, le roi a déclaré qu'il ne le souffriroit point; que cette mascarade étoit bonne pour le temps du carnaval, mais qu'au carême il vouloit que chaqu'un se mît à l'ordinaire, & qu'il l'annonçoit hautement, pour rassurer le commerce alarmé d'une telle innovation.

28 *Janvier* 1775. Molé tombe subitement ma-

Jade, a empêché qu'*Albert premier* ne fût joué aujourd'hui.

28 *Janvier* 1775. Tout le conseil a été pour la cassation du jugement rendu en faveur du comte de la Blache, contre le Sr. de Beaumarchais, sauf monsieur Bastard, dont ce plaisant dit *qu'il est accoutumé à siffler les pieces avant que la toile soit levée*, pour exprimer la prévention & la partialité de ce magistrat. Du reste, le conseil a supprimé les expressions injurieuses des mémoires réciproques des parties ; & quant au dernier mémoire de Beaumarchais, le roi s'en est réservé le jugement. On le représente comme un libelle, parce qu'il n'est muni de la signature d'aucun avocat aux conseils ; qu'il n'a pas été signifié à la partie ; qu'au fond, il traite de beaucoup de choses étrangeres à la question, & que l'auteur s'y permet des sorties très-peu respectueuses, très-indécentes contre le nouveau tribunal qui l'a jugé.

30 *Janvier* 1774. Monsieur Imbert est sorti de sa prison, & monsieur de Crébillon est relevé de sa suspension dans les fonctions de censeur.

31 *Janvier* 1775. Les Italiens donneront demain la premiere représentation de *la Fausse Magie*, comédie en deux actes & en vers, mêlée d'ariettes, dont les paroles sont de monsieur de Marmontel, la musique est du sieur Gretry: comme le poëte est un des coryphées de la secte encyclopédique, tous les bureaux divers de littérature auxquels il préside se sont empressés d'aller aujourd'hui à la répétition, qui a été très-brillante. On a trouvé l'ouvrage délicieux, quant à la musique ; on dit que c'est

la meilleure qu'ait fait le compositeur jusqu'à présent.

1 *Février* 1775. Les comédiens François ont la permission de représenter le *Barbier de Séville* du sieur de Beaumarchais. Ils en ont commencé les répétitions. Cette comédie sera jouée vraisemblablement dans le carnaval. L'auteur l'a étendue de quatre actes en cinq.

2 *Février* 1775. Le sieur *Jacques Droz*, jeune homme de 22 ans, du comté de Neuchâtel en Suisse, attire les curieux depuis quelques jours par plusieurs figures automates, dont une principalement fait le désespoir de nos artistes. C'est une figure d'enfant de deux ans, assis sur un tabouret devant un pupitre, & écrivant sur un papier. Cet enfant trempe sa plume, secoue l'encre, & écrit tout ce que le spectateur lui dicte. Il place convenablement les lettres initiales ou majuscules, laisse l'intervalle d'usage entre les mots, passe d'une ligne à l'autre, avec le même ordre, & les yeux fixés sur son ouvrage durant qu'il écrit. Quand il a fini, il les porte sur un exemplaire à côté de lui, comme s'il regardoit ce qu'il auroit à copier.

Le fameux *Vaucanson* a assisté à ce spectacle; il a été étonné de l'exécution précise & rapide de cette machine, sans aucune communication apparente avec son auteur. Il n'a pu encore en pénétrer le méchanisme. L'étranger a offert de le lui développer; mais l'académicien s'y refuse, & se propose, sans doute, de résoudre par lui-même le problème.

3 *Février* 1775. *La Fausse Magie*, jouée mercredi per les Italiens, n'offre rien de merveilleux, quant au poëme. L'intrigue roule sur un

vieillard crédule, qui ajoutant foi aux songes & aux devins se trouve la dupe de ses terreurs. On profite du blanc seing que lui fait donner une prétendue Bohémienne, pour lui faire approuver le contrat de mariage de sa pupille, qu'il vouloit épouser, au lieu de la marier avec un jeune homme qu'elle aime. Tout le monde favorisant cette union, concourt à la supercherie, & le tuteur est la fable générale. Rien de saillant dans le total de la piece, peu de gaieté & un dénouement trivial, comme on le voit, ne lui auroient pas procuré un grand succès, sans la musique où il y a des choses agréables & savantes. Le spectacle des enchantements de la sorciere releve la fin & la rend plus piquante que le reste.

3 *Février* 1775. Les discussions entre les subalternes du palais ne sont pas encore appaisées : c'est ce qui a donné lieu à la facétie suivante, toujours bonne seulement comme piece historique. Il faut savoir pour son intelligence que la *Bazoche* est un petit tribunal érigé en l'honneur des clercs de procureurs, où ils siegent & jugent certaines causes. Cette institution remonte à l'ancien temps & se ressent du génie romanesque d'alors, car il y a ce qu'on appelle *le roi de la Bazoche* ; il a son Chancelier, &c. il a une sorte de discipline sur sa troupe.

ORDONNANCE DE LA BAZOCHE.

Air : *Monsieur le prévôt des marchands.*

Nous, Chancelier, Garde-des-Sceaux,
Ordonnons à tous les suppôts

Du royaume de la *Bazoche*,
De faire en nos mains le ferment
De vivre *Clercs* comme de roche,
Et fideles au parlement.

A tous Clers il est défendu
D'entrer chez les *Avocats du* :
Parce qu'étant d'expérience,
Que tel maître, tel compagnon,
Ils apprendroient sous cette engeance
A devenir maîtres fripons.

Déclarons ne faire aucun cas
De ces trois classes d'avocats,
Que *Quatre mendiants* on nomme,
Les *Vingt-huit* & les *Promoteurs*,
L'avocat devant être un homme,
Bon, pur, fidele & plein d'honneur.

Permettons de faire imprimer,
De publier & d'afficher
Par-tout la présente ordonnance :
Enjoignons à notre Greffier
D'en remettre, par déférence,
Un exemplaire au bâtonnier.

4 *Février* 1775. *Haute-messe, célébrée par l'abbé Perchel, conseiller-clerc du ci-devant soi-disant conseiller supérieur de Rouen.* Tel est le titre d'un pamphlet, qu'on s'imagine aisément devoir être une folie méchante & non moins plate.

5 *Février* 1775. Il paroît une nouvelle brochure arrivée de Normandie sur les circonstances

préfentes. Elle a pour titre : *Oraifon funebre de très-hauts & très-puiffants, Seigneurs, en leur vivant, les gens tenant les confeils fupérieurs de France, prononcée dans la grande falle de l'hôtel-de-ville de Caen, le lundi 28 novembre 1774, à l'occafion de l'enrégiftrement de l'édit portant le rétabliffement des parlements. Par M. D***, avocat en la même ville.*

Cette oraifon funebre qui fembleroit fur l'énoncé du titre être une facétie, eft au contraire un ouvrage très-grave. Il eft en forme de difcours. L'auteur a pris pour texte ces paroles de l'*In exitu* : *Os habent & non loquentur.... Manus habent & non palpabunt.... Non clamabunt in gutture fuo*.... Il eft divifé en deux parties. Dans la premiere, l'orateur veut faire voir que l'exil des parlements n'a fait qu'ajouter à leur grandeur, en même temps qu'il les a rendus plus chers à la nation. Dans la deuxieme il veut établir que l'heureux événement qui les reftitue aux loix & à l'état, eft le plus fûr préfage du regne augufte du jeune monarque qui fixe tous les vœux de la France.

Trop d'adulation envers les parlements, que l'auteur affimile mal-à-propos au fénat de l'ancienne Rome, gâte cet ouvrage, bien écrit d'ailleurs, & où l'on rencontre une forte d'éloquence, mais dont le fujet n'étoit jamais fufceptible d'être traité que comme une plaifanterie.

5 *Février* 1775. Le *Mémoire pour Me. Garbier*, ancien avocat au parlement, précédé de cette épigraphe : *Quod genus hoc hominum?* eft fort recherché & fait un bruit du diable. Il

en a suspendu le débit, & il cherche même à en retirer la petite quantité d'exemplaires qu'il en a distribuée. On ne sait encore au juste sur quoi porte cette prudence tardive, car il en restera nécessairement dans le public. On verra, par la comparaison, quels endroits auront déplu.

7 Février 1775. Il paroît que Me. Gerbier, en retirant le plus qu'il a pu des exemplaires de sa premiere édition, a voulu supprimer quantité de passages trop forts contre son adversaire. Il dit à la fin du second mémoire, que le respect dû au prince auguste à qui sa justification doit être offerte, exige de lui la plus grande modération. Cependant toutes les suppressions faites dans la nouvelle édition se trouvent dans la susdite premiere, mise sous les yeux du prince, comme le dit l'auteur du libelle, le 6 janvier, distribuée à tous les gens en place jusqu'au 16, & vendue publiquement au moins depuis le 16 jusqu'au 21.

C'est à celle-ci que Me. Linguet déclare qu'il répond dans ses *observations sur un imprimé ayant pour titre* : Mémoire pour Me. Gerbier, ancien avocat, *avec cette Epigraphe* : Quod genus hoc hominum ? On voit que ce fécond & bouillant adversaire n'a pas perdu de temps pour répliquer.

7 Février. Me. *Linguet*, dans sa nouvelle apologie, ou plutôt dans sa contre-diatribe, reproche à Me. *Gerbier* d'avoir fait de sa défense un libelle, c'est-à-dire, une diffamation calomnieuse, publiée sans nécessité & sans les formes introduites par la justice en pareil cas. Il attaque ensuite son adversaire sur sa propre justification, & des sept griefs en choisit quatre pour les développer & répondre au défi que lui porte son ennemi. Ces quatre sont, l'affaire du marquis de *Brunoy*, dont Me. *Linguet* parle, parce qu'elle est publique ; celle des freres *Michelin*, parce qu'il a joué un rôle ; celle du comte de *Guines*, parce que Me. *Gerbier* l'y compromet : enfin ses persécutions envers lui, parce qu'elles lui sont personnelles. Il faut convenir qu'on ne peut lire les factums réciproques de ces deux adversaires sans les mépriser souverainement, tant ils ont bien l'art de s'inculper réciproquement, & manquent de celui de convaincre sur leur justification. Quant à la chaleur, à l'abondance, à l'énergie, Me. *Linguet* l'emporte constamment sur Me. *Gerbier*, & sait infiniment mieux attacher le lecteur.

6 *Février* 1775. La nouvelle diatribe de Me. *Linguet* a pour titre : *Supplément aux Réflexions pour Me. Linguet, avocat de la comtesse de Bethune*. C'est un écrit forcené, où cet avocat oubliant absolument toute pudeur, se déchaîne avec une fureur sans égale, non seulement contre ses ennemis particuliers ou les représentants de l'ordre qui ont jugé sa radiation, mais encore contre l'ordre entier, dont il recuse d'avance le jugement, s'il ne lui est favorable. Dans le compte qu'il rend de divers comités où il a été d'abord jugé, il rapporte une lettre de lui au bâtonnier, & une réponse de ce dernier, par laquelle Me. *Lambon* lui expose ses griefs. Il cite ensuite ceux qui lui ont été opposés dans l'assemblée du 26 janvier, & motifs de sa radiation, qu'il trouve absolument différents & distincts des premiers,

Il y joint un discours qu'il se proposoit de prononcer, & qu'on n'a pas voulu entendre, comme inutile au fond de l'affaire. Il discute ensuite les derniers griefs énoncés au nombre de huit. Il y répond tantôt avec ironie, tantôt avec rage, & toujours avec très-peu de logique Il fait un paragraphe à part, intitulé: *Preuve que le but de toutes ces manœuvres est seulement de m'empêcher de plaider la cause de la comtesse de Bethune*. Et l'on voit que son objet est de s'identifier ainsi avec sa cliente, & de faire croire qu'il n'est, à parler vrai, qu'un plastron sur lequel on porte les coups dirigés contre cette femme de qualité. Il termine par des *Idées, qui méritent d'être méditées*, dont le résultat seroit, suivant lui, la nécessité d'ôter à l'ordre des avocats la police sur ses membres, ou de la subordonner au parlement, comme ayant exclusivement l'exercice de l'autorité. En général, ce mémoire n'est qu'une déclamation, où l'auteur paroît avoir totalement perdu la tête, où son imagination déréglée prodigue sans choix les figures les plus gigantesques, dont l'éloquence n'est que bouffissure, impudence, extravagance, absurdité.

7 *Février* 1775. On annonce la réception de monsieur le président de *Malesherbes* à l'académie Françoise pour le jeudi 16 de ce mois, & c'est déja un empressement prodigieux pour se ménager des billets, afin d'entrer à cette assemblée mémorable.

7 *Février* 1775. *Albert premier* a été joué avant-hier; toute la secte des *économistes* s'y étoit rendue pour soutenir la piece, dont elle compte l'auteur parmi ses partisans. Ce drame a paru très-médiocre, sans invention, sans res-

fort. C'est le trait de bienfaisance tout pur de l'empereur, mis en scene. Dans le premier acte, la veuve d'un militaire, réduite à un état d'indigence, ainsi que sa fille, comptant sur les bontés d'un seigneur, qui s'est chargé d'exposer leur misere à l'empereur, apprend que toutes les démarches de leur protecteur ont été infructueuses. C'est un scélérat débauché, qui voudroit abuser de la situation de la jeune personne pour la séduire & la forcer à se livrer à sa passion criminelle, qu'elle ne connoît point. Il excite sous main un créancier impitoyable à les tourmenter; & pour mieux avancer la persécution, il achete la créance & se met à sa place. En sorte que cette mere respectable n'a de ressource pour se soustraire à l'emprisonnement dont elle est menacée, que de faire vendre le reste de ses effets, & même ses hardes, ainsi que celles de sa fille.

Dans le second acte, cette jeune personne est rencontrée dans la nuit par l'empereur déguisé; il l'interroge, il apprend les motifs de sa douleur & de sa sortie nocturne: il la rassure, la console, lui donne sa bourse; lui dit que l'empereur est plus humain qu'on ne l'a dépeint; qu'elle ait à se trouver à l'audience de S. M. le lendemain; qu'il a l'honneur d'en être connu, d'en approcher; qu'il plaidera la cause de sa mere, & que sûrement ce ne sera pas en vain. Il lui donne un diamant pour signe de reconnoissance, lorsqu'elle se présentera à lui.

Le quatrieme acte est un tableau mesquin & croqué de l'audience de S. M. impériale. La jeune personne & la mere s'y trouvent: l'empereur se découvre pour être l'étranger qui les a secourus ; & le seigneur, leur soutien prétendu, est démasqué comme un vil scélérat ; il est chassé de la cour. Cette famille est comblée des bienfaits du monarque, qui approuve le mariage de la jeune personne avec son amant.

Tout cela est accompagné, enrichi, chargé de grands traits de générosité ; de la part de la mere, qui refuse les secours d'un étranger, quand sa fille lui apprend ce qui s'est passé ; de la part d'un artisan chez lequel elles se sont refugiées, & qui les alimente aux dépens de sa propre subsistance ; de la part de la mere encore, qui, dénuée des ressources qu'elle espéroit, déclare à sa fille qu'il faut renoncer à ses espérances d'épouser le jeune officier qui l'aime, ne point abuser de sa passion pour lui faire faire une sottise où elle pourroit l'entraîner ; de la part de celui-ci, décidé à subir avec elles tous les revers du sort, & à soulager leur infortune avec son foible patrimoine.

Telle est l'esquisse d'*Albert premier*, assez mal accueilli hier ; mais l'auteur, accoutumé aux premiers dégoûts du public, n'en est point effrayé.

7 *Février* 1775. Compliment du prieur des bénédictins de l'abbaye de *St. Mélaine* à Rennes, à M. de la Chalotais, rappellé à ses fonctions.

« Monsieur : poursuivi par l'envie, attaqué par la calomnie, vous avez lassé vos ennemis par votre constance ; vous les avez vaincus par votre vertu. Le feu roi qui, même en cédant aux efforts de la cabale, admiroit vos talents, respectoit vos vertus, regrettoit vos services ;

auroit enfin écouté la voix de la justice & le cri de son cœur. Une mort prématurée ne lui a pas permis d'effacer une tache qui ternissoit sa gloire. Notre jeune monarque paie la dette de son prédécesseur. Il ne vous justifie pas, votre appologie étant écrite dans tous les cœurs, mais il venge la surprise faite à la religion de son aïeul ; &, en vous rendant aux vœux de la nation, il annonce à l'Europe entiere qui s'est tant intéressée à vos malheurs, que son regne sera le fléau de l'injustice, le triomphe de l'innocence & l'époque de la félicité publique. »

Le même orateur, à M. de Caradeuc.

« Monsieur, formé à l'école de l'adversité, vous avez reçu de votre illustre pere de grands exemples & de grandes leçons. Rendu à nos vœux & rappellé à vos fonctions, vous éclairez vos ennemis par votre sagesse, comme vous les avez déconcertés par votre fermeté ; & votre générosité leur apprendra que l'héroïsme, le triomphe de la vertu, c'est d'oublier les injures & de les venger par des bienfaits. »

On juge par la tournure de ces compliments qu'ils n'ont point été imprimés. C'est ce qui les a empêchés de se répandre avec la même facilité que les autres, depuis sur-tout que celui de monsieur le Chapellier, bâtonnier des avocats de Rennes, adressé à MM. les procureurs généraux, lors de leur retour, a paru trop violent à monsieur le duc de Penthievre, qui conserve une vénération profonde pour la mémoire de Louis XV.

7 *Février* 1775. Hier, *Albert premier* a paru reprendre quelque vigueur, au moyen du secours de M. de Trudaine, qui a envoyé tous

les *ponts & chauffées* pour le soutenir. Pour entendre ce quolibet, il faut savoir que cet intendant des finances a eu anciennement madame *le Blanc*, la femme du poëte, pour maîtresse; qu'il conserve encore une tendre affection pour elle, & qu'ayant le département des ponts & chaussées, il a fait distribuer une multitude de billets aux jeunes gens de cette école, avec des instructions sur la maniere d'applaudir & de demander l'auteur à la fin.

D'ailleurs, toute la cabale des *économistes* a été aussi sur pied pour prôner ce drame dans les sociétés, à raison de quelques maximes de la secte, de quelques apophtegmes que l'écrivain a mis dans la bouche de l'empereur. En général, toute cette morale sur la félicité des peuples, sur le bonheur des souverains, est si usée, si rebattue dans leurs ouvrages, qu'elle ne peut plus faire d'effet qu'elle ne soit présentée avec beaucoup d'art; & c'est ce qui manque à M. le Blanc. Il a cru que des éloges, tant bien que mal amenés, de l'empereur, de l'impératrice reine, du roi, de la reine, &c. devoient tout faire passer. Il s'est trompé, car pour faire aller cette nouveauté, les comédiens sont déja obligés de la placer en second & de la faire précéder de quelque tragédie ou autre grande piece.

8 *Février* 1775. *Théorie du paradoxe.* Tel est le titre d'un ouvrage fort couru, de monsieur l'abbé Morellet. Ce docteur économiste a principalement en vue de tourner en ridicule dans ce pamphlet Me. Linguet, un des grands adversaires de la secte, & l'on ne peut s'empêcher de convenir qu'il y réussit compléte-

ment. Il est à présumer que cet orateur sera plus sensible à une pareille facétie qu'à l'arrêt du parlement qui ordonne sa radiation.

8 *Février* 1775. On écrit de Rennes qu'on y avoit joué une seule fois un drame, intitulé *le Couronnement d'un roi*, drame dans lequel on avoit cru trouver des allusions injurieuses à la mémoire de Louis XV; ce qui avoit obligé M. le duc de Penthievre de s'opposer à la seconde représentation de la piece.

8 *Février*. Un amateur, nommé M. le chevalier de Berainville, a fait un dessin, dont la composition est relative au retour du Parlement, & l'a présenté à M. d'Aligre, premier président de cette compagnie, qui l'a accueilli avec beaucoup d'honnêteté, mais n'a pas mis dans cette réception tout l'enthousiasme qu'exigeoit la circonstance.

9 *Février* 1775. M. le prince de Soubise a fait voir à la reine le méchanicien nouveau qui étonne tout Paris. Cet artiste instruit deux jours d'avance de l'honneur qu'il devoit avoir, a disposé si bien son automate qui dessine, qu'il l'a mis en état de faire le portrait du roi & de la reine; ce qui a émerveillé tous les spectateurs, qui n'étoient point dans le secret.

10 *Février* 1775. Il vient d'arriver de Ferney un petit volume de productions de M. de Voltaire, où l'on trouve du nouveau: 1°. une épître dédicatoire à M. d'Alembert, secretaire perpétuel de l'académie Françoise, membre de l'académie des sciences, &c. par l'éditeur de la tragédie de *dom Pedre*.

2°. Discours historique & critique sur la tragédie de *dom Pedre*.

3°. *Dom Pedre*, tragédie en cinq actes.

4°. *Eloge de la Raison*, prononcé dans une académie de province, par M. de *Chambon* 1774.

11 *Février* 1775. M. de *Voltaire* usant des divers travestissements dont il se fait un jeu depuis long-temps, suppose que la tragédie de *dom Pedre* est d'un jeune auteur de ses amis, qui rend, en la personne de monsieur *d'Alembert*, hommage à toute l'académie dont il est secretaire. Il passe rapidement en revue le plus grand nombre des membres de cette compagnie, & leur présente à tous une dose d'encens, quelquefois un peu forte pour des têtes moins philosophiques. Il a saisi cette occasion pour rendre hommage à M. *de Buffon*, qu'il place le premier dans cette espece de panthéon littéraire dressé à la hâte. C'est une confirmation de la réunion déja connue de ces deux grands hommes. Le panégyriste n'oublie pas dans sa nomenclature M. de *Malesherbes*, le nouveau récipiendaire, qu'il voudroit bien faire revenir des impressions défavorables qu'a ce magistrat à son sujet, pour son adulation basse envers le chancelier. Il loue même d'avance les candidats qu'il prévoit devoir siéger incessamment dans le fauteuil, tels que M. le chevalier de *Châtellux*, monsieur le marquis de *Condorcet*, monsieur *de la Harpe*, &c.

Dans le discours préliminaire de la tragédie, l'auteur s'excuse d'avoir traité un sujet déja mis au théâtre par le grand maître, M. *de Belloy*. Mais la modestie de cet écrivain, qui n'a pas jugé à propos de faire imprimer son *Pierre le Cruel*, autorise le jeune homme à paroître sur la scene. On sent tout ce qu'a d'amer ce persiflage pour un poëte dont la piece a été si cruellement sifflée. Le surplus est un bavardage historique, un mélange de philosophie & de déclamation, dont l'assortiment disparate déplaît & fatigue.

Quant à la tragédie, elle est assez simple dans sa marche ; ce qui est un grand mérite, mais foible de caracteres & de coloris. On sent parfaitement la main octogénaire qui a composé cet ouvrage.

L'Eloge de la Raison est un roman allégorique extrêmement ingénieux. On sait que son auteur a toujours singuliérement réussi dans ce genre. Il fait voyager cette intelligence, avec la *Vérité*, sa fille, & par des allusions soutenues trace à grands traits le tableau des extravagances des siecles barbares. Il s'étend un peu plus sur le nôtre. Il fait parcourir aux déesses les différents royaumes qui partagent l'Europe. Elles commencent par l'Italie ; elles sont très-étonnées de se trouver bien accueillies & fêtées à Rome. Après avoir loué dans l'épître dédicatoire de sa tragédie les gens de lettres dont il recherche le suffrage, il encense ici les divers souverains dont il ménage les faveurs. Il les trouve tous occupés à faire le bien, à pratiquer la justice & à rendre les peuples heureux. Il termine par la France, où la *Raison* juge qu'elle doit fixer principalement son empire : puisse un si beau songe se réaliser !

12 *Février* 1775. L'ouverture de la foire Saint-Germain a donné l'idée surannée d'une méchanceté sur les lais du siecle, qu'on passe en revue comme animaux rares. On sent combien cette

plaisanterie pourroit être vive & piquante entre les mains d'un homme d'esprit qui auroit du sel & de la gaieté.

12 *Février* 1775. Monsieur l'archiduc a été hier à la comédie Italienne. On a mis sur l'affiche : *On donnera aujourd'hui*, par ordre, *la Fausse Magie*, &c.

12 *Février*. La piece jouée à Rennes au commencement du mois, a pour titre, *le Couronnement d'un Roi*. C'est un acte en prose, mêlé de musique & de chant. C'est une allégorie des plus fines. Tous les vices qui entourent le trône y sont personnifiés. On y voit le *Luxe*, le *Despotisme*, la *Volupté*, la *Flatterie*. On y reconnoît en bien & en mal différents ministres passés & présents, qui rendent la scene plus intéressante. Il y a beaucoup de spectacle, & ce divertissement pourroit s'arranger en opéra de la plus grande pompe. On l'attribue à un avocat de Rennes. Il en a passé ici furtivement quelques exemplaires imprimés ; car M. le duc de Penthievre est trop circonspect pour laisser librement débiter sous ses yeux une satire aussi forte du regne précédent.

13 *Février* 1775. L'archiduc *Maximilien* a été hier à la comédie Françoise, où l'on a donné, par ordre, *le Misantrope*.

16 *Février* 1775. M. de Châteaubrun vient de mourir. On peut apprécier son âge par sa premiere tragédie de *Mahomet second*, représentée en 1714 avec peu de succès. Quarante ans après, c'est-à-dire en 1754, il donna la seconde intitulée : *les Troyennes*, qui eut plus de faveur, ainsi que *Philoctete*, jouée l'année suivante. Ces deux pieces, jointes à la protection

de la maison d'Orléans, lui valurent l'entrée à l'académie Françoise. Mais sa réputation prodigieusement montée tout-à-coup, s'est évanouie de même. Sa quatrieme tragédie d'*Astianax* n'eut aucun succès, & il meurt aujourd'hui presqu'ignoré. Ses ouvrages, dans la simplicité, dans le bon genre de l'antique, pouvoient exciter une grande sensation dans le moment, mais devoient déplaire bientôt à un goût qui se dépravoit de plus en plus. Il s'étoit retiré depuis quelques années à Picpus, où il a terminé sa carriere.

19 *Février* 1775. *Supplément au rapport fait le 13 septembre 1765, dans l'assemblée du clergé, par M. de Brienne, archevêque de Toulouse, contre M. de Beauteville, évêque d'Alais.* Tel est le titre d'une brochure de 120 pages, qui porte la date du 15 juin 1774, & qui ne paroît que depuis peu, parce que les actes du clergé n'ont paru que de l'année derniere. On sait aujourd'hui que cet écrit, ainsi que la *lettre prétendue de l'archevêque d'Utrecht*, dont il a été rendu compte, sont faits aux blancs-manteaux par de savants bénédictins, & que M. le duc d'Aiguillon & l'archevêque de Lyon sont les promoteurs de cet ouvrage, en haine ou jalousie de M. de Brienne, qui est encore plus maltraité dans cette derniere brochure, où même les auteurs se permettent des grossiéretés bien contraires à leur ancienne modération. Elle est très-recherchée, à cause de ce prélat, qui est actuellement dans son diocese, où il se fait adorer par le bien qu'il y fait & les secours qu'il y donne aux malheureux paysans affligés de la perte de leurs bestiaux

bestiaux qu'enleve la maladie épizootique répandue sur eux.

11. Février 1775. Me. Linguet ne pouvant en ce moment donner l'essor à sa plume inépuisable, & cependant toujours curieux d'entretenir la fermentation élevée à son occasion dans le public, jusqu'à ce qu'une occasion plus favorable lui permette de la reprendre, revient sur le passé, & a fait imprimer son *plaidoyer* prononcé par lui-même en la grand'chambre les 7 & 11 janvier dernier.

Il dit dans une note préliminaire, que des raisons particulieres l'ont déterminé à supprimer l'espece d'avertissement qui étoit contenu dans les 20 premieres pages de cet imprimé, qui ne commence que par la 23e; que c'étoit un objet absolument séparé de son plaidoyer; qu'on n'a pas cru devoir le confondre. Il est plus probable que quelque nouvel écart de ce fougueux orateur aura été cause de la suppression annoncée.

Dans ce début, il demande, comme Cicéron, où est son crime, où sont ses accusateurs, où sont leurs preuves ? Il cherche à capter ses juges par une peinture injurieuse, odieuse, avilissante du tribunal intermédiaire, par l'éloge pompeux des magistrats qui reprennent leurs places. Il s'excuse d'avoir comparu devant le dernier, sur la nécessité de défendre l'innocence.

Dans la premiere partie il rend compte des préliminaires du jugement rendu contre lui le 11 février 1774.

La seconde est divisée en deux paragraphes.

1°. Irrégularité du jugement du 11. février 1774.

Tome VII. N

2°. Injustice de ce jugement.

Il discute dans la troisieme la délibération prise contre lui le 22 décembre 1774, par une assemblée de 22 avocats.

Ce plaidoyer, travaillé plus à loisir & plus limé que les derniers écrits de Me. Linguet, contient une foule de beautés oratoires, de grands mouvements de l'éloquence. Il est plein de vigueur & de noblesse; le style en est pur & châtié, sans rien perdre de sa chaleur & de sa force. Mais on ne peut dissimuler que la partie du raisonnement est tout-à-fait défectueuse; que la façon de prouver consiste uniquement à nier les imputations qui lui seroient défavorables, à avancer sur son seul témoignage, & avec beaucoup d'impudence, les faits qu'il produit pour sa justification.

22 Février 1775. *Le Couronnement d'un roi, Essai allégorique en un acte & en prose, suivi d'un Vaudeville, par un Avocat au parlement de Bretagne*, (M. Goyer) avec cette épigraphe: *Redeunt Saturnia Regum*. Et au bas: *Au temple de mémoire*.

Tel est le titre de l'ouvrage déja annoncé, mais qui mérite un plus long détail, & par son importance, & par la sensation qu'il a faite, & par la rareté dont il est.

L'avertissement est en deux vers que voici:

Ai-je tort de céder au zele qui m'entraîne!
Henri IV & Titus ont paru sur la scène!

C'est le samedi 28 janvier 1775, que ce drame lyrique a été représenté sur le théatre de Rennes.

Les acteurs sont *le Roi*, *la Reine*, *Henri le grand*, *Princes du sang*, *Ministres*, *Magistrats connus*, *Suite de la Reine*, *Personnages allégoriques & pantomimes*, *le Peuple*.

Le théatre, à l'ouverture, représente une salle magnifiquement décorée. On y voit une couronne placée sur une table couverte d'un tapis de velours bleu-céleste, parsemé de fleurs-de-lis d'or.

Les personnages de la scene premiere sont *le Roi*, *la Flatterie*, *Fantôme sans nom*, *fausse Gloire*, *Volupté*, *Despotisme*, *Personages pantomimes & allégoriques*.

Le Roi fixant la couronne, remarque qu'elle n'est accordée encore qu'à sa naissance; qu'il ne l'a point méritée. Il entend des cris de *vive le roi*; & ces acclamations ne font qu'exciter davantage sa sensibilité sur l'importance de ses devoirs, sur l'excellence de son peuple, & sur le changement qu'il doit craindre s'il ne remplit l'espoir qu'on conçoit déja de son regne. Il témoigne sa reconnoissance à ses sujets, son desir de les rendre heureux, & prévoit d'avance que la bonté doit être éclairée & guidée par la justice.

Le Luxe, premier personnage allégorique, représenté sous un colosse richement vêtu, attire les regards du roi: il est placé à côté d'un trône d'or, relevé par tout ce qu'il y a de plus éclatant, mais dont les degrés sont formés d'un grouppe de malheureux, couverts de haillons, qui lancent vers le trône des regards où se peint le désespoir. Il montre le trône au monarque, & semble l'inviter à y monter. S. M. est éblouie d'un tel éclat; elle approche, & voit le spectacle effroyable caché sous tant d'opulence. Le Fantôme lui présente des *édits bursaux*. Le Prince les déchire & gémit sur les impôts dont son peuple est déja accablé, qu'il voudroit supprimer.

La Flatterie, second acteur, se présente sous la forme d'un personnage qui, dans l'attitude la plus humble, montre au prince la place qu'on lui destine dans l'Olympe.

Le jeune prince se moque d'abord du pygmée, de sa basse adulation; puis il s'indigne, prend le flatteur, lui fait faire une pirouette : il se trouve derriere ce fantôme, un malheureux, le placet à la main, que le courtisan avoit écarté & caché jusques-là.

Le Fantôme sans nom, troisieme personnage, affublé de vêtements noirs, tient de la main droite un glaive, & de l'autre distribue à un grouppe d'aveugles de petites balances de bois, dans lesquelles se trouve un morceau de pain. Aux pieds du fantôme sont jetées les vraies balances de la justice, à côté du code. Il s'avance pour présenter le glaive au roi, & marche sur le code qui est à ses pieds. Le roi releve le code, & frémit de voir les loix ainsi foulées. Il frappe sur le poignet du fantôme & lui fait tomber le glaive des mains, pour remettre ce dépôt sacré en des mains plus fidelles. Il regarde le grouppe d'aveugles, il leur distribue le pain & brise les balances; en déclarant qu'il ne veut point se servir d'aveugles, mais qu'il les plains & les nourrit.

La Fausse gloire, quatrieme personnage, sous la forme de la Victoire, tient dans une main une couronne de laurier, montre des sceptres & des couronnes enchaînées à ses pieds. Le monarque est peu touché de cet éclat mensonger : il s'annonce pour ne vouloir combattre qu'en défendant la patrie, & en se dévouant pour elle; mais il renonce à l'ambition injuste des conquérants.

La Volupté, cinquieme personnage, paroît sous les traits les plus séduisants, conduite par un vieil esclave couronné de myrte. Elle tient dans ses mains des chaînes couvertes de fleurs. Le jeune Prince, d'abord ému de tant d'attraits, a cependant quelque doute sur son conducteur, dont il soupçonne les fonctions ténébreuses; il se rassure en remarquant les charmes ingénus de la déesse; il reçoit la guirlande qu'elle lui offre, puis la rejette en voyant que ce sont des chaînes; il les jette au col de l'esclave de la volupté, qui est à genoux, & l'enchaîne, en ordonnant qu'il soit éloigné de ses yeux.

Le Despotisme est le sixieme & dernier personnage. C'est un homme cuirassé de bronze, le casque en tête, un sceptre de fer à la main. Il montre au roi un trône de fer, fort élevé, mais si étroit vers sa base, qu'à peine peut-il se soutenir. Les pieds de ce trône sont de bois, un grouppe de malheureux les ronge pour le renverser. Le roi, en touchant ce trône le fait chanceler; il jette les yeux sur le grouppe & frémit d'un tel spectacle. Le Fantôme se retire de lui-même, & reconnoît l'aversion que le Prince a pour lui.

La scene finit par un coup de tonnerre. Les trônes se brisent & les personnages disparoissent.

A cette décoration succede l'entrée du temple de mémoire. A la porte se voit *le Temps*, armé de sa faux; on l'en suppose le portier.

La seconde scene se passe entre le roi & Henri le grand. Ce dernier félicite les François d'avoir un roi, & son successeur d'avoir déja dompté tous les monstres dont il avoit trouvé son trône investi. Son petit-fils rapporte son courage à son desir de ressembler à un pareil modele, dont il se sent bien éloigné.

Henri lui prédit qu'il surpassera son aïeul: il découvre dans le jeune monarque un cœur aussi bon que le sien, & moins foible; ce qui amene un éloge de la reine. Henri termine ce dialogue par présenter au roi la couronne qui étoit sur la table. Il l'accepte, en lui demandant ses conseils: il le prie de l'aider à trouver un Sully. Henri lui déclare qu'il connoîtra bientôt ceux qui doivent approcher du trône. Le temple de mémoire s'ouvre: Henri y retourne: il se referme. La décoration change par un nouveau coup de tonnerre. Le théatre représente un palais. Dans le fond doit être un trône, avec tous les ornements de la royauté.

Scene troisieme: *Le roi, princes du sang.* Le roi les invite à s'approcher, à servir de rempart à son trône contre le mensonge & l'adulation. Il ordonne au duc de Penthievre & à la princesse de Lamballe d'aller en Bretagne, pour consoler la province & réparer ses malheurs.

Scene derniere. *Le Roi, la Reine, Princes du sang, suite de la Reine, Ministres & Magistrats connus. Le Peuple.*

Le roi se félicite d'avoir pour ministres des

amis de son peuple. Il fait approcher les magistrats. À l'un, qu'il regarde comme le généreux défenseur des loix, il confie les premieres fonctions de la magistrature; il lui ordonne de rendre un nouvel éclat à cet ordre de l'état qu'on vouloit avilir.

À l'autre, accablé sous les ans & les infirmités, S. M. donne une palme, qu'un homme du peuple lui présente, comme un monument de son triomphe.

Il invite tout ce cortége à le suivre & à se mêler à celui de la reine, composé des vertus.

Le roi donne la main à la reine. Ils montent ensemble sur le trône. La reine dit au roi, que le bonheur du peuple est son seul ouvrage, & que celui de son auguste époux la regarde & fera le sien.

Le peuple crie, *vive le roi!* le roi crie, *vive mon peuple!*

Vaudeville qui termine, sur l'air de celui qui finit le Déserteur.

Le premier Magistrat, au Peuple.

Oublions jusqu'à la trace
D'un malheur peu fait pour nous,
Éprouvés par la disgrace,
Notre sort en est plus doux.

Le Peuple.

Oublions jusqu'à la trace &c.

Un Huissier, en robe.

Louis, par sa bienfaisance,
Nous offre un second Henri,

Et dans son conseil, la France
Retrouve plus d'un Sulli.

Sous lui regne la justice ;
Le sénat nous est rendu.
De par le roi, que le vice
Fasse place à la vertu.

Le Peuple.

Oublions, &c.

Un Berger.

De notre roi, ma bergere,
Sais-tu ce qu'on dit ici ?

La Bergere.

Dans lui nous avons un pere,
J'ai pensé dire, un ami !

Ensemble.

Nous reverrons au village
Les jeux, les ris, les amours.
Lise } c'est après l'orage,
Colin }
Qu'ont sent le prix des beaux jours.

Le Peuple.

Oublions, &c.

Un Breton.

Chalotais, par sa présence,
Va finir tous nos malheurs :
Il paroît, & l'innocence

N'a plus de perſécuteur.
Pour les amis de la gloire
Eſt-il un inſtant plus doux !
Quel heureux jour ! ſa victoire
Eſt un triomphe pour tous.

Le ſecond Magiſtrat.

Oublions juſqu'à la trace, &c.

Le Peuple.

Oublions, &c.

Un autre Breton.

Que Penthievre & la princeſſe
Jouiſſent de leur ſuccès :
Citoyens, notre alégreſſe
Eſt le fruit de leurs bienfaits.
Mais, trop heureux que nous ſommes,
Nous comblons auſſi leurs vœux !
Amis, le bonheur des hommes,
Doit faire celui des dieux.

Le Peuple.

Oublions juſqu'à la trace
D'un malheur peu fait pour nous,
Eprouvés par la diſgrace,
Notre ſort en eſt plus doux !
Vive le roi ! Vive le roi !
Vive à jamais, vive le roi !

Ce qui a fait ſupprimer cet ouvrage, c'eſt l'exclamation de Henri IV, ouvrant la ſcene, & s'éctiant : *Vive Dieu, les François ont donc un Roi.*

Du reste, monsieur l'abbé *Terrai* est parfaitement désigné sous le personnage allégorique intitulé le *Luxe*. On reconnoît dans la *Flatterie*, à ne pas s'y méprendre, monsieur de *Maupeou*. Le *Despotisme* désigne sensiblement monsieur le duc d'*Aiguillon*. Le vieil esclave qui amene *la Volupté*, peint à merveille le duc de *Richelieu*. Enfin le *Fantôme sans nom* est le *nouveau tribunal*, à ne pouvoir s'y méprendre. C'est ce qui rend le spectacle, très-beau en lui-même, encore plus piquant.

23 *Février* 1775. *Le Barbier de Seville*, tant annoncé, n'a pas répondu à l'attente du public, dont la foule a pensé produire des événements sinistres par le peu d'ordre qui regne aujourd'hui, soit pour la distribution des billets, soit pour l'entrée du spectacle. Cette piece, que l'auteur prolixe a alongée en cinq actes, au lieu de la réduire à trois, n'est, quant à l'intrigue, qu'un tissu mal ourdi de tours usés au théatre pour attraper les maris ou les tuteurs jaloux. Les caracteres, sans aucune énergie, point assez prononcés, sont quelquefois contradictoires. Les actes, extrêmement longs, sont chargés de scenes oisives, que l'auteur a imaginées pour produire de la gaieté, & qui n'y jettent que de l'ennui. Le comique de situation est ainsi totalement manqué, & celui du dialogue n'est qu'un remplissage de trivialités, de turlupinades, de calembourgs, de jeux de mots bas & même obscenes : en un mot, c'est une parade fatigante, une farce insipide, indigne du théatre François. Le premier acte seul, assez bien disposé, a reçu de vrais applaudissements, & les méritoit. Dans tous les autres le dégoût n'a fait que croître

& parvenir à son comble. L'auteur a soutenu cette chûte avec son impudence ordinaire. Il espere bien relever & monter aux nues dimanche, où elle doit être jouée pour la seconde fois.

24 *Février* 1775. Le Sr. de Belloy étant toujours dans un état de langueur qui exige beaucoup de secours pécuniaires, & cet auteur n'étant pas riche, les comédiens, par une générosité louable, se disposent à donner demain le *Siege de Calais*, & d'en faire tourner les honoraires à son profit.

25 *Février* 1775. Le Sr. de Beaumarchais ne se tient pas pour battu. Il a fait afficher son *Barbier de Seville* pour demain 26, en quatre actes seulement. Il prétend que c'est par complaisance pour les comédiens, enchantés de cette comédie & la trouvant trop courte, qu'il l'a alongée.

26 *Février* 1775. M. le marquis de Villette & Mlle. Raucoux, par la ressemblance de leurs goûts, s'étoient rapprochés & vivoient ensemble depuis quelque temps, composant un genre mixte de leurs plaisirs. Le premier, par inconstance, ou par mécontentement, ou par une pente invincible à son ancien péché, a écrit une lettre de rupture à l'autre. Celle-ci lui a envoyé en réponse un petit ballai, avec ces deux vers de Voltaire, si connus sur l'amour:

Qui que tu sois, voici ton maître:
Il le fut, l'est, ou il doit l'être!

Ce qui fait aujourd'hui l'anecdote des coulisses, & couvre de ridicule le marquis susdit.

27 *Février* 1775. Des caisses d'orangers jetées

au rebut par vétusté, à *Meudon*, ont passé au propriétaire du four bannal du village, qui a cru pouvoir s'en servir pour faire chauffer son four. Beaucoup de paysans sont morts dans des douleurs excessives. A force de recherches & d'examen, les médecins appellés pour examiner le fait, ont reconnu que ces malheureux étoient empoisonnés. On a remonté à la source, & il a été constaté que le verd-de-gris entrant dans la composition de la peinture des caisses en question, calciné par le feu, avoit laissé un sédiment, dont les fournées de pain avoient été imprégnées, un peu plus, un peu moins ; ce qui occasiona les ravages déplorables qui avoient excité l'attention de la faculté. Pareil malheur arrivé, il y a vingt ans, à Montrouge, est une nouvelle preuve du danger d'un pareil emploi.

28 *Février* 1775. M. le chevalier de Berainville, amateur des arts, & distingué par ses sentiments patriotiques, a imaginé & exécuté lui-même le dessin d'un médaillon allégorique, pour célébrer le retour du parlement, dont on a déja fait l'annonce. La ville de Paris y est désignée sous l'emblême d'un vaisseau, faisant les armes de cette capitale. Après avoir été long-temps battu de la tempête, il arrive au port de la Félicité. On voit sur le rivage une multitude de peuple qui, par des danses, témoigne sa joie. Le ciel est éclairé par un soleil de justice, qui semble fixer son cours sur ces lieux dans les douze signes du zodiaque qui l'y entourent, figurant les douze parlements de France. En haut est le Roi, avec les attributs de Jupiter : à sa gauche est la Sagesse, représentée par une Pallas

qui l'inspire. On voit à sa droite une autre femme, désignant la justice, à laquelle il remet son glaive. Au bas on lit : *ad reditum senatûs*, 12 novembre 1774. Au haut : *Ex Justicia felicitas*, & sur l'exergue : *Ex felicitate Gloria*. Le tout est terminé par des vers, qu'il faut moins considérer comme un morceau de poésie que comme une explication de l'estampe. Les voici :

Le retour du Parlement.

Lutèce, sur les flots d'une mer orageuse,
Aborde ainsi au port de la Félicité :
Par des jeux innocents, une troupe joyeuse
Annonce de ces lieux la pure volupté ;
Le soleil de justice, en sa nouvelle aurore,
Fixe sur ce climat ses douze stations,
Et découvre aux François, près du Dieu qu'il adore,
La sagesse & la loi guidant ses actions.

1 *Mars* 1775. *Le Barbier de Seville*, au moyen de la ressource usitée des auteurs, a été aux nues les dimanche & mardi-gras. *Les battoirs*, comme les appelle le sieur Caron lui-même dans sa piece, l'ont parfaitement bien servi. Il y désigne sous cette qualification burlesque, cette valétaille des spectacles, qui gagne ainsi ses billets de parterre par des applaudissements mendiés, & des battements de mains perpétuels. Il a réduit sa piece en 4 actes, ce qui la rend moins longue, moins ennuyeuse, & ce qui a fait dire qu'il se mettoit en quatre pour plaire au public. On a dit encore mieux qu'il auroit plutôt dû mettre ses quatre actes en pieces, jeu de mots qui, en indiquant le respect

qu'il auroit dû avoir pour la décision du public, désigne le principal défaut de son ouvrage, où il n'y a ni suite ni cohérence entre les différents actes.

2 *Mars* 1775. Le premier médaillon, présenté au roi, à Marly, le 29 juillet dernier, représente la France venant pleurer au pied du trône la perte de son roi Bien-aimé. Louis XVI court au devant d'elle, lui tendant les bras pour la consoler. M. le comte de Maurepas, désigné sous la figure de Minerve, est derriere le monarque & l'inspire. Une gloire, qui environne & fait briller la couronne, annonce les suites heureuses des conseils du ministre. La félicité du regne futur est exprimée sous l'emblême d'une corne d'abondance, qui semble s'épancher du trône sans interruption. Les Arts approchent à l'envi de leur souverain, & lui consacrent leurs travaux. La Peinture est occupée à le peindre. La Poésie, dans son enthousiasme, implore Apollon pour le chanter. La Géographie mesure sur le globe l'étendue de son heureux empire. L'Immortalité, d'un vol rapide, vient le couronner. Au bas de l'estampe allégorique est : *Ludovicus XVI suscipit imperium* 1774. Et sur l'exergue : *sufficit omnibus.*

Dans le second médaillon, en l'honneur de la reine, cette jeune majesté est figurée par l'Aurore, annonce d'un jour pur & serein, emblême du regne futur de son auguste époux. Le Temps, appuyé sur une urne, en fait couler un fleuve d'or. Au milieu flotte la France, représentée par un globe fleur-de-lisé, sur lequel l'Aurore répand des roses.

Son altesse royale, *madame*, à la tête des

Graces, ses sœurs; madame la comtesse d'Artois & madame Clotilde, présentent à la reine une couronne de fleurs. Cette souveraine, les regardant avec tendresse, leur montre le soleil qui va la suivre, comme le principe de la gloire qu'elle partage.

Madame Elisabeth, sous la figure de l'Ingénuité, fait remarquer ce fleuve d'or à madame la comtesse d'Artois, qui la tient par la main, & lui montre le Soleil, précédé de l'Aurore, vraies sources de l'abondance. On lit au bas: *Ma. ANTa. spes Francorum*, 1774. Et sur l'exergue: *Ex binis una salus.*

Il y a trop d'esprit, trop d'emphase & trop d'adulation dans ces monuments, dont les premieres qualités doivent être la vérité & la simplicité. L'auteur a joint aux médaillons deux pieces de vers, trop longues, trop fades, & souvent trop peu poétiques.

2 *Mars* 1775. M. Durosoy, par ses protecteurs, a fait lever les obstacles qui s'opposoient à sa nouvelle piece de *Henri IV*, dont le titre est le *Siege de Paris*. On a vaincu la répugnance du roi, & ce nouveau drame lyrique est à l'étude. La musique est aussi du Sr. Martini. Les comédiens en ont la plus grande espérance.

3 *Mars* 1775. On sait combien madame Clotilde, dont le mariage est déclaré avec le prince de Piémont, est épaisse & volumineuse: on sait encore combien elle a d'excellentes qualités, & même d'esprit, cachés sous cette enveloppe grossiere; c'est ce qui a donné lieu au quatrain suivant, où cette princesse est encore

désignée sous le titre de *madame*, qu'elle portoit avant la mort du roi.

> Le bon Savoyard, qui réclame
> Le prix de son double présent,
> En échange reçoit madame ;
> C'est le payer bien grassement.

4 *Mars* 1775. Un curé de Gascogne, qui plus sévere que les gens de sa robe, malgré le tempérament fougueux dont il étoit tourmenté, avoit gardé la plus exacte continence, a été atteint d'une maladie terrible, dont il paroît n'avoir été guéri que par une indulgence nécessaire pour la nature. Revenu à lui, il en a décrit les symptomes extraordinaires dans un mémoire qu'il a adréssé à M. de Buffon. Ce manuscrit, remarquable par les détails & par une imagination prodigieuse, est regardé comme très-authentique pour le récit. Mille témoins peuvent déposer de ces faits récents arrivés sous leurs yeux, & l'académicien compte faire usage de cet écrit singulier, pour prouver l'absurdité du vœu de la chasteté & ses dangers.

5 *Mars* 1775. On a fait beaucoup de critiques du projet de finances du sieur Richard. Il les comprend toutes dans une *Réplique générale pour le présent & l'avenir, aux observations faites & à faire sur son plan d'imposition économique.* Il faut avouer qu'il n'est pas heureux à la répartie, & que la plupart de ses réponses à des objections très-sensées sont pitoyables.

6 *Mars* 1775. Extrait d'une lettre de Ferney, du 25 Février...... Ne soyez pas surpris si

Monsieur de Voltaire n'écrit point en faveur de son ami, le maréchal de Richelieu : il commence à se lasser d'être ainsi le Dom Quichotte des gens de la cour, qui ne sont que des ingrats ensuite. Vous vous rappellez tout ce qu'il a dit, écrit & fait pour le comte de Morangiès. Savez-vous comment il en a été récompensé ? Peut-être 15 jours après le jugement, cet accusé lui a écrit un petit bout de lettre, où il lui demandoit excuse de ne lui avoir pas plutôt annoncé le gain de son procès, en rejetant cet oubli sur la multitude de ses affaires, & en remerciant très-légérement monsieur de Voltaire de la part qu'il y avoit prise. La sensibilité du philosophe a été fortement émue d'une pareille froideur.

7 *Mars* 1775. *Théorie du libelle, ou l'Art de calomnier avec fruit. Dialogue philosophique pour servir de supplément à la théorie du paradoxe.* Tel est le titre de la réponse de Me. Linguet à l'abbé Morellet. Il y introduit ce dernier avec un certain M. P......, qu'il suppose avoir été chargé de travailler à faire des extraits des ouvrages du premier pour le déshonorer & le tourner en ridicule. Il se trouve, au contraire que M. P...., en les lisant, a été enchanté & n'a pu se résoudre à trahir sa conscience. Il finit en témoignant son indignation au docteur économiste, & il le congédie.

7 *Mars*. Monsieur le contrôleur-général a chargé par ordre du roi, MM. d'Alembert, l'abbé Bossut & le marquis de Condorcet, tous trois membres de l'académie des sciences, de s'occuper de recherches théoriques & expérimentales, relatives aux canaux de navigation

pour l'avantage du commerce ; & ces messieurs prétendent, en se chargeant de ce travail, avoir mis pour condition qu'ils ne recevroient point d'appointements ; ce qui ne s'accorde pas avec les 6,000 livres qu'on leur attribuoit dans le public.

8 *Mars* 1775. Le sieur de Belloy vient de mourir enfin, & laisse une nouvelle place vacante à l'académie. Cet auteur, dont le *Siege de Calais* doit faire à jamais époque au théatre, a joui d'une réputation prématurée que la postérité ne lui conservera pas. Tout son mérite est d'avoir donné l'exemple de mettre sur la scene des sujets pris dans notre histoire, quoiqu'il n'ait pas même à le bien prendre, cet honneur aussi entiérement qu'il l'a prétendu. Mais la barbarie de son style est un obstacle invincible pour que sa piece puisse jamais être lue, ainsi que toutes les autres qu'il a composées depuis. On assure que le sieur Beaujon, s'érigeant depuis quelque temps en Mécene des gens de lettres, instruit de la détresse de celui-ci, lui ayant offert des secours, en a reçu une épitre où il lui demande pour toute grace de vouloir bien faire faire son buste, pour être placé à la comédie Françoise entre ceux de Corneille & de Racine, lorsque la nouvelle salle sera finie. On doit croire qu'il étoit absolument en délire quand il a écrit cette lettre.

6 *Mars* 1775. *Mémoire adressé au roi par les protestants de Guyenne le 3 du mois dernier, pour supplier sa majesté de leur accorder la liberté de conscience.* Tel est le titre d'un imprimé, où ces sujets infortunés emploient tous les moyens que l'humanité leur suggere pour tou-

cher notre auguste monarque, afin d'obtenir cette grace, que la nature sollicite pour eux, & que la politique suggere, pour contenir dans le sein du royaume des sujets fideles, & en rappeller ceux que l'erreur des temps a si cruellement proscrits. Ils y apportent des certificats des lieux où ils habitent, par lesquels la noblesse du pays rend justice à leurs vertus patriotiques, & les regarde comme dignes des bontés du roi. Ils ont envoyé copie de ce mémoire à tous les princes, & les supplient de leur accorder leur protection auprès de S. M.

10 *Mars* 1775. Il y a eu hier une course de chevaux exécutée à la plaine des Sablons, par divers seigneurs de la cour, où la reine & la famille royale ont assisté.

10 *Mars*. On parle beaucoup de la complaisance de monsieur le duc d'Orléans pour madame de Montesson. Il la pousse au point de jouer la comédie chez elle à Paris, ce qu'on critique fort : il remplissoit derniérement un rôle dans le *Déserteur*.

11 *Mars* 1775. La course de chevaux, exécutée avant-hier à la plaine des Sablons, consistoit en un certain espace de terrein à parcourir plus ou moins promptement. Plusieurs seigneurs de la cour avoient fourni des coursiers, sur lesquels ils avoient assis des paris considérables. Ils étoient montés par des palfreniers accoutumés à ces sortes d'exercices. Outre la famille royale, on comptoit du nombre des princes du sang, monsieur le duc de Chartres & monsieur le duc de Bourbon. Il y avoit une estrade élevée pour placer sa majesté & sa cour. Le cheval de M. le duc de Lauzun a eu l'avantage.

11 *Mars* 1775. Malgré tous les soins pris dans le Béarn, dans la Basse Navarre & autres provinces adjacentes, pour arrêter la contagion de la maladie des bêtes à cornes, les plus habiles gens de l'école vétérinaire y ont échoué. Elle n'a fini que par la dévastation générale des bestiaux. On y est dans le plus grand embarras pour travailler la terre & faire le labourage.

12 *Mars* 1775. *La théorie du libelle* n'est pas faite pour réjouir les économistes. Ils se sont fortement remués à l'occasion de cet ouvrage, & ont profité du crédit où ils sont actuellement pour le faire arrêter. Malgré le peu de temps qu'il a été mis en vente, on assure qu'il s'en est débité plus de 4,000 exemplaires : tant le Parisien a une merveilleuse avidité pour la méchanceté.

13 *Mars* 1775. On doit donner, pour la capitation des acteurs, l'opéra d'*Orphée & d'Euridice*, du chevalier *Gluck*.

13 *Mars*. On reçoit d'Allemagne de petites feuilles imprimées, ayant pour titre : *Correspondance littéraire secrete*. Elles sont par numéros. Il paroît qu'il s'en distribue ainsi une chaque semaine. On peut juger de-là combien les étrangers sont avides de tout ce qui vient de Paris, car elles sont datées de cette capitale, & ne portent pas, à beaucoup près, avec elles, l'intérêt & le piquant dont elles seroient susceptibles. On voit que l'auteur n'apporte ni diligence ni choix dans la collection de ses matériaux ; que ses jugements sont fort hasardés, ses anecdotes peu sûres, & son style peu noble, traînant & diffus. On juge que c'est une invention de cette année qui pourra se perfectionner

entre les mains d'un correspondant de goût & répandu.

14 Mars 1775. M. Gresset vient d'obtenir des lettres de noblesse. En voici le préambule.

.... « Les avantages que les sciences, les belles-lettres & les arts procurent à notre royaume, nous invitent à ne négliger aucun des moyens qui peuvent contribuer à leur maintien & à leurs progrès. Les titres d'honneurs répandus avec discernement sur ceux qui les cultivent, nous paroissent l'encouragement le plus flatteur que nous puissions leur donner. Parmi ceux de nos sujets qui se sont livrés à l'étude des belles-lettres, notre cher & bien-aimé, *Jean-Baptiste-Louis Gresset*, s'y est distingué par des ouvrages qui lui ont acquis une célébrité d'autant mieux méritée, que la religion & la décence, toujours respectées dans ses écrits, n'y ont jamais reçu la moindre atteinte. Sa réputation a depuis long-temps engagé l'académie Françoise à le recevoir au nombre de ses membres, & nous l'avons vu, avec satisfaction, nous offrir, en qualité de directeur, les hommages de cette académie, la premiere fois que nous avons bien voulu l'admettre à nous les présenter, à l'occasion de notre avénement à la couronne. Nous savons d'ailleurs qu'il est issu d'une famille honnête, de notre ville d'Amiens que son aïeul & son pere y ont rempli différentes charges municipales, & qu'ils y ont toujours, ainsi que le Sr. Gresset lui-même, vécu de maniere honorable, qui, en rapprochant de la noblesse, est un degré pour y monter. ....»

14 *Mars* 1775. Les comédiens François se proposoient de faire l'anniversaire de Moliere, en donnant le 17 du mois dernier une représentation de *la centenaire* : mais des considérations particulieres qui influent beaucoup sur les délibérations du tripot, & en arrêtent les meilleurs effets, ont empêché que la cérémonie n'ait eu lieu.

15 *Mars* 1775. Les comédiens François avoient affiché pour aujourd'hui, *Tancrede*, par ordre, cette tragédie a été donnée pour monsieur le comte d'Artois, qui est venu à ce spectacle, *in fiocchi*.

16 *Mars* 1775. L'acte dont le sieur *le Gros* a refait la musique avec le sieur *Desormeri*, est absolument réprouvé du public. Il faut se rappeller qu'il est intitulé : *Hylas & Eglé*, qu'il est tiré d'un ballet de M. le Franc de Pompignan, intitulé : *le Triomphe de l'harmonie*. Cette musique est maigre, froide & sans caractere. Une demoiselle *Mollet*, éleve du sieur *le Gros*, y joue pour la premiere fois avec une sorte de talent. Elle a la voix agréable quoique foible ; & sa figure mutine a de l'expression & peut convenir à certains rôles qui n'exigeront pas une sorte de noblesse.

17 *Mars* 1775. Quoique le cheval du duc de Lauzun, triomphant à la derniere course de chevaux, soit mort des suites de sa victoire, les amateurs & concurrents ne sont point découragés : il doit y avoir incessamment de nouveaux paris.

18 *Mars*. Le sieur le Kain, quitte de sa cauchoise, c'est-à-dire, de la maladie honteuse qui l'avoit fait s'absenter de la scene, a reparu, il y

a quelque temps, dans la tragédie de *Gaston & Bayard*. Il a paru plus admirable que jamais, & est décidé le plus grand acteur qui ait encore existé.

19 Mars 1775. On commence à débiter, très-furtivement, une brochure dont le titre est piquant. Il porte : *Remarques historiques & anecdotes sur le château de la Bastille.* On y a joint un plan. On présume qu'elle a été composée par quelqu'un des malheureux prisonniers détenus sur la fin du regne de Louis XV, relativement aux troubles excités dans l'état par la révolution derniere.

20 Mars 1775. Les comédiens Italiens donnent aujourd'hui la premiere représentation d'une piece nouvelle, intitulée : *les Femmes vengées*, en prose & en un acte, mêlée d'ariettes. Les paroles sont du grand faiseur Sédaine, la musique du Sr Philidor.

21 Mars 1775. Le colisée, monument monstrueux de la folie Parisienne, est l'objet, depuis sa naissance, de diverses contestations entre les propriétaires & les créanciers, & même entre les créanciers seuls qui ne sont pas d'accord. Ceux-ci sont au nombre de 260. Une partie voudroit qu'on détruisît cet édifice : l'autre voudroit le conserver. La premiere soutien que le produit sera toujours au dessous de la dépense : la seconde assure qu'il y a eu du bénéfice, même en 1771 & 1772, temps auquel les cabalistes vouloient faire manquer tout ; qu'en 1773, malgré le trouble & les dissentions fomentés dans la compagnie, ce bénéfice a été de plus de 33,000 livres par les soins du directeur ; & qu'en 1774, malgré les deux mois perdus par les circonstances de la mort de Louis XV, il a monté à plus de 42,000 livres; & qu'il y en aura un plus considérable chaque année, par la diminution graduelle qu'il fait de la dépense. C'est une contestation à décider par monsieur le Noir, comme lieutenant-général de police, établi juge en cette partie, & c'est l'objet d'une requête énorme de Me. Oudet, avocat, au nom des syndics des créanciers du colisée, unis par le traité du 26 décembre 1773, à présent au nombre de 227; contre les soi-disant propriétaires, le 28 juin 1769, des terreins réunis aux champs élysées par le roi, dès le 14 juillet 1767, & dont le roi a cédé une partie au colisée, le 26 juin 1769, & contre ceux des prétendus créanciers qui n'ont point signé le traité du 26 décembre 1773.

22 *Mars* 1775. M. Thomas avoit prononcé, le jour de la séance publique de l'académie Françoise à la fête de saint Louis, un *Eloge de Marc-Aurelle*, qui avoit été extrêmement applaudi, autant à cause de son mérite intrinseque que de la satire sensible qu'il contenoit du regne d'alors. M. le chancelier, instruit par monsieur Séguier, fort lié avec lui dans ces temps-là, de la sensation qu'avoit produit l'ouvrage, s'opposa constamment à l'impression. Il comprit trop combien les maximes philosophiques, les grandes vérités, les principes d'équité répandus dans cet éloge, contrarieroient les principes despotiques qu'il alloit établir & mettre en pratique dans la révolution qu'il méditoit. Rien ne s'opposant plus à la publicité de l'éloge en question, il paroît & répond à la haute opinion qu'on en avoit conçue : c'est, sans contredit

tredit, le meilleur ouvrage de l'académicien.

13 *Mars* 1775. La brochure intitulée : *Remarques historiques & Anecdotes sur le château de la Bastille*, suivant l'avertissement, a été composée comme pour servir d'instruction très-utile, dans le temps où elle devoit paroître aux citoyens patriotes que leur zele pourroit y conduire. Le plan & les détails qui concernent le régime, la police, les assauts que les prisonniers ont à souffrir dans ce château ; les questions, les surprises, les violences auxquelles ils sont exposés, sont extrêmement exacts & curieux. La partie des anecdotes n'est pas aussi intéressante, & contient peu de choses nouvelles ou ignorées. Il est à présumer que l'auteur a beaucoup puisé dans *l'Inquisition Françoise* ou *Histoire de la Bastille* de M. de Renneville, ouvrage en deux volumes, imprimé en 1715, & qui n'est pas commun.

23 *Mars*. Les comédiens François, très-mécontents du livre de M. Mercier, dont on a parlé, non-seulement sont peu disposés à jouer son drame lu, jugé & reçu le 8 août 1773, après neuf mois de sollicitations, mais lui ont refusé la lecture d'un autre, pour lequel il étoit inscrit dès le 22 décembre 1773, & qu'il exigeoit définitivement par une lettre du 4 mars, avec invitation par la même lettre de l'inscrire pour une troisieme piece. Voici la réponse des histrions.

MONSIEUR,

« Votre lettre, datée du 4 mars, & adressée à MM. les comédiens François ordinaires du roi, a été lue hier à leur assemblée. Voici l'avis qui a réuni le plus grand nombre de voix, & qu'elle m'a chargé de vous communiquer.

Qu'il court dans le monde un libelle intitulé, *de l'Art Dramatique*; que ce libelle attaque directement la comédie Françoise; que monsieur Mercier n'a point désavoué cet ouvrage injurieux, & que la comédie ne *peut avoir rien de commun* avec un auteur qui a cherché à la couvrir de ridicule & d'infamie; qu'elle mériteroit les odieuses imputations de M. Mercier, si elle avoit la foiblesse de *joindre jamais ses intérêts* à ceux de cet auteur; & qu'enfin *elle ne peut se charger d'aucun de ses ouvrages, ni les recevoir, ni même les entendre*, qu'il ne soit justifié du libelle que tout le monde lui attribue, qu'il se vante lui-même d'avoir fait, & que le désaveu ne soit aussi notoire que l'injure a été publique. »

Cette lettre, datée du 7 mars, & expédiée, comme conforme à l'original, par le sieur de la Porte, secretaire de la comédie Françoise, blesse, comme de raison, monsieur Mercier, & il en va résulter un procès intéressant pour tous les auteurs dramatiques & pour la littérature entiere.

24 Mars 1775. Dans la plupart de nos villes de commerce il s'est établi une feuille hebdomadaire, connue sous le nom de *petites affiches*. Son but principal est de favoriser la circulation des affaires & des achats par une publicité plus rapide & plus étendue. Mais la disette des matériaux, ou le désir de rendre cette feuille plus intéressante, engage souvent les rédacteurs à y insérer des nouvelles littéraires. C'est ainsi que tout récemment dans les petites affiches de

Rheims, on y a mis un quatrain, attribué à M. de Guibert, & adressé par lui à M. de Voltaire, ancien quatrain que tout le monde connoît, où l'auteur compare le seigneur de Ferney à Dieu, qu'on boit & qu'on mange dans l'Eucharistie sans le voir, parce qu'il avoit été parfaitement bien reçu au château, & en étoit cependant parti sans pouvoir admirer face à face M. de Voltaire. M. l'archevêque de Rheims n'a pas trouvé cette plaisanterie bonne, il en a porté ses plaintes au roi, comme d'une impiété, & l'on dit la feuille supprimée & l'auteur puni.

24 *Mars* 1775. Il paroît un mémoire à consulter & consultation pour le sieur Mercier, contre la troupe des comédiens François ordinaires du roi. Il est très-bien fait, très-bien écrit, & la consultation, en date du 20 mars, autorise le plaignant à se pourvoir pardevers les magistrats. Elle est signée de Me. Henrion de Pensey, avocat célebre, & auteur de l'*Eloge de Mathieu Molé*, prononcé à la premiere assemblée de l'ordre dans la bibliotheque des avocats, lors de la rentrée du parlement : éloge dont M. le chancelier n'avoit jamais voulu permettre l'impression.

24 *Mars* 1775. La piece des *Femmes vengées* n'est autre chose que le conte des *Remois* de *la Fontaine*. Le premier jour cette piece fort graveleuse amusa beaucoup les hommes, tandis que les femmes ne savoient quelle contenance faire. Il a fallu supprimer quelque chose pour la seconde représentation, mais le fond étant lui-même très-délicat à traiter, il n'est pas possible de le changer. Au surplus, monsieur Sédaine

n'a fait que suivre presque le canevas d'une semblable facétie donnée chez Nicolet. Quant à la musique, à quelques ariettes près, on ne la trouve pas digne du sujet.

24 *Mars* 1775. M. le comte d'Artois est venu hier *in fiocchi* à la comédie Italienne. On a donné *l'Amoureux de quinze ans* & le *Turban enchanté*. La maladie des principales actrices a empêché que la premiere piece ne fût jouée comme elle mérite, & comme la circonstance l'exigeoit encore plus.

25 *Mars* 1775. La plaisanterie qui cours les cercles, sous le titre *d'Animaux rares de la foire*, porte principalement sur les demoiselles *Arnoux, de Raucoux, Mimi, Dubois, du Thé, Beauvoisins, d'Ervieux*, &c.; la méchanceté de la premiere, l'impudicité de la seconde, la bêtise de la quatrieme sont assez bien caractérisées. Du reste, on y trouve des filles peu connues & qui ne méritent pas d'être tirées de la foule.

25 *Mars*. M. *le Breton*, maître de la musique du roi, qui avoit la survivance du sieur Rebel pour la place d'administrateur-général de l'académie royale de musique, est en titre aujourd'hui par la retraite du Sr. Rebel, à qui l'on donne 3,000 livres d'augmentation de pension.

Cette place *d'administrateur-général*, établie comme celle de dictateur dans la république, & qui sembloit ne devoir avoir lieu que pour les temps difficiles de l'académie royale, devient, comme on le voit, habituelle: tant le pouvoir aime à s'étendre & à se perpétuer.

25 Mars 1775. Il paroît depuis plusieurs semaines trois volumes de près de 400 pages chacun ayant pour titre: *Journal historique de la révolution opérée dans la constitution de la monarchie Françoise, par monsieur de Maupeou, chancelier de France*. Ce journal chronologique commence à l'époque de l'édit envoyé au parlement le 17 novembre 1770, & se termine au retour des Princes à la cour en 1772. On voit comme dans le *Journal de l'étoile*, sous Henri IV, jour par jour, tout ce qui s'est passé dans ce temps désastreux. Il complete la curieuse histoire de cette étrange révolution, relate tous les écrits qui ont paru dans le cours de ces deux ans, & en donne l'idée & le précis. Il faut croire que le fidele rédacteur de ce journal en donnera la suite, jusqu'au moment où un nouvel ordre de choses ait réintégré la magistrature dans toutes ses fonctions, & rendu à l'état ses magistrats, objet des vœux de la nation.

26 Mars 1775. Tout considéré, la piece des *Femmes vengées* est la plus jolie qui ait été donnée au théatre Italien depuis long-temps. Quoique le sieur Sedaine ne soit pas ordinairement gai, entraîné par son sujet, il n'a pu s'empêcher de le devenir, car indépendamment du comique de dialogue, il y en a un continu de situation bien préférable, dont une partie est même due à l'auteur, qui dans tout le reste a beaucoup d'obligation à la Fontaine. Par une innovation très-heureuse, il a imaginé de laisser tous les acteurs en scene en ajoutant deux cabinets, où d'une part sont les maris, & de l'autre les femmes, à mesure qu'elles s'absen-

tent du théatre. Par-là le spectateur jouit du trouble de l'embarras, de la conversation des premiers, & que les situations des autres auroient d'alarmant par leur absence, qui en est la suite, est sauvé au moyen de ce qu'on les reçoit le moment d'après. La confidence où l'on est que les diverses déclarations du peintre & la feinte défaite des belles, n'est qu'un jeu pour faire enrager les maris témoins, adoucit de beaucoup ce que la scene d'ailleurs présente de trop libre & de trop révoltant. Enfin, il en résulte un mouvement, une variété qui soutiennent sans relâche la curiosité & rendent la comédie piquante d'un bout à l'autre. Une autre amélioration que le poëte a faite au conte, ç'a été d'enrichir son premier aveu, en mettant le second dans la bouche de la femme, comme si elle étoit folle du peintre. Le dénouement est aussi plus théatral, par le retour des femmes qui trouvent leurs époux aux genoux de leur rivale. Il y a des couplets charmants dans le courant de la piece & à la fin. Il est fâcheux que la musique ne réponde pas au poëme autant qu'il le mériteroit ; ce seroit un véritable chef-d'œuvre. C'est un opéra comique du meilleur genre, & tel qu'il en faudroit plus souvent à ce théatre.

27 Mars 1775. On a fait en Bretagne une romance allégorique, intitulée : *Thémis redressée*; elle est sur l'air : *Lison dormoit dans un bocage*. Elle est relative à la situation où se trouvoit depuis long-temps la justice dans cette province, & peint à merveille l'anarchie des loix. A quelques endroits près, concernant le duc d'Aiguillon, & qui par-là caractérisent spécialement le lieu, le sens des paroles pourroit s'adapter à toute la France. Il y a des couplets heureux.

17 Mars 1775. On va travailler incessamment à disposer les combles des invalides pour y recevoir les plans en relief de nos villes de guerre, & dégager ainsi la galerie du Louvre, destinée à un meilleur usage. On sait que c'est pour y exposer les tableaux du roi & autres curiosités précieuses, qui se gâtent faute d'ordre, d'air & de propreté. D'ailleurs, ce sera un sallon perpétuel pour former les éleves de la peinture & autres jeunes artistes, par l'étude des grands modeles.

17 Mars. On ne sait pourquoi la brochure *des deux Regnes* est toujours rare & chere. C'est un poëme en six chants, dont on dit les vers médiocres. Le fond roule sur les événements des regnes de Louis XV & de Louis XVI. Ce qui pouvoit fournir matiere au génie d'un poëte & exciter sa verve.

17 Mars. M. le comte de Buffon est toujours désolé d'une petite humiliation que lui a donnée, involontairement sans doute, l'archiduc, pendant son séjour ici. Ce prince étant allé au jardin du roi, pour en voir les curiosités, avoit été reçu par cet académicien, qui, en sa qualité d'intendant du jardin & du cabinet, en devoit faire les honneurs. Celui-ci avoit profité de la circonstance pour lui présenter une édition de ses œuvres. L'archiduc, après l'avoir parcouru un instant, la lui a remise, en lui disant : *je ne veux pas vous en priver.*

27 Mars. On va consigner ici l'épître du

conseiller au parlement de Rouen, telle qu'ell est manuscrite.

Epître à M. le Garde-des-Sceaux, par un Conseiller du Parlement de Rouen.

Sage Miroménil, que le pouvoir suprême,
Voulut combler d'honneur pour l'honorer lui-même,
Ah ! que ton fort est doux, puisqu'il est mérité !
Tout l'état applaudit à ta prosperité.
Dans son ambition, en vain nourri de brigues,
Un lâche s'agrandit par des viles intrigues ;
Cette secrete voix qui tonne au fond du cœur,
L'accable sous sa honte & flétrit sa grandeur.
Ton bonheur est plus pur : dans ta noble carriere
Ton œil peut sans effroi retourner en arriere :
Au sentier de l'honneur tous tes pas imprimés
Nous rappellent par-tout des abus réprimés,
L'orphelin défendu, la veuve protégée,
Et du vice puissant l'innocence vengée.
Reçois donc de ma main cet encens qui t'est dû :
Quel autre a plus de droit d'admirer ta vertu ?
Jadis, le compagnon, le témoin de ton zele,
Je te voyois de près, lorsque ta main fidelle
Soutenoit la balance & le glaive des loix ;
Ou lorsque déployant ta séduisante voix,
Maître en l'art de parler, par ta flatteuse adresse,
Aux esprits égarés tu rendois la sagesse :
Je crois te voir encor, par des discours vainqueurs,
Enchanter notre oreille & subjuguer nos cœurs.
Ce temps dura trop peu ! bientôt d'affreux orages

Ont sur un ciel serein déployé leurs nuages.
Mais que dis-je ? Ces jours sont ceux de ta grandeur.
Oui, sans doute, à ta gloire il manquoit le malheur.
Par le choc des revers un cœur noble s'enflamme.
Cet homme & foible & vain, sans ressort & sans ame,
Peut-être eût été grand, sensible & généreux,
Mais il eut le malheur d'être toujours heureux !

D'autres pourront te peindre avec plus d'éloquence,
Présidant un sénat regretté par la France,
Lui soufflant ton génie, & de ce vaste corps
Vers le bonheur public dirigeant les ressorts ;
Mais moi je te peindrai grand, même en ta retraite,
Tranquille, heureux, goûtant dans une paix parfaite
Les délices des arts, les douceurs du repos ;
Et loin des dignités, du bruit & des complots,
Habitant fortuné du château de tes peres
Errant un livre en main dans tes bois solitaires.
Mais l'état te réclame, & du sein de ces bois
On t'appelle aujourd'hui près du trône des loix.
Notre destin par toi voulut enfin s'absoudre :
Aux grandeurs condamné, daigne donc t'y résoudre ;
Immole ton repos à nos pressants besoins :
La France t'attendoit. Que tes généreux soins
Lui rendent & sa force & sa splendeur auguste.
Ce corps majestueux, si sain & si robuste,
Put languir, accablé par des coups rigoureux ;
Tu parois, il s'éleve, & bientôt vigoureux,
Que ne devra-t-il pas au médecin habile
Qui tend une main prompte à sa grandeur débile !

Je né te promets point la faveur de ton roi,
De l'or, des dignités : que feroient-ils pour toi !
Nos cœurs : voilà ton prix. Malheureux un miniftre
S'il s'annonce à l'état comme un aftre finiftre.
Qu'il verfe, comme toi, fes rayons bienfaifants ;
D'infames ennemis, d'avide courtifans
Pourront tromper fon maître & monter à fa place ;
Mais les regrets publics vengeroient fa difgrace.
On emporte en quittant, dans fon cœur fatisfait.
Nos vœux, fa propre eftime & le bien qu'on a fait.

Enfin arrive un jour, qu'appellé par fon maître,
Après fa longue éclipfe on le voit reparoître ;
Alors fervant l'état fans lui rien demander,
Lui défignant les chefs fans vouloir commander,
Il appelle aux honneurs la vertu, la prudence,
Et voit fon roi s'armer de fon expérience ;
Tout bénit fon retour. Tel un fleuve fécond
Quelquefois englouti dans un gouffre profond,
Se perd, & pour un temps difparoît fous la terre :
Mais bientôt s'échappant du cachot qui l'enferre,
Il fe montre ; & groffi par de nouvelles eaux,
Il porte aux champs des fucs & des bienfaits nouveaux:
D'un miniftre chéri, telle eft l'heureufe image.

Tel n'eft point ton deftin, toi l'horreur de ton âge !
Qui comme un fonge vain regarde la vertu,
Miniftre corrupteur autant que corrompu !
Des valets, des flatteurs, d'odieufes richeffes,
De l'impure Phriné les vénales careffes.
Voilà donc pour quels biens, foulant aux pieds
l'honneur,

Sans pudeur sur le front, sans pitié dans le cœur,
Tu ris des vains soupirs des peuples qui gémissent,
Tu marches aux clameurs des voix qui te maudissent :
Le remords s'assoupit dans la prospérité !

Mais attends qu'un revers loin des cours t'ait jeté ;
Aux remords, à la rage, à l'infamie en proie,
Fuyant sous les éclats de la publique joie,
Dans un asyle honteux tu chercheras la paix ;
L'or ne la donne point. Courbé sous tes forfaits,
De vertueux vassaux enviant les miseres,
Tu seras en horreur à leurs yeux : & les peres,
En te montrant de loin, diront à leurs enfants :
Le voilà, ce cruel, qui dévoroit nos champs !

29 *Mars* 1775. On a comparé les sept maréchaux de France nouveaux aux péchés capitaux, & voici comment on les définé relativement au caractere de chacun : le duc d'*Arcourt*, la Paresse : le duc de *Noailles*, l'Avarice : le comte de *Nicolaï*, la Gourmandise : le duc de *Fitz-James*, l'Envie : le comte de *Noailles*, l'Orgueil : le comte *de Mui*, la Colere : M. le duc *de Duras*, la Luxure.

29 *Mars*. Malgré l'esprit de pacification tant recommandé par le monarque, exercé même par les magistrats, les suppôts du parlement ne l'ont point adopté. Déja les procureurs rentrés ont molesté les *avocats*, pour la taxe de leurs frais ; ils les tourmentent encore plus essentiellement au fond, en refusant d'instrumenter dans les procès où il se

trouvent contradictoirement avec eux, & obligeant ainsi les parties à les révoquer.

29 *Mars* 1775. Il paroît depuis quelque temps une nouvelle brochure, intitulée : *La ligue découverte*, ou *la nation vengée*. Lettre d'un quakre dirigée contre M. de Voltaire, à qui l'on reproche son silence sur les affaires du temps. Il est d'autant plus extraordinaire, en effet, que cet auteur est toujours fort empressé à saisir l'à-propos ; mais il a si hautement affiché sa façon de penser, qu'il est aujourd'hui fort embarrassé pour se rétracter. Quoi qu'il en soit, on tourmente à cet égard le vieux philosophe de Ferney, & la matiere prêteroit infiniment à un meilleur plaisant. Celui-ci est lourd, sans sel, & sa brochure ne signifie rien, à quelques anedotes près, très clair-semées. Mauvais style d'ailleurs & satire dégoûtante, dont l'écrivain est anonyme, & fait prudemment.

29 *Mars* 1775. M. le comte d'Artois se propose vraisemblablement de venir beaucoup à l'opéra. Il a regardé la loge de la ville comme la plus commode pour lui. En conséquence il faut que le corps de ville en cherche une autre. Il a ordonné d'y mettre des jalousies, & de la disposer de façon à faire soupçonner qu'il n'y viendra pas simplement pour voir le spectacle.

30 *Mars* 1775. On parloit d'un bâtiment que la ville avoit fait ériger dans la plaine des sablons en l'honneur de la reine, pour que S. M. pût y voir plus à l'aise les courses des chevaux & autres spectacles de ce genre. Il est venu depuis un ordre du roi pour le défaire.

30 *Mars* 1775. La division est toujours grande à Bordeaux, au point que si les honoraires n'avoient

voient pas repris le service, il ne pourroit se faire, à cause de la retraite des magistrats hués

30 *Mars* 1775. M. le contrôleur-général persistant toujours dans son systéme sur la liberté du commerce des grains, ne s'émeut point de la cherté qui s'éleve de toutes parts. Il assure qu'elle ne sera pas plus forte qu'elle ne l'étoit du temps du monopole: mais que cette calamité n'aura qu'un temps, & que les accapareurs, punis de leur cupidité, perdront pour toujours le desir de garder leur bled.

30 *Mars*. Outre les sept péchés capitaux dont on a fait la plaisanterie sur les nouveaux maréchaux de France, on dit un quolibet qui n'est pas sans sel. On prétend qu'ayant cherché à les comparer aux sept planetes, on n'a point trouvé de *Mars*.

30 *Mars*. Un Anglois chargé à Londres de la confiance de plusieurs négociants, en étoit parti depuis peu & avoit enlevé près de trois millions d'effets, plus de vingt mille guinées, &c. Il s'étoit réfugié à Paris, & comptoit partir incessamment pour l'Italie avec un pareil butin; mais heureusement ceux dont il avoit ainsi trahi la confiance, ont eu assez d'activité pour prévenir notre gouvernement, & pour obtenir un ordre de le fouiller & de lui faire restituer tout ce qu'il avoit emporté.

30 *Mars*. Un certain M. le Hoc & un abbé Saty, intrigants, faiseurs d'expériences & autres prétendues découvertes, avoient fait entendre à M. Turgot qu'ils avoient trouvé le secret de faire du salpêtre avec l'eau de la mer. Comme on est embarrassé de trouver suffisam-

ment de cette matiere premiere pour la fabrication de la poudre, & qu'ils se faisoient forts d'en fournir la quantité qu'on voudroit, à beaucoup meilleur marché, le ministre avoit adopté leur proposition, & étoit à la veille de casser le bail des poudres qui se fournissent par entreprise. Mais l'affaire portée au conseil, le ministre de la guerre, avec lequel M. le contrôleur-général ne s'étoit pas concilié vraisemblablement, & que cette innovation regardoit & intéressoit, n'a pas trouvé les expériences pour constater le succès de la nouvelle fabrication suffisamment bonnes. Il a représenté combien, en cas de guerre, il seroit dangereux de faire usage d'une poudre qui pouvoit causer les revers les plus funestes. Cette objection a entraîné les membres du conseil, & le ministre des finances a eu du dessous.

30 *Mars* 1775. *Vers du philosophe de Sans-Souci au duc de Choiseul.*

Tu es vengé, Choiseul, & tu vois ta patrie,
Par tes deux successeurs indignement flétrie;
Ton front ceint de lauriers rit des vaines clameurs
Que lancent contre toi de vils persécuteurs.
Impur amas de fiel, qui ne doivent la vie
Qu'au souffle empoisonné de l'infernale envie,
Ils ne peuvent du sein de leur obscurité,
Soutenir les rayons qu'offre la vérité.
On leur dit, armez-vous, combattez ce grand homme.
Mais souviens-toi, Choiseul, qu'on vit jadis à Rome

Hic Pater Patriæ, qui fut persécuté.
Le monstre audacieux, contre toi déchaîné,
n'a pour tout aliment de sa rage intrépide,
Que la haute faveur du mentor qui le guide ;
Cet Anti-Bélisaire, accablé sous les ans,
Ne peut encor long-temps dénigrer tes talents,
Et cette hydre abattue, on verra l'imposture
Retourner se cacher dans sa demeure obscure ;
Et tes foibles rivaux dans la fange plongés,
Rentrer dans le néant dont ils furent tirés.

Méprise d'A***** & son ame de boue !
Il est assez puni d'entendre qui te loue ;
Ce seroit t'avilir que répondre à ses cris.
Un héros généreux abandonne au mépris
De pareils combattants descendus dans l'arene.
Montecuculli seul fut digne de Turenne.

Tu es digne de moi, toi seul es mon égal,
Je t'admire en secret, mais je suis ton rival ;
Tandis qu'à mes côtés j'enchaînois la victoire,
Toi par d'autres sentiers tu marchois à la gloire ;
Politique profond, nouveau législateur,
Tu fis faire à ton roi une paix en vainqueur.
Eh ! que n'eus-tu pas fait pour l'honneur de la
    France,
Si Louis profitant de ton intelligence,
T'eût laissé de l'état conduire le timon,
Et qu'il eût par ses pairs fait juger d'A***** !